OEUVRES
DE
J. DELILLE.

IMPRIMERIE DE JULES DIDOT AINÉ,
IMPRIMEUR DU ROI,
Rue du Pont-de-Lodi, n° 6.

Sese Virgilius totum hic agnoscit, et ore
Non alio voluit gallica verba loqui.

Illustre par ses vers, chéri pour sa bonté,
Il vit tous ses rivaux lui céder la victoire;
Et triomphant toujours, et toujours sans fierté,
Il semblait s'excuser d'obtenir trop de gloire.
Coriolis.

OEUVRES
DE
J. DELILLE

NOUVELLE ÉDITION,

REVUE, CORRIGÉE, ET AUGMENTÉE.

TOME PREMIER.

A PARIS,

CHEZ L.-G. MICHAUD,

LIBRAIRE-ÉDITEUR DE LA BIOGRAPHIE UNIVERSELLE,

PLACE DES VICTOIRES, N° 3.

M DCCC XXV.

NOTICE

BIOGRAPHIQUE ET LITTÉRAIRE

SUR J. DELILLE.

>Musa vetat mori.
>
>Hor.

L'Auvergne avoit donné à la France l'immortel chancelier de L'Hôpital; Pascal, à la religion et aux sciences; Marmontel [1] et Thomas, à la littérature : il manquoit à sa gloire de produire un grand poëte; Delille y naquit, le 22 juin 1738, à Aigue-Perse. Il fut baptisé à Clermont, et reconnu sur les fonts par M. Montanier [2], qui mourut peu de temps après, et lui laissa, pour tout héritage, une modique pension viagère de *cent écus*. Ainsi le

---

[1] Marmontel appartient littérairement à l'Auvergne, qui l'a formé dans ses colléges de Clermont et de Mauriac; mais il étoit né à Bort, petite ville du Limousin.

[2] Avocat au parlement. La mère de Delille (Marie-Hiéronyme Bérard) appartenoit à la famille du chancelier de L'Hôpital.

NOTICE

premier trait de ressemblance de Jacques Delille avec la plupart des hommes supérieurs, a été de ne devoir qu'à lui son nom, sa fortune, et son illustration : peu d'entre eux eussent été plus en droit que lui de dire, avec P. Corneille :

Je ne dois qu'à moi seul toute ma renommée.

Celle de Delille commença avec ses études classiques : elles furent brillantes, et couronnées, en rhétorique, par des succès qui renouvelèrent, pour le collège de Lisieux, l'époque mémorable des triomphes de Thomas au concours général. Delille y remporta, en 1755, le *prix d'honneur* des *Nouveaux*, le second de *discours français*, le premier de *vers*, et le premier de *version grecque* (¹). L'année suivante, nouvelles conquêtes du *prix d'honneur* et des premiers de *discours français* et de *vers latins*. Celui d'*éloquence latine*, proposé à l'émulation des jeunes candidats au professorat, fut également remporté par Delille, trois ans après, et confirma ses droits au titre qu'il sollicitoit dans l'université. Mais tous les rangs s'y trouvant alors remplis, il se vit forcé d'accepter, au collège de Beauvais, les humbles fonctions de maître *élémentaire*; « et celui, dit à ce sujet un

(¹) Il n'y avoit point encore de prix fondé pour la *version latine*; il ne le fut qu'en 1759.

de ses plus dignes panégyristes(¹), qui devoit un jour enrichir notre langue poétique, se vit réduit à donner à des enfants des leçons de syntaxe latine. » Mais la maison qu'il habitoit, toute pleine encore des souvenirs religieux et classiques des Rollin et des Coffin, dut plus d'une fois relever à ses propres yeux l'apparente humilité de ces mêmes fonctions. Plus d'une fois, sans doute, il se rappela que le bon, le vertueux Rollin, faisoit de l'instruction des petits enfants le charme de sa retraite, et la consolation de ses derniers jours (²).

Cependant, la destruction du corps célèbre qui occupoit la plupart des colléges de la France, ayant bientôt laissé celui d'Amiens à la disposition de l'autorité séculière, Delille y fut appelé. Il ne nous reste d'autre monument de ses études et de ses travaux, pendant son

---

(¹) M. Delambre, discours prononcé sur la tombe de Delille, le 6 mai 1813.

(²) Delille a consigné le souvenir de ces touchantes impressions dans un *Discours en vers*, prononcé en 1761, au collége de Beauvais, à l'ouverture d'une thèse :

> Eh! comment résister au charme qui m'inspire!
> Tout parle ici de vous; ces lieux sont votre empire.
> Ici, vous conduisiez la plume de Rollin;
> Vous accordiez ici la lyre de Coffin (*), etc.

(*) Allusion aux hymnes sacrées de Coffin, adoptées d'abord par le diocèse de Paris, et successivement par tous ceux de la France.

séjour dans cette ville, qu'un *Discours sur l'éducation*, remarquable sur-tout par l'expression des sentiments monarchiques qui devoient être mis dans la suite à de si rudes épreuves, sans se démentir jamais dans la conduite ni dans le cœur du chantre de *la Pitié*.

Cependant le jeune professeur fut ramené bientôt sur un théâtre plus digne de lui. L'université de Paris venoit d'obtenir la fondation d'un corps d'*agrégés*, destinés à remplacer les professeurs absents ou malades. Les titres que réunissoit Delille le dispensoient de toutes les épreuves; il lui suffit de se présenter pour être admis, et obtenir la chaire de *Troisième*, au collège de La Marche.

Il n'étoit jusqu'alors connu comme poëte, que par quelques unes de ces pièces qui s'oublient aussi vite que la circonstance qui les inspire, ou le concours académique qui les couronne. Cependant les connoisseurs avoient distingué dans l'Épître *à M. Laurent* [1], du nombre, de l'harmonie, un excellent ton de versification, et sur-tout une merveilleuse aptitude à rendre avec une fidélité pleine d'élégance les procédés des arts mécaniques,

[1] A l'occasion d'un bras artificiel qu'il avoit composé pour un soldat invalide. Cet habile mécanicien étoit père de M. Laurent de Villedeuil, ministre sous Louis XVI.

sans qu'il en coûte rien à la vérité de l'expression, rien à la fierté jusqu'alors si dédaigneuse de notre langue poétique. On admira, on cita déjà comme modèle du genre et du style didactique, ces vers sur l'ancienne machine de Marli :

>   Près du riant Marli,
> Que Louis, la nature, et l'art, ont embelli,
> S'élève une machine, où cent tubes ensemble
> Versent dans des bassins l'eau que leur jeu rassemble.
> Élevés lentement sur la cime des monts,
> Leurs flots précipités roulent dans les vallons ;
> Raniment la verdure, ou baignent les Naïades,
> Jaillissent dans les airs, ou tombent en cascades.

C'est ainsi que préludoit l'auteur à son immortelle traduction des *Géorgiques*, depuis long-temps déjà le grand objet de ses travaux, qui en est devenue la récompense la plus flatteuse, et qui en sera vraisemblablement l'un des monuments les plus durables. La nouveauté, la hardiesse périlleuse de l'entreprise, mais sur-tout le mérite de l'exécution, fixèrent d'abord tous les yeux sur le poëte, qui, à l'âge de trente ans, enrichissoit la langue et la littérature françaises d'un chef-d'œuvre qui eût étonné le siècle même auquel les prodiges littéraires coûtoient si peu. On sait, et c'est Delille lui-même qui nous l'apprend[1], qu'à

---
[1] Voyez la préface de *l'Homme des champs*.

peine sorti de rhétorique, le jeune traducteur alla trouver Louis Racine pour lui soumettre quelques fragments de son ouvrage. Le fils du grand Racine, l'auteur du poëme de *la Religion*, recula, doublement frappé de l'extrême jeunesse du poëte et de l'audace de son projet. « *Les Géorgiques*, s'écria-t-il d'un ton sévère; c'est la plus téméraire des entreprises! Mon ami, M. Lefranc, l'a tentée, et je lui ai prédit qu'il échoueroit. » Racine consentit cependant à entendre la lecture proposée, et le timide élève avoit à peine récité une trentaine de vers, que le juge désarmé l'arrêta tout-à-coup en lui disant : « Non seulement je ne vous détourne plus de votre projet, mais je vous exhorte à le poursuivre. » Delille poursuivit en effet, et la double prophétie de Racine reçut son entier accomplissement; mais il ne fut témoin ni de la défaite de son ami, ni du triomphe de son jeune rival : il étoit mort depuis six ans, quand *les Géorgiques* parurent, à la fin de 1769.

Au milieu du concert d'applaudissements et d'éloges qu'excitoit de toutes parts le phénomène de cette traduction vraiment *originale*, suivant l'expression de Frédéric II, s'éleva la voix d'un critique, encore inconnu, mais devenu formidable par cette attaque même; et qui essayoit ainsi contre Delille des armes destinées à se mesurer bientôt après avec Voltaire lui-même. Clément de Dijon apporta dans ses *Observations critiques sur les Géorgiques* de Delille (¹), tout l'enthousiasme d'un admirateur passionné de Virgile, et la sévérité pédantesque, la minutieuse diligence d'un professeur qui, du haut de sa chaire, et la férule en main, corrige le devoir d'un écolier. Toujours sûr d'avoir raison quand il rapproche deux langues entre lesquelles il y a l'immensité; quand il compare, non pas un morceau d'une certaine étendue au morceau qui lui répond dans la traduction, mais quand il oppose le vers au vers, quelquefois même l'hémistiche à l'hémistiche, il abuse de ses forces et de ses avantages pour accabler le traducteur, vaincu d'avance par la supériorité reconnue de son modèle. Il eût été plus juste, plus digne d'une critique impartiale, de lui savoir gré de ses efforts, si souvent heureux; de cette élégance continue, de cet emploi d'une foule de termes, exclus jusqu'alors de la langue des poëtes, et surpris de s'y voir ac-

---

(¹) Et sur les poëmes des *Saisons*, de *la Déclamation*, et de *la Peinture*: 1 vol. in-8°, Genéve, 1771. Réimprimé l'année suivante à Paris, sous le titre de *Nouvelles Observations critiques sur différents sujets de littérature*.

cueillis avec honneur; de ne chercher enfin dans cette *traduction*, qu'un beau poëme français sur le même sujet qui avoit inspiré à Virgile un si beau poëme latin. Le comble de l'art et le prodige du talent, dans le traducteur, étoit d'avoir fait lire et aimer Virgile de ceux même qui connoissoient à peine de nom son chef-d'œuvre des *Géorgiques*, et d'avoir placé sur la toilette et entre les mains des femmes, celui peut-être de tous les ouvrages anciens qui devoit, par la nature de son sujet, prétendre le moins à cet honneur. Voilà ce qu'il convenoit de faire, et ce que n'a point fait Clément. Sa critique cependant ne fut point inutile à Delille : il fit habilement son profit de ce qu'il y trouva de bon; et il en est résulté de nombreuses corrections de détail, et des améliorations sensibles dans l'ensemble de l'ouvrage.

Avant lui, Marolles, Segrais, et Martin, avoient traduit en vers *les Géorgiques* de Virgile; on l'avoit oublié depuis long-temps : on s'en ressouvint alors, pour y rechercher avec une curieuse malignité quelques hémistiches que le Virgile français avoit eu le courage de retirer du fumier de nos vieux Ennius. La traduction de Lefranc parut après celle de Delille, et la prédiction de Louis Racine fut pleinement confirmée ([1]).

([1]) MM. Raux et Cournand furent encore moins heu-

Cependant, malgré les critiques de Clément, ou plutôt à cause de ces mêmes critiques, la traduction nouvelle des *Géorgiques* plaçoit son auteur, dans l'opinion publique, au premier rang de nos poëtes français. La Harpe en parloit avec les plus grands éloges dans le Mercure; et Voltaire écrivoit à l'académie française : « Rempli de la lecture des *Géorgi-* « *ques* de M. Delille, je sens tout le prix de la « difficulté si heureusement surmontée; et je « pense qu'on ne pouvait faire plus d'honneur « à Virgile et à la nation. Le poëme des *Sai-* « *sons*, et la traduction des *Géorgiques* me pa- « raissent les deux meilleurs poëmes qui aient « honoré la France, après l'*Art poétique*. — Le « petit serpent de Dijon (Clément) s'est cassé les « dents à force de mordre les deux meilleures « limes que nous ayons. — Je pense, messieurs, « qu'il est digne de vous de récompenser les ta- « lents en les fesant triompher de l'envie. — « M. Delille ne sait point quelle liberté je « prends avec vous; je desire même qu'il l'i- « gnore, etc. — 4 mars 1772. »

---

reux, il y a quelques années : on ne remarqua, dans le premier, que l'excès de confiance avec laquelle il critiquoit son devancier, et substituoit, sans façon, ses vers aux siens; dans le second, que l'affectation ridicule de ne pas même faire mention de Delille.

Peu de temps après, Delille fut en effet nommé à l'académie française(¹); mais, sur le motif allégué de la trop grande jeunesse du poëte(²), quoiqu'il eût alors trente-quatre ans, le roi ne crut pas devoir confirmer l'élection pour le moment. Delille fut élu de nouveau deux ans après, et Louis XV se plut alors à réparer par des témoignages particuliers de sa bienveillance, ce que le refus avoit eu de désobligeant.

Delille succédoit à La Condamine (³). Ce fut une bonne fortune pour le récipiendaire d'avoir à suivre l'intrépide voyageur dans ses courses aventureuses; de franchir avec lui les Cordilières du Pérou, à travers quatre cents lieues de chemins impraticables; de descendre la fameuse rivière des Amazones; et de trouver à chaque pas, dans la vie toute poétique d'un héros presque fabuleux pour nous, quoique notre contemporain, de nouvelles mœurs, des sites nouveaux à peindre, ou des dangers nouveaux à décrire. L'auteur se trouvoit là dans son véritable élément; aussi l'effet de ce

---

(¹) Le 7 mai 1772, avec M. Suard, à la place de MM. Bignon et Duclos.

(²) « Trop jeune! s'écrioit à ce sujet un prélat ami de Delille: il a près de deux mille ans; il est de l'âge de Virgile. »

(³) Il fut reçu et prononça son discours le 11 juillet 1774.

brillant morceau fut-il prodigieux sur l'assemblée nombreuse qui l'écoutoit; on croyoit entendre déja, dans l'orateur, le poëte de l'*Imagination*.

Le nouvel académicien n'étoit encore que professeur de Troisième; et La Harpe trouvoit assez *ridicule* qu'un académicien français dictât des thèmes à des enfants; il lui tardoit de le voir secouer enfin *la poussière collégiale* (¹). L'un de ses plus honorables confrères dans l'université, M. Le Beau, dont les muses latines garderont long-temps le souvenir, lui en fournit peu de temps après l'occasion, en le faisant appeler au collége de France, où il ouvrit et soutint avec tant d'éclat son cours de poésie latine.

Le grand succès des *Géorgiques* avoit décidé pour toujours la vocation de Delille, et déterminé la direction de son talent vers le genre descriptif, qu'il a singulièrement étendu, mais dont on a quelquefois abusé depuis. Quelques vers du poëme qui venoit d'associer si honorablement son nom à celui de Virgile(²),

---

(¹) *Corresp.*, tom. I, pag. 137.
(²) *Géorg. IV*, v. 116 et suiv.

Atque equidem, extremo ni jam sub fine laborum
Vela traham, etc.

Si mon vaisseau, long-temps égaré loin du bord, etc.

lui donnèrent l'idée première de celui des *Jardins*, ouvrage qu'il n'a jamais surpassé, quant aux ornements de détail et à la poésie du style. Conçu d'abord sous le titre assez vague de *la Nature champêtre*, ce joli paysage étoit connu long-temps avant sa publication, soit par les lectures de l'auteur à l'académie française, soit par celles dont il charmoit les cercles les plus distingués de la cour et de la ville. Il en avoit lu les deux premiers chants à la réception de M. de Malesherbes (16 février 1775); et voici le jugement qu'en porta dès-lors La Harpe, ami de Delille, et partisan déclaré de son talent : « L'abbé Delille a lu deux chants d'un « poëme sur *la Nature champêtre*; ouvrage « dont les idées sont un peu usées, mais plein « de détails charmants[1]. »

Il ajoute un peu plus loin : « Vous trouve-« rez dans ce poëme une couleur plus aimable, « plus douce, quoique moins pure que celle « que vous avez pu remarquer dans *les Géor-« giques* [2]. »

L'ouvrage parut enfin en 1783. Il étoit annoncé avec trop de bienveillance, attendu avec trop d'empressement, pour n'être pas jugé avec trop de sévérité. Mais si les juges

[1] *Corresp.*, tom. I, let. xii.
[2] *Corresp.*, tom. I, let. xiv.

éclairés et sans passion s'accordèrent pour condamner les défauts du poëme, ils se réunirent aussi pour proclamer hautement que les deux derniers chants devoient être comptés parmi les meilleurs morceaux de poésie descriptive que nous ayons dans notre langue (¹). Ce qu'on reprocha le plus durement à l'auteur, fut de n'avoir décrit que les parcs des rois ou des grands seigneurs, et de n'avoir chanté que les jardins de luxe et de pur agrément, sans dire un mot de ceux que l'on cultive pour leur utilité. Rivarol, dans une satire assez piquante, mais qui pouvoit être plus ingénieuse (²), chargea *le chou et le navet* de la vengeance du *potager*. La satire réussit auprès de ce malin public qui aime les bons vers, mais qui aime aussi quelquefois que l'on se moque de ceux qui en font. Rivarol finissoit par prédire que nous verrions, tôt ou tard,

Tomber cet esprit de collége,
De ses dieux potagers déserteur sacrilége.
Sa gloire passera : les navets resteront.

Les navets *sont restés;* mais la gloire poétique de Delille a triomphé de ces vaines attaques, et *ne passera* vraisemblablement, qu'avec celle de Racine et de Boileau. Le chantre des

---

(¹) La Harpe, *Corresp.*, tom. III, pag. 392.
(²) Elle parut sous le nom du comte Barruel-Beauvert.

Jardins répondit d'une manière digne de son talent : il vengea en beaux vers l'honneur du *jardin potager*; et se piqua sur-tout de relever par la noblesse et la dignité de l'expression, ces mêmes objets pour lesquels on lui supposoit un injurieux dédain. Il disoit, dans une nouvelle édition de son poëme :

>   Que la grappe pendante,
> La pêche veloutée et la poire fondante,
> Tapissant de nos murs l'insipide blancheur,
> D'un suc délicieux nous offrent la fraicheur.
> Que sur l'oignon du Nil, et sur la verte oseille,
> En globes de rubis descende la groseille :
> Que l'arbre offre à vos mains la pomme au teint vermeil,
> Et l'abricot doré par les feux du soleil.
> A côté de vos fleurs aimez à voir éclore
> Et le *chou* panaché que la pourpre colore,
> Et les *navets* sucrés que Ferneuse a nourris,
> Pour qui mon dur censeur m'accusa de mépris.

Les *Jardins* paroissoient sous les auspices du PRINCE si heureusement caractérisé par l'épithète du poëte dont la reconnoissance éclatoit en ces termes :

> Et toi, d'un prince aimable ô l'asile fidéle,
> Dont le nom trop modeste est indigne de toi ([1]),
> Lieu charmant! offre-lui tout ce que je lui doi,
> Un fortuné loisir, une douce retraite.
> Bienfaiteur de mes vers, ainsi que du poëte ([2]),

([1]) Le joli jardin de *Bagatelle*.
([2]) Monseigneur le comte d'Artois lui avoit donné l'ab-

C'est lui qui, dans ce choix d'écrivains enchanteurs,
Dans ce jardin paré de poétiques fleurs,
Daigne accueillir ma muse. Ainsi, du sein de l'herbe,
La violette croît auprès du lis superbe.
Compagnon inconnu de ces hommes fameux,
Ah! si ma foible voix pouvoit chanter comme eux,
Je peindrois tes jardins, le dieu qui les habite,
Les arts et l'amitié qu'il y mène à sa suite.
Beau lieu, fais son bonheur! et moi, si quelque jour,
Grace à lui, j'embellis un champêtre séjour,
De mon illustre appui j'y placerai l'image(¹);
De mes premières fleurs je lui promets l'hommage;
Pour elle, je cultive et j'enlace en festons
Le myrte et le laurier, tous deux chers aux Bourbons;
Et si l'ombre, la paix, la liberté m'inspire,
A l'auteur de ces dons je consacre ma lyre.

C'étoit alors l'hommage du talent à la puissance; quinze ans après, tout avoit changé pour le prince qui inspiroit de si nobles sentiments et de si beaux vers : tout, excepté le cœur et le langage de son poëte, qui lui répétoit en 1796 :

Grand prince, tendre ami, chevalier magnanime,
Modèle de la grace, exemple de l'honneur!
Tu t'en souviens peut-être : aux jours de mon bonheur,
Je chantai tes bienfaits; et quand la tyrannie
Nous faisoit de son joug subir l'ignominie,
J'en atteste le ciel, dans ces moments d'effroi,

baye de Saint-Severin : bénéfice *simple*, qui n'exigeoit point l'engagement dans les ordres sacrés.

(¹) *Géorg. III*, v. 16.
In medio mihi Cæsar erit.

Je m'oubliois moi-même, et volois près de toi.
Oui ; d'autres lieux en vain bénissoient ta présence :
Le doux ressouvenir ne connoît point l'absence.
Au milieu de l'exil et de l'adversité,
Toujours tu fus présent à ma fidélité.

Malheur et Pitié (¹), ch. IV.

Écoutez-le encore s'écrier dans ce même poëme des *Jardins*, et avec cet enthousiasme si heureusement ranimé depuis dans tous les cœurs français, à la naissance du miraculeux héritier *du sceptre de nos rois :*

Il est né, l'héritier du sceptre de nos rois (²) !
Il est né ! Dans nos murs, dans nos champs, sur les ondes,
Nos foudres triomphants l'annoncent aux deux mondes.
Pour parer son berceau, c'est trop peu que des fleurs :
Apportez les lauriers, les palmes des vainqueurs.
Qu'à ses premiers regards brillent des jours de gloire ;
Qu'il entende, en naissant, l'hymne de la victoire :
C'est la fête qu'on doit au pur sang des Bourbons.

Suivoit un éloge aussi vrai que touchant de la reine MARIE-ANTOINETTE, de cette princesse dont la France ne connoissoit, n'admiroit encore que les qualités aimables ; mais en qui des infortunes inouies devoient révéler bientôt

---

(¹) Tel étoit le titre primitif de l'ouvrage ; mais la censure en exigea alors la suppression. Nous le rétablissons dans cette édition.

(²) Le premier DAUPHIN, fils de Louis XVI, né à la fin de 1781.

des vertus jusqu'alors sans exemple. Elle inspira le chantre du malheur, comme elle avoit inspiré le peintre des graces; et le poëte auquel on disputoit la sensibilité, en trouva une source inépuisable dans son ame, pour décrire les souffrances, la résignation, et la mort de la digne épouse du roi-martyr[1].

L'époque du poëme des *Jardins* fut pour Delille celle de la gloire, de la fortune, et de tous les genres de succès. Recherché avec empressement de tout ce qu'il y avoit de plus distingué par les talents, le rang, et la naissance, il apportoit dans leur société, dit une femme de beaucoup d'esprit[2], une gaieté si vraie, si jeune, si naïve, et pourtant si ingénieuse, que l'homme supérieur et le grand poëte se retrouvoient à chaque instant, et comme malgré lui, dans l'homme aimable. Delille avoit puisé ces premières leçons de politesse et d'amabilité dans la maison de la célèbre madame Geoffrin, qui accueillit sa jeunesse avec une extrême bonté, et qui offrit au talent, alors malheureux, des secours qu'il n'accepta point,

---

[1] Plus d'une fois on surprit Delille fondant en larmes, lorsqu'il retraçoit en si beaux vers ces lamentables souvenirs.

[2] Madame du Molé.

mais dont il a noblement consigné le souvenir dans les vers suivants :

> Aux offres de ta bienfaisance
> Ma fière pauvreté ne consentit jamais :
> Mais en refusant tes bienfaits,
> J'ai gardé ma reconnoissance (¹).

L'un des plus honorables amis que sa brillante réputation et ses qualités personnelles aient acquis et conservés à Delille, fut le comte de Choiseul-Gouffier. Peu de grands seigneurs ont su réunir et concilier au même degré la politesse de l'homme de cour, les graces et l'esprit de l'homme du monde, avec l'amour éclairé des arts, et les connoissances variées du savant de profession. Un autre Choiseul avoit illustré son ministère par la protection et les encouragements accordés aux lettres, et par sa constante bienveillance pour l'abbé Barthélemy; M. de Choiseul-Gouffier voulut, à son exemple, honorer son ambassade à Constantinople en la rendant utile aux sciences et aux lettres; elle le fut sur-tout à la poésie. Delille y alla chercher ces belles inspirations que l'on retrouve à chaque page du poëme de *l'Imagination*. Trop voisin des beaux climats de la Grèce pour ne pas visiter des lieux si chers aux Muses, il s'embarqua sur un bâtiment qui relâcha

(¹) *La Conversation*, ch. III, à la fin.

au rivage d'Athènes. Au retour, le canot où étoient l'ambassadeur et sa suite fut poursuivi par deux forbans qui étoient sur le point de l'atteindre. Au milieu de la consternation et du silence de tout l'équipage, Delille donna des marques de sang-froid et même de gaieté, dont toutes les gazettes parlèrent dans le temps. « Ces coquins-là, disoit-il, ne s'attendent pas à « l'épigramme que je ferai contre eux. »

Ravi, enthousiasmé à l'aspect des monuments antiques qu'il parcouroit dans la patrie de Sophocle et d'Euripide, il écrivit alors à une dame de Paris(¹) une lettre qui eut un grand succès, et qui fait partager au lecteur l'enthousiasme de l'écrivain.

« Notre voyage a été très heureux; le vent « nous a portés en cinq jours à Malte, par la « plus belle mer et sous le plus beau ciel du « monde : j'étois très curieux de voir cette ville, « son superbe port, ses grandes murailles « blanches, qui, en huit jours, auroient achevé « de m'aveugler, et ses belles rues pavées en « pierre de taille, qui montent et qui descen- « dent en grands escaliers. J'étois plus cu- « rieux encore de connoître ses mœurs et sa « constitution (²).

(¹) Madame Devaisnes.
(²) Dans quelques unes des copies qui coururent alors de

« Nous avons quitté cette ville (Malte) pour
« voir un pays plus barbare, mais plus inté-
« ressant, ce beau pays de la Grèce, où les
« regrets sont au moins adoucis par les sou-
« venirs. La première île qu'on rencontre est
« Cérigo, si connue sous le nom de *Cythère;* il
« faut convenir qu'elle répond mal à sa répu-

cette lettre, on lisoit ici un passage d'autant plus désobligeant pour l'ordre de Malte, qu'il portoit sur l'institution
elle-même, que l'on qualifioit sans ménagement de fondation *contre l'humanité.* Le célibat des chevaliers y étoit sur-
tout injurieusement calomnié. Le bailli de Crussol crut devoir répondre à cette indécente attaque, et il le fit dans le
Journal de Paris, 21 juillet 1785. Delille fut bien surpris, en
arrivant en France quelques mois après, d'apprendre l'espèce de scandale qu'il y avoit occasioné, et il se hâta de le
désavouer, dans une lettre datée du lazaret de Marseille,
10 septembre, et adressée au bailli de Crussol lui-même.
La voici.

« M. LE BAILLI,

« Si quelqu'un avoit pu jamais révoquer en doute la loyauté
« des chevaliers de Malte, votre lettre suffiroit pour le réfu-
« ter; on ne peut répondre d'une manière plus noble, plus
« solide, à l'accusation absurde dont je viens d'être l'objet;
« et, quand je serois coupable, votre lettre, pleine de no-
« blesse, seroit encore la vengeance la plus digne d'un brave
« et généreux chevalier.

« J'ai cherché dans ma mémoire ce que je puis avoir dit
« d'offensant pour l'ordre respectable dont vous êtes un des
« membres les plus distingués; je me suis rappelé qu'en ef-
« fet je m'étois plaint amèrement de la blancheur éblouis-
« sante de vos murailles, qui en huit jours auroit achevé de

« tation. Nos romanciers et nos faiseurs d'opé-
« ra seroient un peu étonnés s'ils savoient que
« cette île, si délicieuse dans la fable et dans
« leurs vers, n'est qu'un rocher aride. En vé-
« rité, on a bien fait d'y placer le temple de
« Vénus; pour se plaire là, il falloit bien un
« peu d'amour.

« m'aveugler. Je me suis encore permis des plaintes et même
« des déclamations violentes contre l'insupportable chaleur
« que nous avons essuyée dans votre ville. Voilà les atrocités
« dont je suis obligé de m'avouer coupable.

« Parlons sérieusement, M. le bailli; il est bien étrange
« qu'on me rende responsable de ce qu'on a pu insérer dans
« une lettre sans signature et sans aveu, et falsifiée peut-
« être autant de fois qu'elle a été copiée. La boule de neige
« poussée par des polissons, à mesure qu'elle roule se grossit
« et se fait; voilà sans doute le sort de cette lettre dont il a
« couru dans le monde tant de copies plus ou moins infidè-
« les. Celles où l'on dit que votre ordre est la seule école
« d'héroïsme qui existe dans le monde, où l'on vante l'esprit
« de politesse, de loyauté, d'hospitalité qui distingue vos
« chevaliers; ces copies-là, je les avoue avec plaisir; celles où
« l'on se permet des observations trop libres, même inju-
« rieuses, je les désavoue absolument, et votre lettre, M. le
« bailli, me dispense d'en détailler les raisons. Accueilli de
« la manière la plus distinguée par votre illustre et vertueux
« souverain, lié depuis nombre d'années avec plusieurs de
« vos chevaliers, ils m'honorent de leur amitié; cultivant
« un art qui fait profession d'admirer et de chérir les vertus
« héroïques, avec quelle vraisemblance a-t-on pu m'attribuer
« les phrases hardies et répréhensibles dont on se plaint?

« J'ai l'honneur d'être avec respect, etc. »

« Les autres îles sont plus dignes de leur re-
« nommée; et la fécondité de leur terrain, l'a-
« vantage de leur position, la beauté de leur
« ciel, la douceur de leur climat, embellis par
« tout ce que la fable a de plus enchanteur, et
« l'histoire de plus intéressant, offrent un des
« plus ravissants spectacles qui puissent flatter
« l'imagination et les yeux; mais je n'en pou-
« vois jouir comme les autres; chacun m'affli-
« geoit inhumainement d'un plaisir que je ne
« pouvois partager. On me disoit : Voilà la pa-
« trie de Sapho, d'Anacréon, d'Homère. Hélas!
« j'étois aveugle comme lui, et jamais je ne l'a-
« vois si douloureusement éprouvé; mais du
« moins je découvrois à-peu-près la position
« de ces lieux, et je voyois tout cela un peu
« mieux que dans les livres.

« Enfin, nous avons été forcés de relâcher
« par un vent contraire, si l'on peut appeler un
« vent contraire celui qui nous a donné le
« temps de voir Athènes.

« Je ne chercherai pas à vous exprimer mon
« plaisir en mettant le pied sur cette terre cé-
« lèbre; je pleurois de joie. Je voyois enfin tout
« ce que je n'avois fait que lire; je reconnois-
« sois tout ce que j'avois connu dès l'enfance;
« tout m'étoit à-la-fois familier et nouveau;
« mais ce que je n'oublierai de la vie, c'est la

« sensation que m'a fait éprouver l'aspect du
« premier monument de cette ville à jamais
« intéressante.

« Je ne pouvois me lasser de voir ces grandes
« et belles colonnes du plus beau marbre de
« Paros, intéressantes par leur beauté, par
« celle des temples qu'elles décoroient, par les
« souvenirs des beaux siècles qu'elles rappel-
« lent, et sur-tout parceque l'imitation, plus
« ou moins exacte, de leurs belles proportions
« est et sera, dans tous les temps et chez tous
« les peuples, la mesure du bon et du mau-
« vais goût. Je les parcourois, je les touchois,
« je les mesurois avec une insatiable avidité;
« elles avoient beau tomber en ruines, je ne
« pouvois quelquefois m'empêcher de les
« croire impérissables; je croyois faire la for-
« tune de mon nom en le gravant sur leur
« marbre; mais bientôt je m'apercevois avec
« douleur de mon illusion; ces restes pré-
« cieux ont plus d'un ennemi, et le temps n'est
« pas le plus terrible. La barbare ignorance
« des Turcs détruit, quelquefois en un jour,
« ce que des siècles avoient épargné; j'ai vu,
« étendue à la porte du commandant, une
« de ces belles colonnes dont je vous ai parlé :
« un ornement du temple de Jupiter alloit or-
« ner son harem. Le temple de Minerve, le plus

« bel ouvrage de l'antiquité, dont la magnifi-
« cence mit Périclès, qui l'avoit fait bâtir, dans
« l'impossibilité de rendre ses comptes, est en-
« fermé dans une citadelle construite en par-
« tie à ses dépens; nous y sommes montés par
« un escalier composé de ses débris, nous fou-
« lions aux pieds des bas-reliefs sculptés par les
« Phidias et les Praxitèle; je marchois à côté, ou
« j'enjambois, pour n'être pas complice de ces
« profanations. Un magasin à poudre est établi
« à côté du temple; dans les dernières guerres
« des Vénitiens, une bombe a fait éclater le ma-
« gasin, et tomber plusieurs colonnes jusqu'a-
« lors parfaitement conservées. Ce qui m'a dés-
« espéré, c'est qu'au moment de descendre, on
« a donné ordre de tirer le canon pour M. l'am-
« bassadeur; j'ai craint que cette commotion
« n'achevât d'ébranler le temple, et M. de Choi-
« seul trembloit des honneurs qu'on lui ren-
« doit.

« On voit encore avec plaisir dix-sept co-
« lonnes de beau marbre, reste de cent dix qui
« soutenoient, dit-on, le temple d'Adrien. Au-
« devant est une aire à battre le blé, pavée de
« magnifiques débris de ce monument. On y
« distingue avec douleur des fragments sans
« nombre de superbes sculptures dont ce tem-
« ple étoit orné. Entre deux de ces dix-sept co-

« lonnes, s'étoit guindé, il y a quelques an-
« nées, pour y vivre et mourir, un ermite grec,
« plus fier des hommages de la populace qui le
« nourrissoit, que les Miltiade et les Thémis-
« tocle ne l'ont jamais été des acclamations de
« la Grèce. Ces colonnes elles-mêmes font pi-
« tié dans leur magnificence. Je demandai qui
« les avoit ainsi mutilées, car il étoit aisé de
« voir que ce n'étoit point l'effet du temps; on
« me répondit que de ces débris on faisoit de la
« chaux. J'en pleurai de rage.

« Dans toute la ville, c'est le même sujet de
« douleur; pas un pilier, pas un degré, pas un
« seuil de porte qui ne soit de marbre antique,
« arraché par force de quelque monument.
« Par-tout la mesquinerie des constructions
« modernes est bizarrement mêlée à la magnifi-
« cence des édifices antiques. J'ai vu un bour-
« geois appuyer un mauvais plancher de sapin
« sur des colonnes qui avoient supporté le
« temple d'Auguste.

« Les cours, les places, les rues, sont jon-
« chées de ces débris, les murailles en sont bâ-
« ties; on reconnoît avec un plaisir doulou-
« reux une inscription intéressante, l'épitaphe
« d'un grand homme, la figure d'un héros, un
« bras, un pied, qui appartenoient peut-être à
« Minerve ou à Vénus; là, une tête de cheval

« qui vit encore; ici, des cariatides superbes
« enchâssées dans le mur comme des pierres
« vulgaires. J'aperçois dans une cour une fon-
« taine de marbre; j'entre : c'étoit autrefois un
« magnifique tombeau, orné de belles sculp-
« tures. Je me prosterne, je baise le tombeau;
« dans l'étourderie de mon adoration, je ren-
« verse la cruche d'un enfant qui rioit de me
« voir faire. Du rire, il passe aux larmes et aux
« cris; je n'avois point sur moi de quoi l'apai-
« ser, et il ne seroit pas encore consolé, si des
« Turcs, bonnes gens, ne l'avoient menacé de
« le battre.

« Il faut que je vous conte encore une su-
« perstition de mon amour pour l'antiquité : au
« moment que je suis entré tout palpitant dans
« Athènes, ses moindres débris me paroissoient
« sacrés. Vous connoissez l'histoire de ce sau-
« vage qui n'avoit jamais vu de pierres; j'ai fait
« comme lui, j'ai rempli d'abord les poches de
« mon habit, ensuite celles de ma veste, de
« morceaux de marbre sculptés; et puis,
« comme le sauvage, j'ai tout jeté, mais avec
« plus de regret que lui. Pour comble de mal-
« heur, les Albanais ont fait sur ces côtes une
« incursion meurtrière; il a fallu se mettre à
« l'abri par des murs; la malheureuse antiquité
« a fait encore ces frais-là, et la défense de la

« ville nouvelle a coûté plus d'un magnifique
« débris à la ville ancienne.

« Pardonnez, madame, ce long récit, dont
« l'ennui vous fera peut-être haïr le pays que
« je voudrois vous faire aimer; mais, pour
« vous réconcilier avec lui, vous recevrez
« bientôt du vin de ces belles îles, mûri par
« leur beau soleil; faites, en le buvant, com-
« mémoration de moi avec vos amis. M. de
« Choiseul prie monsieur votre mari, qu'il
« connoît plus que vous, de vous faire accep-
« ter un petit flacon d'essence de roses. Plus de
« roses sont exprimées dans ce petit flacon,
« qu'on n'en trouveroit dans tous les jardins
« que j'ai chantés. Ma malheureuse vue se
« brouille; je ne puis plus écrire, et cela m'at-
« triste un peu. »

A son retour d'Athènes, Delille passa l'hiver
à Constantinople, et presque tout l'été suivant
dans la délicieuse retraite de Tarapia, vis-à-
vis l'embouchure de la mer Noire. Quel spectacle enchanteur se déployoit incessamment sous
ses yeux! Ces innombrables vaisseaux qui en-
trent de la mer Noire dans le Bosphore, et du
Bosphore dans la mer Noire; cette foule de
barques légères qui se croisent sans cesse sur
ce bras de mer, et lui donnent un air si animé!
Sur le bord opposé, les superbes prairies d'A-

sie, ombragées de beaux arbres, traversées par de belles rivières, et ornées d'un nombre infini de kiosques. C'est dans ces beaux lieux qu'il passoit toutes ses matinées, travaillant à son poëme de *l'Imagination*; c'est là, s'écrioit-il dans l'ivresse de l'inspiration :

> C'est là que, s'entourant de tout ce qu'elle adore,
> L'imagination est plus active encore.
> Là, tout parle ou de vers, ou de gloire, ou d'amour;
> Tout est dieux ou héros. Une barque, en un jour,
> Parcourt sur cette mer, en merveilles féconde,
> Cent lieux plus renommés que tous les lieux du monde.
> Méne-moi, dieu des arts, vers ta chère Délos, etc.
> *Imagin.*, ch. IV.

Ce ne fut cependant pas *vers Délos*, c'est en France que le dieu des arts ramena bientôt son poëte favori pour le rendre aux fonctions qu'il remplissoit avec tant d'éclat, soit dans l'université, soit au collège de France. Mais ses travaux ne tardèrent pas à être troublés par les orages politiques excités dans notre malheureuse patrie. Delille ne fut point à l'abri de la persécution, qui ne tarda pas à frapper indistinctement toutes les classes de la société: la nature de ses relations, le genre et l'emploi de son beau talent, l'habit même qu'il portoit, devinrent autant de titres de proscription aux yeux des misérables qui avoient déclaré une guerre d'extermination à toutes les sortes de célébrité. Déja privé du revenu de ses bénéfices, Delille supporta avec une résignation, qui trouva peu d'imitateurs alors, la perte d'une fortune assez considérable:

.... Le peu que j'avois, je l'abandonne aux dieux (¹),

disoit-il; et ce n'étoit point une vaine jactance; c'étoit l'expression vraie de cette inaltérable tranquillité d'ame et d'esprit qui ne l'abandonna jamais, et qui le suivit jusque dans ces redoutables *comités*, devenus pour tant d'autres victimes l'antre d'un lion qui ne lâchoit plus sa proie. Déja arrêté, Delille fut chaudement défendu, et rendu à la liberté par un homme qu'il ne connoissoit pas, et qui ne l'avoit probablement jamais vu : c'étoit un compagnon maçon. Son argument le plus fort en faveur de Delille, fut qu'il ne falloit pas *tuer tous les poëtes*, mais en conserver au moins quelques uns *pour chanter nos victoires*. L'argument parut sans doute irrésistible, car le poëte fut sauvé. Mais ce ne fut pas des chants *de victoire* qu'on lui demanda quelque temps après : on mit son ame et son génie à une épreuve plus périlleuse ; voici à quelle occasion.

(¹) *L'Homme des Champs*, ch. II.

Pour insulter plus cruellement encore au peuple infortuné qu'elle avoit amené au dernier degré de l'avilissement et du malheur, la tyrannie révolutionnaire, toujours absurde, quand elle n'étoit pas atroce, imagina tout-à-coup de déclarer solennellement à l'univers, que la nation qui avoit vu naître les *Pascal*, les *Bossuet*, les *Fénélon*; qui se glorifioit à juste titre d'être depuis tant de siècles le sanctuaire de la religion, l'inexpugnable forteresse où ses ennemis l'avoient long-temps attaquée en vain; que le peuple français enfin reconnoissoit l'*Être suprême* et l'*immortalité de l'ame!* On ordonne l'appareil de cette fête dérisoirement sacrilège; on commande des chants au poëte que sa célébrité indiquoit de préférence à tout autre, et qui se trouvoit ainsi placé entre sa conscience et l'échafaud. Son choix ne sera point douteux; oui, il la chantera cette immortalité si terrible pour le crime oppresseur, si consolante pour l'innocence opprimée; il la chantera, mais pour épouvanter l'un, et pour ranimer la constance de l'autre. Il dira aux victimes :

<blockquote>
Vous, du malheur victimes passagères,
Sur qui veillent d'un Dieu les regards paternels;
Voyageurs d'un moment aux rives étrangères,
Consolez-vous! Vous êtes immortels!
</blockquote>

Mais il ne craindra pas de dire aux bourreaux :

O vous, qui, de l'Olympe usurpant le tonnerre,
Des éternelles lois renversez les autels;
　　Lâches oppresseurs de la terre,
　　Tremblez! Vous êtes immortels!

Que l'on se figure maintenant le poëte faisant retentir ces terribles vérités aux oreilles d'un président de *comité révolutionnaire :* que l'on se représente, d'un autre côté, la contenance de ce valet de bourreau, en présence du juge qui lui lit sa sentence, et l'on concevra que ce moment fut l'un des plus beaux de la vie de Delille; et son *Dithyrambe,* celui peut-être de tous ses ouvrages qui honore le plus son caractère. « C'est très bien, dit le président, mais « *attendons :* le moment n'est pas venu de pu- « blier ces vers-là; quand il en sera temps, je « viendrai vous avertir. » Le *moment* se fit *attendre* long-temps; mais cet acte d'un courage, si rare à cette époque, en imposa vraisemblablement *aux tyrans* eux-mêmes; et le premier poëte du siècle continua de traverser les scènes de douleur qui se succédoient avec une si effrayante rapidité. Destiné à les retracer éloquemment un jour (¹), il sembloit s'être imposé la triste nécessité d'en être le témoin; et ce der-

(¹) Dans le poëme de *Malheur et Pitié.*

nier sacrifice ne fut pas sans doute la portion la moins héroïque de son dévouement. Nouveau Vernet, il restoit volontairement attaché au mât du vaisseau, pour décrire la tempête avec des couleurs plus énergiques, et plus fortes de vérité.

Delille quitta Paris en 1794, et se retira à Saint-Dié, patrie de madame Delille, où il reprit et acheva cette traduction de l'*Enéide* ([1]), qui, malgré quelques traces de foiblesse, difficiles, impossibles peut-être à éviter dans une tâche aussi longue, aussi laborieuse, n'en restera pas moins une portion durable de la gloire de son auteur; un monument qui honore à-la-fois les muses du Tibre et celles de la Seine, et que Delille seul étoit digne d'élever.

« Si dans les amours de Didon, a dit un homme de lettres, bien capable d'apprécier le talent de Delille ([2]), le poëte français a manqué quelquefois de cette sévérité de goût, de cet abandon passionné, de cette mollesse d'harmonie, de cette vérité d'accent que Virgile et Racine ont su prêter, l'un à Didon, l'autre à ses amantes tragiques, dans tout le reste il ne

---

([1]) Commencée depuis plus de vingt ans, puisqu'il en avoit lu le quatrième chant, dans une séance publique de l'académie, en 1775, et récité des fragments à Voltaire.

([2]) M. Tissot.

trahit point son modèle. Qu'il est pompeux dans la bataille d'Actium, et vrai dans la peinture des mœurs du bon roi Évandre! Qu'il est touchant dans les adieux de ce malheureux prince à Pallas et au héros qui l'adopte pour second fils!... Parmi les beautés de style et d'images dont Virgile abonde, il en est peu qu'on ne retrouve dans son traducteur: celui-ci change quelquefois l'ordre des idées du texte; mais, fidèle comme un débiteur consciencieux, il a soin de les reproduire toutes; il lui arrive même de leur donner plus de relief, en leur choisissant une place qui les met dans tout leur jour. »

On ne songea point, quand la nouvelle *Enéide* parut [1], à exhumer les traductions barbares ou ridicules de Perrin, de Marolles, ou de Segrais; mais on lui opposa quelque temps, avec une injurieuse partialité, celle que publioit alors Gaston, qui obtint en effet un moment de succès, à la faveur d'une concurrence aussi honorable; mais elle étoit incapable de la soutenir long-temps, et elle est

---

[1] En 1804. Delille avoit demandé, et obtenu de la manière la plus gracieuse, deux ans auparavant, la permisson de dédier cette traduction à l'empereur ALEXANDRE; mais la dédicace en vers n'a paru en France qu'après la restauration.

retombée pour toujours au rang de ces ouvrages médiocres que l'on ne lit plus, et dont on ne parle même pas. Tout récemment encore, M. Mollevaut, de l'académie des inscriptions, vient de hasarder une nouvelle tentative du même genre; la critique et le temps diront avec quel succès.

Après environ un an de séjour dans les Vosges, le traducteur de Virgile s'éloigna définitivement de la France, toujours en proie à l'orageuse anarchie, et se réfugia à Bâle. Il s'y trouvoit en 1796, lors de la fameuse retraite de Moreau, et du bombardement d'Huningue. Il se rendoit souvent, dit-on, sur les bords du Rhin, pour y contempler ce grand et terrible spectacle des fureurs destructives de l'homme; et c'est après avoir suivi de l'œil le jeu et les effets de la bombe, qu'il les reproduisoit dans ces vers du poëme des *Trois Règnes:*

>De son lit embrasé tantôt l'affreuse bombe
>En longs sillons de feu part, s'élève, et retombe;
>Se roule, se déchire avec un long fracas;
>De son globe de fer disperse les éclats;
>Poursuit, menace, atteint la foule épouvantée,
>Et couvre au loin de morts la terre ensanglantée.

M. Daru crut devoir, dans l'intérêt même du poëte et de sa réputation, révoquer le fait en doute, et le combattre dans son *Épître à Delille* :

> Le croirai-je, qu'au lieu de ces chants héroïques,
> Tranquille, sous l'abri des rochers helvétiques,
> Tu venois tous les jours, près du Rhin embrasé,
> Sous le foudre ennemi voir Huningue écrasé ;
> Suivre dans l'air en flamme, avec des yeux débiles([1]),
> Ces comètes d'airain qui renversoient nos villes ;
> ....
> Non, non : tes faux amis l'ont en vain publié :
> Je ne les croirai point : ils t'ont calomnié.

Oui sans doute, tous ceux qui ont personnellement connu le chantre de *la Pitié*, savent assez combien il étoit incapable par caractère de se faire un plaisir barbare du spectacle de la destruction et de la mort, pour le spectacle lui-même ; mais ils conçoivent également qu'une tête aussi éminemment poétique fût très susceptible d'émotions nouvelles ; qu'elle les recherchât et les reçût avec avidité, de quelque nature qu'elles fussent, et abstraction faite de l'objet qui les excitoit. C'est ainsi qu'habitant le village de Glairesse peu de temps après, le seul aspect de cette île de Saint-Pierre, dernière re-

---

([1]) Nous avons vu que dès 1784 Delille se plaignoit, dans sa lettre à madame Devaisnes, de l'affoiblissement de sa vue : cette infirmité, toujours accrue depuis, finit par le réduire à un état presque complet de cécité.

traite du malheureux Rousseau, et si délicieusement décrite par lui(¹), retrace tout-à-coup au poëte de *l'Imagination* les infortunes, le génie, le caractère et les foiblesses du célèbre écrivain, et inspire à Delille ce morceau d'une sensibilité si vraie, si affectueuse, et d'une mélancolie si douce, dont il a enrichi le sixième chant de son poëme (²).

Chaque pause de son exil devoit donc être signalée par quelque production également honorable pour son talent ou pour son caractère. En Suisse, il étudioit et peignoit la nature dans ses tableaux les plus hardis, dans ses effets les plus imposants; il chantoit *la Pitié* à la cour, et sous les yeux du duc de Brunswick (³), et traduisoit à Londres *le Paradis perdu*: accueilli, fêté par-tout, moins encore comme le premier poëte de son temps, que comme l'un des hommes qui portoient dans la société le plus de grace et d'amabilité, et qui avoit donné de si nobles garanties de son

(¹) *Confessions*, part. II, liv. XII.
(²) Il en avoit déja parlé dans le poëme de *Malheur et Pitié*, ch. IV.
(³) Héros et martyr d'une fidélité plus chevaleresque que réfléchie, aux principes constitutifs de l'ordre social, le duc de Brunswick les proclama le premier en 1792, à la tête de l'armée qu'il amenoit au secours de Louis XVI; et mourut en les défendant sur le champ de bataille.

attachement aux principes monarchiques.

Lorsqu'une organisation nouvelle eut réuni en 1795, sous la dénomination générale d'*Institut national*, les débris épars des quatre académies, supprimées sous le règne de l'égalité, Delille fut invité à venir reprendre sa place au milieu de ses anciens confrères. Il répondit sans balancer au ministre qui lui apprenoit sa nomination : « Je me suis si bien trouvé de « mon obscurité et de ma pauvreté, durant le « règne de la terreur, que j'y reste attaché, ne « fût-ce que par reconnoissance. On m'an- « nonce que ce refus pourra m'attirer quelques « persécutions. Si cela arrive, je dirai comme « Rousseau : *Vous persécutez mon ombre.* » Ce ne fut qu'en 1802, que, cédant enfin aux vœux de ses nombreux amis, et de tout ce qui étoit digne alors d'un nom en littérature, il consentit à revoir Paris, et à rendre son poëte à la France.

Ce retour avoit été précédé, deux ans auparavant, par la publication de *l'Homme des champs;* mais les jours de la justice avoient fini pour Delille, avec ceux de la faveur. Toujours fidèle à la noble cause qu'il avoit embrassée, et que ses revers même ne lui rendoient que plus sacrée, il ne fut et ne dut plus être qu'un ennemi de son pays aux yeux de ceux qui venoient de l'asservir; et, désormais aveugle pour les beautés de détail, semées avec une profusion nouvelle dans ses derniers ouvrages, la critique n'y chercha, n'y releva que des fautes. Ce n'étoit plus le poëte qu'elle poursuivoit; c'étoit le Français dévoué à ses anciens maîtres; c'étoit le chantre de leurs illustres infortunes, dont elle s'efforçoit d'étouffer la voix sous les clameurs injurieuses de l'envie et de la médiocrité (¹). Elle renouvela contre *l'Homme des champs* les critiques autrefois élevées contre le poëme des *Jardins*; elle se montra *sans pitié* pour *la Pitié* (²), et ne pardonna au poëte

---

(¹) Il faut excepter du nombre de ces critiques, MM. de Féletz, Auger, Laya, l'auteur de cette notice, et quelques autres gens de lettres, qui ont toujours et hautement rendu au talent et au caractère de Delille la justice due à l'un et à l'autre.

(²) Allusion à une brochure intitulée: *Point de pitié pour la Pitié*, qui parut quelque temps après le poëme, en 1803. Cette première édition de *la Pitié* avoit subi des retranchements considérables; mais dans le temps même qu'ils faisoient ces concessions forcées à l'ombrageuse susceptibilité du gouvernement, les courageux éditeurs de Delille imprimoient une édition *complète* du même poëme; elle fut saisie, et l'un d'eux emprisonné: mais elle reparut en 1814, sous la date de 1805; et l'éditeur eut, à cette époque, l'honneur d'offrir à S. M. Louis XVIII et à l'empereur de Russie, le jour même de son entrée dans Paris, ces vers prophétiques, où le poëte avoit dit, douze ans auparavant, au jeune et magnanime Alexandre:

> Sur le front de Louis tu mettras la couronne :
> Le sceptre le plus beau, c'est celui que l'on donne.

ni ses beaux vers, ni sur-tout cette inébranlable fermeté de sentiments qui avoit bravé les menaces de la terreur, et qui sut résister aux séductions du pouvoir impérial.

Tout en effet fut mis en usage par Buonaparte pour obtenir au moins quelques accords d'une lyre invariablement dévouée aux Bourbons; une semblable conquête entroit plus encore dans les calculs de son ambition que dans ceux de sa vanité; et, quelque flatté qu'il eût pu se montrer des beaux vers de Delille, il l'eût été bien davantage de grossir d'une défection de plus la liste servile qui s'accroissoit chaque jour de noms surpris ou honteux d'y figurer. Le poëte fut inflexible (¹); richesses, dignités,

---

(¹) Une entrevue, longuement préparée, et obtenue avec beaucoup de peine, eut cependant lieu chez l'une des sœurs de Buonaparte, madame Bacciochi. Delille consentit à s'y rendre, bien résolu d'avance à ne rien accorder d'indigne de sa conduite et de son caractère; il tint parole. « Je suis bien charmé de vous voir ici! » dit à Delille le chambellan chargé de l'introduire. « Et moi, bien surpris de vous y trouver, » répliqua le poëte au grand seigneur de l'ancienne cour, qui s'étoit nommé. Buonaparte parla à Delille de sa traduction de l'*Énéide*, qui venoit de paroître, et sur-tout de la nouvelle édition du poëme des *Jardins*, dans laquelle il lui reprocha grossièrement d'avoir trop loué les Anglais. « Oui, répondit le peintre de Bleinheim, je n'ai pu refuser mon tribut d'éloges aux *Marlborough*; mais, ajouta-t-il avec une expression remarquable de chaleur, je me suis hâté d'en revenir

décorations, tout fut offert, tout fut noblement refusé; et Delille eut le droit de dire:

> Quand, suivant l'intérêt, le ton, l'ordre du jour,
> Courageux, circonspect, emporté tour-à-tour,
> Plus d'un adroit Protée, avec tant de prudence,
> Plioit à tous les tons sa souple indépendance,
> Rien ne put arracher un mot à ma candeur,
> Une ligne à ma plume, un détour à mon cœur.
> *Imagin.*, ch. VI.

D'après ce témoignage incontestable, rendu par l'auteur lui-même à la constante pureté de ses sentiments, on eut lieu sans doute d'être surpris, en voyant paroître, au mois d'avril 1815, une espèce de dédicace en vers, attribuée à Delille, et adressée à *l'Empereur Napoléon*, en lui présentant la traduction des *Géorgiques*. Personne ne fut la dupe de cette ruse maladroite d'un libelliste[1]; on ne songea pas même à la réfuter, tant le nom de Delille étoit au-dessus de pareilles attaques; mais tout le monde n'étoit pas à même d'en constater l'inexactitude. Voici les faits. Au mois de mars 1806,

---

bientôt à nos *Turenne* et à nos *Condé*(*). » *Il est encore vert*, dit Buonaparte à ceux qui l'entouroient; et il ne jugea pas à propos de pousser la conversation plus loin: un seul mot venoit de lui apprendre à quel homme il avoit à faire.

[1] L'auteur d'un pamphlet périodique qui s'intituloit *le Nain Jaune*.

(*) Cette scène se passoit quelques mois après la mort du duc d'Enghien.

le libraire Cl. Bleuet père, alors propriétaire de la traduction des *Géorgiques*, instruisit le gouvernement qu'il préparoit de cet ouvrage une édition grand in-4°; et il supplioit l'empereur de permettre qu'elle parût sous ses auspices, avec l'humble hommage d'une dédicace, *au nom du libraire-éditeur*. Feu M. Bleuet, homme d'ailleurs très recommandable, mais fort étranger à l'art des vers, eut recours dans cette circonstance à M. A. D., qui, très novice lui-même dans l'art de louer S. M. I., prit pour texte de ses vers l'*épilogue* qui termine le poëme des *Géorgiques*, et en fit l'application aux brillants succès récemment obtenus par les armées françaises en Italie et en Allemagne. Le gouvernement renvoya la demande et la dédicace de Bleuet à la personne ordinairement chargée de ces sortes de rapports; mais cette personne fut remplacée quelque temps après dans ses fonctions, et le rapport, qui n'étoit pas encore fait quand l'édition parut, en 1807, n'eut jamais lieu depuis. Cette pièce, oubliée pendant dix ans dans les cartons du cabinet particulier, en sortit tout-à-coup pendant les *cent jours* de l'usurpation de 1815, et offrit aux éditeurs du *Nain Jaune* l'occasion doublement heureuse de calomnier la mémoire de Delille, et de flatter Napoléon.

Delille étoit rentré dans sa patrie, chargé des richesses conquises sur les littératures étrangères; il songea à en faire jouir les lettres françaises, et il publia son *Paradis perdu*. Cette production étonnante, cette traduction, bien plus *originale* encore que celle des *Géorgiques*, ne fut pas d'abord appréciée parmi nous tout ce qu'elle valoit. Sa destinée fut un moment celle du poëme anglais; mais, comme Milton, son traducteur se releva bientôt dans l'estime publique, et y prit le rang qu'il conservera à jamais. C'est l'anglais sous les yeux, qu'il faut lire le poëme français, si l'on veut apprécier à-la-fois et tout le talent du poëte traducteur, et l'étendue des services qu'il rend à son original. On ne sauroit croire avec quel art il saisit un trait heureux, une belle image, une grande pensée, quand elle se présente, pour la développer et l'étendre en vers harmonieux; avec quelle sûreté de goût il passe légèrement sur les détails qui répugneroient à la délicatesse française; avec quel bonheur il rend supportable ce qu'il lui est impossible de supprimer entièrement; rien enfin, rien n'égale son attention scrupuleuse à faire valoir les beautés réelles de son auteur, à pallier adroitement ses défauts. Ajoutez à cela le mérite d'un style plein de force et de véhémence dans les premiers chants; de grace, de mollesse, et d'abandon, dans les amours d'Adam et d'Ève; de vigueur enfin et d'énergie, dans la description des combats. L'inspiration se fait sentir d'un bout à l'autre de l'ouvrage; aussi fut-il écrit tout de verve, et dans la chaleur rapide d'une composition achevée en moins de quinze mois (¹). C'est une des causes sans doute de la supériorité reconnue de la traduction du *Paradis* sur celle de l'*Énéide*; mais ce n'en est pas la seule. Ici, le poëte traducteur n'étoit aux prises qu'avec le sujet lui-même; il pouvoit s'abandonner sans crainte à toute la liberté d'une verve originale, et restoit maître du choix et de l'emploi de ses couleurs, bien sûr d'avance qu'il réussiroit mieux, à proportion qu'il s'éloigneroit davantage d'un modéle que le goût n'a pas toujours dirigé. Dans Virgile, au contraire, le comble du bonheur et du triomphe eût été de reproduire fidèlement, non-seulement le dessin général de chaque tableau, mais le fini d'une exécution où chaque détail est soigné avec cette perfection qui désespère d'autant plus le traducteur, qu'il la sent mieux, et qu'il est plus capable

---

(¹) Ce fut à la suite de cet effort vraiment prodigieux, qu'il éprouva une première attaque de paralysie: aussi disoit-il que Milton avoit pensé lui coûter la vie.

d'en approcher. En un mot, Delille s'étoit asservi le génie de Milton en le traduisant; mais celui de Virgile, ou plutôt de la langue latine, subjuguoit malgré lui le traducteur français.

Un autre fruit du séjour du poëte à Londres, fut une seconde édition du poëme des *Jardins*, enrichie de nouveaux épisodes, et de la brillante description des parcs qu'il avoit eu l'occasion de voir en Allemagne et en Angleterre. On ne manqua pas de lui faire un reproche, et presque un crime, des monuments que sa reconnoissance laissoit dans les beaux lieux où des hôtes illustres avoient accueilli et consolé son honorable exil; mais les connoisseurs applaudirent aux descriptions si richement variées de tant de jardins magnifiques, où les transportoit la muse du poëte, et dont elle leur rendoit le séjour si intéressant et si agréable, par la puissance des noms ou le charme des souvenirs.

L'épisode d'Abdolonyme, arraché malgré lui aux doux loisirs de la vie champêtre, et replacé par un autre ALEXANDRE au trône de ses ancêtres; ce tableau vraiment prophétique d'une restauration déja dans nos vœux, mais encore si loin de notre espoir, acheva de donner au poëme tout l'attrait d'un nouvel ouvrage, qui conservoit, en les enrichissant encore, toutes les beautés du premier.

Des vastes champs qu'il venoit de parcourir avec Virgile et Milton, Delille s'élança sur leurs pas aux sources où eux-mêmes avoient puisé; et il chanta *l'Imagination*. Les fragments qu'il en avoit récités à l'académie française (¹) avoient dès-lors excité une attente proportionnée à la réputation du poëte et au mérite de l'ouvrage; mais dès-lors aussi des juges prévenus s'élevèrent contre le défaut absolu de plan et de marche, la nullité, ou le peu d'adresse des transitions, etc. « Je n'ai encore vu dans tout
« ce que j'ai entendu, écrivoit La Harpe, que
« *des morceaux* qui ne tiennent à aucun ensem-
« ble, à aucun résultat.... Mauvaise méthode
« qui a produit le plus grand défaut du poëme
« des *Jardins*; et qui résultoit (suivant le même
« critique) de l'extrême dissipation du grand
« monde, qui ne permit plus à Delille, depuis
« le succès des *Géorgiques*, que de composer
« *par morceaux détachés*(²). » Ce reproche, périodiquement renouvelé à l'apparition de chaque nouveau poëme de Delille, a été réfuté, ce

---

(¹) A la réception de MM. de Choiseul-Gouffier et Bailli, en 1784; et à la séance publique de la Saint-Louis, 1789.

(²) *Correspond.*, tom. V, pag. 377.

me semble, d'une manière extrêmement judicieuse, par M. Auger. « Dans tout poëme, dit l'habile critique, qui n'appartient pas au genre narratif, et dont toutes les parties ne peuvent pas être distribuées suivant un ordre de faits établi par l'histoire, ou indiqué par la fable, ou enfin réglé par le poëte lui-même, le plan, c'est-à-dire la division du sujet, la distinction des divers objets dont il se compose, et le rang que ces objets doivent occuper entre eux, à raison de la filiation, de l'analogie ou de l'importance, sont souvent la chose la plus arbitraire, quelquefois la moins essentielle, et toujours la plus amèrement critiquée. Je suis, en mon particulier, convaincu d'une chose : c'est qu'ordinairement le sujet d'un poëme didactique est un tout, dont naturellement les parties se pénètrent et se confondent de telle façon, qu'on ne peut jamais établir entre elles qu'une distinction et une hiérarchie purement artificielles ; que le soin de la variété et des oppositions heureuses doit être, à cet égard, la règle la plus importante du poëte ; et qu'enfin, quoi qu'il fasse, il se trouvera toujours nombre de gens qui lui prouveront, par belles raisons, que les objets pouvoient être mieux distribués, parcequ'en effet ils pouvoient l'être de plusieurs autres manières, toutes également bonnes peut-être. »

Rien de plus judicieux, en général, que ces observations, appliquées sur-tout à un sujet aussi étendu, aussi vague que *l'Imagination*; ajoutons, aussi stérile pour tout autre, par l'excès même de sa fécondité. Mais notre poëte se trouvoit là dans son élément; et l'on peut dire que la brillante déesse qui l'avoit si souvent et si bien inspiré, ne l'abandonna pas dans cette circonstance. L'un des critiques qui porta dans l'examen de cette magnifique composition le plus de goût, de justesse, et de sagacité, M. de Féletz, en donne une raison aussi vraie qu'ingénieuse. « C'étoit, dit-il, à la muse flexible et
« brillante de Delille à s'emparer de ce sujet.
« Il y a de grands traits de ressemblance entre
« les caractères de sa poésie, et les divers em-
« blèmes sous lesquels on nous représente l'I-
« magination; personne ne pouvoit mieux que
« lui la revêtir de cette robe *semée de mille*
« *couleurs, et étincelante de brillants,* que lui
prête le poëte allemand Zacharie; il n'avoit
« qu'à la revêtir de son style (¹). » « Comme l'auteur d'*Athalie*, dit encore un critique que j'ai

(¹) Voyez *Le Spectateur françois*, tom. IX, pag. 325 et suivantes.

déja cité, Delille montre dans cet ouvrage des progrès qui surpassent tout ce qu'il avoit promis. On lui avoit reproché avec esprit de chercher à faire la fortune de chacun de ses vers : ici c'est la trame entière du style qui est magnifique : les ornements, choisis par un goût judicieux, l'embellissent, et ne la couvrent pas : c'est de l'or semé sur une étoffe de prix et d'un travail achevé. »

Le poëme de *l'Imagination* parut précédé d'une dédicace en vers à madame Delille. C'étoit de la part du poëte l'expression pure et vraie d'une reconnoissance due à la compagne qui s'étoit courageusement associée à ses peines, à ses travaux, et qui a si souvent adouci les unes, si souvent contribué à nous faire jouir des autres.

Les ouvrages de Delille se succédoient dans le public avec une rapidité dont profitoit la malignité de ses ennemis pour accuser le poëte d'une dangereuse précipitation, ou d'une facilité malheureuse. On affectoit d'oublier qu'il rompoit alors un silence de trente ans, et qu'il ne publioit d'ailleurs que des ouvrages annoncés, ou connus même en partie depuis long-temps.

Les Trois Règnes, par exemple, qui suivirent de près *l'Imagination*, avoient été, comme nous l'avons vu, commencés en 1794, et ils ne parurent que quatorze ans après, en 1808. On admira dans le nouveau poëme l'inépuisable fécondité d'une muse qui, après avoir déja prodigué tant de trésors dans les ouvrages précédents, en trouvoit encore à sa disposition; savoit reproduire les mêmes tableaux avec des couleurs nouvelles; se répéter, sans se copier servilement; et redire encore bien ce qu'elle avoit déja très bien dit. C'étoit la grace et la facilité du pinceau d'Ovide, avec plus de fermeté dans la touche, plus de variété dans le coloris, et de vérité dans l'expression. Quelques personnes regardent même le poëme des *Trois Règnes* comme le triomphe du genre descriptif, et le chef-d'œuvre de Delille dans ce même genre [1].

Tant et de si beaux titres de gloire, une renommée européenne, plaçoient Delille au premier rang des écrivains appelés à partager

[1] « L'aridité des principes disparoît sous la grace des formes avec lesquelles il les a exposés. Des comparaisons, tantôt riantes, tantôt majestueuses, rendent sensible à l'imagination ce que l'intelligence auroit pu ne pas saisir d'abord; et la prodigalité avec laquelle toutes les ressources de la poésie ont été employées dans cet ouvrage, étonne en raison de l'idée qu'on s'est faite de la pénurie et de la difficulté du sujet. »
Rapport du Jury sur les prix décennaux.

l'honneur des *prix décennaux*. Les juges ne pouvoient avoir à son égard que l'embarras du choix : poëte original ou poëte traducteur, quel concurrent devoit-il redouter? Aussi le poëme de *l'Imagination* et la traduction de *l'Enéide* furent-ils désignés à la munificence impériale comme dignes du prix proposé(¹). Mais celui qui avoit refusé des chants à l'usurpateur, ne devoit ni ne pouvoit accepter ses récompenses; et quelque honorables que pussent d'ailleurs sembler à Delille les couronnes qu'on lui décernoit, la main qui se chargeoit de les distribuer les flétrissoit à ses yeux. Il étoit donc bien décidé à repousser ces nouvelles distinctions; et peut-être cette intention, hautement manifestée de sa part, entra-t-elle pour beaucoup dans l'ajournement indéfini des pompes décennales.

Le poëme de la *Conversation*, publié en 1812, révéla dans Delille un autre genre de talent, celui de saisir et de peindre les travers de la société, avec la justesse de *La Bruyère*, la sûreté et la finesse caustique de son pinceau. On ne fut point étonné que l'écrivain qui venoit de nous donner un portrait si fidèle de l'auteur des *Caractères*(²), le reproduisît en quelque

(¹) Voyez les rapports des 24 et 26 octobre 1810.
(²) Dans la *Biographie universelle*, tome VI, page 175.

sorte, et avec succès, dans ce nouvel ouvrage. Quant aux préceptes sur l'*art de converser*, personne encore n'étoit plus capable que lui de traiter la matière *ex professo*; et pour peindre *le conteur aimable*, l'esprit *conciliant et tolérant, l'éloignement pour la malignité et la satire*, il lui suffisoit de se peindre lui-même. Mais laissons parler ici un homme de lettres, qui, toujours digne et toujours honoré de l'amitié de Delille, a été plus à portée que nous de l'apprécier sous le rapport des qualités sociales. «Je ne
« sais si je me trompe, dit M. de Féletz, mais
« quelque amateur que je sois du talent flexi-
« ble, varié, et fécond de M. Delille, je m'é-
« tonne peut-être plus encore des ressources
« inépuisables de sa conversation; et j'oserai
« dire qu'il a été plus heureusement doué en-
« core comme homme d'esprit, que comme
« grand poëte. Il me paroît avoir été unique
« et sans rival dans l'art d'assaisonner une
« conversation de tout ce qui en fait le char-
« me; de la varier à l'infini, de l'animer par
« les saillies les plus heureuses, les propos
« les plus légers, les reparties les plus vives et
« les plus inattendues; par des compliments
« sans fadeur, des railleries sans amertume,
« des anecdotes contées avec une grace parti-
« culière; et de la rendre souvent instructive

« et intéressante par des idées justes et sérieu-
« ses, par des traits lumineux et profonds(¹). »

Delille n'étoit plus, lorsque l'amitié rendoit à sa mémoire ce noble et véridique témoignage; une dernière attaque d'apoplexie venoit d'enlever, dans la nuit du 1ᵉʳ au 2 mai 1813, « l'homme « le plus spirituel, le plus grand poëte, et l'un « des caractères les plus honorables du siècle(²). » Encore une année d'existence, et les vœux de l'illustre vieillard étoient comblés; il eût applaudi au retour de ses princes chéris, et au triomphe de la légitimité! Son corps resta exposé pendant plusieurs jours sur un lit de parade, dans l'une des salles du Collège de France; sa tête étoit ceinte d'une couronne de lauriers. Le 6 mai, à midi, le cortège, composé des membres de l'Institut et de l'université, de MM. les professeurs du Collège, et grossi d'un concours nombreux d'hommes de lettres, d'étudiants, et d'artistes, partit pour se rendre à l'église Saint-Étienne-du-Mont. Les rues étoient inondées d'une foule immense; les fenêtres, garnies de spectateurs. Les élèves de Delille avoient sollicité et obtenu la faveur de porter le cercueil de leur maître; et MM. Regnaud de Saint-Jean-d'Angely, le comte de Ségur, de l'académie française; Villaret, évêque de Casal, chancelier de l'univer-

(¹) *Journal de l'Empire*, 4 mai 1813. (²) Id. ibid.

sité, et Delambre, secrétaire perpétuel de l'académie des sciences, portoient les quatre coins du drap mortuaire. Après la cérémonie religieuse, le cortége, marchant aux flambeaux, traversa constamment une foule considérable pour se rendre au cimetière du P. Lachaise, où l'avoit devancé un concours non moins nombreux. Le corps fut placé près du lieu destiné à lui servir de sépulture ; et l'académie française, le Collège de France, l'université, et les éleves du célèbre professeur, saluèrent son ombre de leurs derniers adieux [1].

Un nouvel hommage attendoit sa mémoire au sein de l'académie, où son successeur, M. Campenon, prononça son éloge, le 16 novembre 1814.

Delille avoit donné lui-même l'idée, et tracé le plan du monument où il desiroit que reposât un jour sa dépouille mortelle. Il disoit à madame Delille, en 1806 :

Ma plus chère espérance et ma plus douce envie,
  C'est de dormir au bord d'un clair ruisseau,
A l'ombre d'un vieux chêne ou d'un jeune arbrisseau :
Que ce lieu ne soit pas une profane enceinte ;
Que la religion y répande l'eau sainte;
Et que de notre foi le signe glorieux,
Où s'immola pour nous le rédempteur du monde,

[1] Voyez le *Moniteur* du 8 mai 1813.

M'assure, en sommeillant dans cette nuit profonde,
De mon réveil victorieux (¹).

Ces pieuses intentions ont été remplies par sa veuve, aussi fidèlement que les circonstances locales l'ont permis; et le monument, digne en tout du grand poëte dont il renferme les cendres révérées, l'est aussi de l'épouse qui, en s'imposant tous les frais du mausolée, a voulu qu'aucun secours étranger ne pût réclamer sa part du devoir touchant dont s'acquittoit sa tendresse envers son époux. On y lit pour toute inscription ces simples mots :

JACQUES DELILLE.

Quel éloge ils renferment, et de quelle perte ils nous rappellent le souvenir! mais quelles consolations ils nous laissent, en retraçant en même temps à la pensée cette longue et brillante suite de titres de gloire qui porteront le nom de *Jacques Delille* à la postérité, avec ceux de *J. Racine*, de *Boileau*, de *La Fontaine*, et de *Voltaire!* Sans être précisément comparable à aucun d'eux pris en particulier, on reconnoît facilement dans la manière habituelle de Delille l'alliance quelquefois forcée, le plus souvent heureuse, des manières différentes de ces

(¹) Épître dédicatoire du poëme de l'*Imagination*.

quatre grands maîtres dans l'art d'écrire en vers. Il a tour-à-tour la touche ferme et sévère de Boileau; l'harmonieuse élégance de Racine; quelque chose des graces naïves de La Fontaine (¹); mais sur-tout l'abondance facile, et souvent trop facile de Voltaire. On conçoit sans peine qu'il est presque impossible qu'un style, qui se compose de la combinaison étudiée de tant d'autres styles, ait un cachet particulier, une certaine originalité de caractère; et qu'appliqué sur-tout à des sujets essentiellement divers, il n'en résulte pas fréquemment un contraste pénible pour le lecteur entre le fond des idées et les couleurs du langage. C'est un inconvénient que n'a pas toujours évité Delille, mais qu'il a su pallier avec un art infini; et quoique le chantre des *Jardins* se retrouve encore par intervalles dans le traducteur de l'*Énéide*, du *Paradis*, et même de l'*Essai sur l'homme*, on ne peut nier cependant, que chacune de ces grandes compositions poétiques se distingue

(¹) En voici un exemple entre autres: il s'agit du château de Meudon, et des bois qui l'environnoient:

> Hélas! ces bois sacrés, ces bosquets ne sont plus!
> Par le fer destructeur je les vois abattus;
> Abattus au printemps!

Il me semble que ce dernier trait, et le tour qui l'exprime, sont bien dans le génie de La Fontaine.

par des traits particuliers de force et d'énergie dans Milton, de mollesse et de flexibilité dans Virgile, de précision philosophique enfin dans le chef-d'œuvre de Pope.

Cette dernière traduction, quoique publiée sept ou huit ans après la mort de son auteur, est néanmoins l'un des premiers ouvrages dont se soit occupé Delille après *les Géorgiques*. Un traité conclu en 1769[1] avec le libraire Bleuet, en fait mention comme déja avancée, et en état d'être livrée à l'impression avec la seconde édition du poëme de Virgile. L'auteur en ajourna ensuite indéfiniment la publication ; et l'apparition même de la traduction de M. de Fontanes, publiée pour la première fois en 1783, n'engagea point Delille à faire paroître la sienne, ni même à prendre date de la priorité. C'est donc sur sa tombe que fut déposé ce dernier monument de sa gloire comme traducteur; et, par une destinée aussi étrange que déplorable, ce fut également à la lueur des flambeaux qui éclairoient les funérailles de Fontanes, que parut sa nouvelle édition.

Nous venons de parcourir une époque à jamais mémorable dans l'histoire des lettres françaises. Jetons maintenant un coup d'œil rapide

[1] Le traité porte la date du 24 février 1769; et l'honoraire stipulé est de 2,400 francs.

sur l'ensemble de cette belle carrière poétique, commencée, parcourue, achevée avec tant d'éclat : arrêtons-nous un moment devant la plus vaste collection de vers dont le génie d'un seul homme ait encore enrichi notre langue, et essayons de fixer les idées sur le vrai caractère d'un grand talent, trop déprécié par les uns, trop loué peut-être par les autres, pour occuper encore sa véritable place dans l'opinion publique.

Nous n'avons point dissimulé dans le cours de cette Notice, l'influence que la conduite politique de Delille dut avoir sur les jugements contemporains; mais affranchie du joug plus ou moins impérieux des circonstances, et placée à une élévation où le nuage des passions ne sauroit plus offusquer la justesse de son regard, la postérité examinera moins les sujets en eux-mêmes, que la manière dont le poëte les a traités; et elle proclamera sans balancer Delille l'un de nos plus habiles versificateurs, et le premier de nos poëtes didactiques. Personne, depuis Boileau, n'a su maîtriser, comme Delille, notre vers alexandrin, et lui donner tous les caractères, lui imprimer toutes les sortes de mouvements dont il est susceptible : c'est le cachet particulier de son talent, et ce qui le distingue sur-tout de L. Racine et de Saint-Lambert, tous deux versificateurs corrects, harmonieux ; mais le chantre de *la Religion* ne paroît avoir ni mesuré l'étendue, ni rempli toute la majesté de son sujet : une grande quantité de beaux vers, et des morceaux entiers qui décèlent le poëte, n'empêchent pas qu'il ne manque en général de coloris, et de variété dans la marche et le mouvement du style. Ce n'est pas le coloris qui manque au peintre des *Saisons*; mais ce coloris est froid et monotone; et le vernis philosophique que l'auteur s'est efforcé de répandre sur tout le poëme, achève de glacer le lecteur. C'est, quant à la fermeté du style et à la facture du vers, un ouvrage qui rappelle l'école de Boileau, mais altérée déja par celle de Voltaire, et laissant entrevoir le goût faux et le mauvais esprit qui alloient être ceux du siècle. La langue poétique perdoit chaque jour quelque chose de la correction difficile, de la sévère élégance où elle étoit parvenue ; mais elle étendoit d'ailleurs le cercle de ses attributions ; elle tenta d'exprimer, et elle exprima heureusement des choses jusqu'alors rebelles à la poésie. Les philosophes l'entendirent, avec une surprise qui les charma, parler leur propre langue; et peut-être même les découvertes du grand Newton durent-elles aux beaux vers de Voltaire une partie de leur célébrité parmi nous.

Presque exclusivement consacrée autrefois à la peinture des passions ou des ridicules, la poésie devint la langue des sciences physiques et morales, et même des arts mécaniques: mais elle dut créer des formes nouvelles pour rendre de nouvelles idées; et le genre *descriptif* fut le genre dominant, le genre par excellence.

Delille ne pouvoit donc paroître dans des circonstances plus favorables au développement et au triomphe de son talent: il sentit tout le prix de la position, il s'en empara, et fit époque lui-même dans une grande époque. Son exemple et ses succès entraînèrent bientôt à sa suite une foule de disciples, séduits par l'apparente facilité d'un genre qui dispense à-peu-près du travail d'inventer, d'ordonner un sujet, et dont la grande affaire est sur-tout le mécanisme du vers. Cependant parmi ces nombreux élèves d'un maître célèbre, très peu ont mérité l'honneur d'être nommés ici après Delille: tout le reste est oublié. Le genre lui-même est tombé dans un étrange discrédit: la mode, dont le caprice tyrannise les lettres comme bien d'autres choses, a remplacé le descriptif par le romantique, qui tombera à son tour. Mais quelle que soit la nature du genre auquel ils appartiennent, les bons ouvrages restent; et *les Jardins*, *l'Imagination*, feront les éternelles délices des amateurs de beaux vers et de descriptions pittoresques; tandis que les traductions des *Géorgiques*, de l'*Enéide*, et du *Paradis*, consacreront pour toujours le nom de Delille avec ceux de Virgile et de Milton.

DISCOURS
SUR L'ÉDUCATION,

Prononcé à la distribution des prix du collège d'Amiens, en 1766.

Jamais peut-être on n'a parlé si souvent sur l'éducation qu'on le fait aujourd'hui. Chaque jour voit éclore sur cette importante matière quelque nouveau paradoxe. Pour moi, au lieu d'imaginer un système sur ce sujet, je me contenterai de rappeler les anciens principes; au lieu d'inventer des erreurs nouvelles, je me bornerai à rappeler d'antiques vérités; et peut-être mon discours n'en paroîtra que plus nouveau. Je me propose donc de faire valoir les avantages d'une éducation mâle et solide, et les dangers d'une éducation superficielle et efféminée. Quel sujet pourroit mieux convenir, et aux auditeurs, je parle devant des pères et des mères de ce qui doit faire le bonheur de leurs enfants; et à l'orateur, il est chargé par la confiance publique de ces gages précieux; et au lieu de l'assemblée, je parle dans l'asile même de l'éducation; et à la ville entière, elle est consacrée à l'utile profession du commerce? Et quelle profession a plus besoin de cette éducation sévère, que celle qui est fondée sur une féconde économie, qui de tout temps a été l'amie de la simplicité des mœurs, et qui, en répandant le luxe dans les états, le redoute pour elle-même?

Dans un sujet si noble, je n'aurois point eu recours à ces divisions, dont la symétrie puérile semble moins imaginée pour soulager l'esprit de ceux qui écoutent, que pour étayer la foiblesse de celui qui parle, si ce sujet même ne m'en eût fourni une toute naturelle : mais puisque l'éducation a trois objets, le corps, l'esprit, le cœur, je suivrai ce partage nécessaire. Quelques personnes pourront trouver, dans les maximes de ce Discours, un excès de sévérité ; mais à Dieu ne plaise que, pour éviter ce reproche, je manque à mon sujet. J'aime mieux m'entendre accuser d'avoir outré le vrai par zéle, que de m'entendre blâmer de l'avoir dissimulé par foiblesse. D'ailleurs, une réflexion me rassure ; c'est que la vérité, qui, dans les cercles et les sociétés particulières paroît si timide, souvent même si déplacée, reprend tout son ascendant et toute son autorité, lorsqu'elle trouve les hommes réunis dans une nombreuse et respectable assemblée. Que me reste-t-il donc à desirer, si ce n'est de pouvoir m'exprimer d'une manière digne et de mon sujet et de ceux qui m'entendent ?

PREMIÈRE PARTIE.

Le corps est l'esclave de l'ame ; mais pour rendre cet esclave plus utile, il faut le rendre robuste. Or, cette force de corps, je dis qu'elle ne peut être le fruit que d'une éducation mâle. Loin des enfants d'abord tous nos mets raffinés, tous nos poisons agréables : l'enfance est l'âge favori de la Nature ; l'art ne viendra que trop tôt le corrompre. Qu'il donne au corps nouvellement formé le temps de se fortifier par l'usage salutaire des mets les plus simples, avant de l'énerver par la délicatesse recherchée de nos perfides aliments. Étudiez les premières sensations des enfants. Tout semble vous dire que ce vain raffinement du luxe n'est pas fait pour eux : leur appétit, toujours vif, n'a besoin d'être réveillé par aucun apprêt; pour eux, à moins qu'on n'ait déja pris soin de corrompre leur goût, les mets les plus naturels sont aussi les plus attrayants. Offrez-leur, d'un côté, les viandes les plus rares; et, de l'autre, présentez-leur des fruits : vous devinez aisément leur choix; et je suis bien trompé si le verger d'un paysan ne les tente beaucoup plus que la table d'un Crésus. Donnez-leur donc une nourriture plus naturelle que délicate; contentez leurs besoins, au lieu de flatter leur goût, et n'introduisez pas, dans leur sein, le germe de la mort dès les premiers instants de la vie.

Cette sage sévérité, il faut l'étendre à tout, à leur repos, à leurs exercices, à leurs vêtements. Croyez-vous, dites-moi, qu'il soit bien essentiel pour la santé d'un enfant de le retenir long-temps enfermé dans un lit, étouffé entre des rideaux, au lieu de lui laisser respirer l'air pur et rafraîchissant du matin? Croit-on qu'il soit nécessaire de l'ensevelir mollement dans la plume, et qu'il faille employer à énerver ses forces, un temps que la nature destine à les réparer? La mollesse ne produit que la mollesse. Eh! qu'ont besoin les enfants, eux que le sommeil vient trouver si facilement, de cette ressource faite pour un âge plus foible, ou peut-être plus dépravé? Voulez-vous leur procurer un sommeil profond? qu'ils l'appellent par l'exercice : une heure de mouvement leur vaudra huit heures de repos; et la course la plus légère va changer pour eux le lit le plus dur en un duvet voluptueux. L'exercice! c'est le père de la santé; mais sur-tout il est fait pour l'enfance. Et pourquoi, sans cela, les enfants auroient-ils reçu cette inquiétude perpétuelle, cette haine pour le repos, cette ardeur pour le mouvement? Sans doute, il ne faut pas les livrer sans précaution à cette impétuosité naturelle: je ne veux pas qu'ils jouent sur le bord d'un abyme; mais que cette précaution ne soit pas excessive, de peur qu'elle ne soit funeste. Je souffre quand je vois des enfants tristement enchaînés au côté de leur mère, quand je vois ces Catons anticipés, ridiculement graves, regarder du coin de l'œil le volant ou la balle qui, si les regards maternels se détournent un instant, va bientôt déconcerter toute cette décence forcée. On appelle cela une sagesse précoce; et moi, je le nomme une pédanterie ridicule. Eh! pourquoi donc le ciel vous donne-t-il des enfants? est-ce pour en faire de jolies statues? Ah! rendez-leur la liberté; réglez en eux la nature, au lieu de l'étouffer! Ils sont faits pour courir, pour bondir, et non pour partager notre indolence et notre ennui. Leur teint, peut-être, sera moins blanc; mais il aura la couleur vermeille de la santé. Leur chevelure sera moins artistement peignée; mais leur tempérament sera inaltérable.

Nous sommes si jaloux de leur donner des graces! Mais puisque l'agrément est une chose si importante à nos yeux, qui ne voit combien cette éducation forte y contribue? Les corps les plus exercés sont aussi les plus agiles. La véritable élégance des postures dépend de la fermeté du maintien, et j'aime mieux les attitudes mâles, la souplesse vigoureuse d'un corps formé par de fréquents exercices, que les articulations efféminées, les courbettes ridicules de ces machines appelées petits-maîtres, qui, si j'ose ainsi parler, se meuvent par ressorts, et se disloquent pour plaire. Mais laissons là les graces, et revenons à la santé. Combien d'ennemis conspirent contre elle? Dès qu'un enfant voit le jour, voyez comment les saisons opposées se liguent en quelque sorte pour combattre sa foible existence! L'une semble vouloir fondre ses membres; l'autre semble vouloir les glacer. Comment sauver les enfants de ce double danger? Est-ce en les y dérobant avec soin? non: c'est en les y exposant avec prudence? Que signifient tous ces vêtements dont vous les surchargez? Ce ne sont pas des doubles tissus de laine qu'il faut opposer au froid, mais l'habitude de le braver. Pendant l'été, vous ne trouvez pas d'asile assez frais pour dérober vos enfants aux impressions de la chaleur; autrefois on ne trouvoit pas le soleil trop brûlant pour les y accoutumer : c'est à l'expérience à nous apprendre lequel de ces deux usages est le plus barbare.

L'enfance, dites-vous, est délicate! j'en conviens. Mais ne voyez-vous pas que si elle reçoit facilement les impressions extérieures, elle les endure de même? La flexibilité du premier âge est pour lui le don le plus heureux de la nature, si nous savions en tirer parti. Le sort de votre enfant est entre vos mains: susceptible de toutes les formes que vous saurez lui donner, à moins que la nature ne l'ait condamné en naissant, il dépend de vous de lui donner un corps robuste ou débile, d'en faire une femmelette timide ou un athléte vigoureux. N'oublions jamais qu'il s'agit moins de sauver à cet âge si tendre les incommodités de la vie, que de l'y aguerrir; songeons que lui trop épargner la douleur pour le présent, c'est l'augmenter pour l'avenir, et qu'enfin c'est accroître sa délicatesse que la trop ménager. Cet arbre, exposé en pleine campagne aux injures de l'air, jette des racines profondes et léve un front inébranlable, tandis que, renfermé soigneusement dans nos serres artificiellement échauffées, le timide arbrisseau est flétri par un souffle.

Vous faut-il des exemples? Deux enfants ont sucé le même lait, la même nourrice les a portés dans ses bras. L'un, sorti de parents pauvres, né pour acheter par de rudes travaux le droit de vivre, reste dans les champs où il reçut le jour : là, sauvage élève de la nature, nourri d'un pain grossier, courant à demi nu, il semble avoir été jeté au hasard sur la terre. L'autre, né d'un père opulent, retourne à la ville, sous les lambris qui l'ont vu naître, où de nombreux domestiques s'empressent autour de lui, où la tendresse inquiète d'une mère vole au-devant de toutes ses fantaisies. Après quelques années, comparez-les tous deux : n'admirez-vous pas à combien peu de frais l'un est devenu sain et vigoureux, et combien il en a coûté pour rendre l'autre languissant et débile? C'est la nature qui venge ses droits outragés. Qu'avez-vous fait? pourroit dire à une mère cruellement complaisante cette malheureuse victime. Votre tendresse perfide m'a rendu importun à moi-même et inutile à ma patrie. Que m'importent vos misérables richesses? Si je les conserve, compenseront-elles ma santé perdue? Si je les perds, quelle sera ma ressource? A ce prix, qu'avois-je besoin de la vie? Ou reprenez ce funeste présent, ou rendez-moi mes bras; rendez-moi ma santé, sans laquelle la vie n'est qu'un malheur. Cet habitant des champs est mille fois plus heureux! La dureté de ses premières années lui a rendu la vie plus douce, et vous, vous avez multiplié pour moi l'inclémence des saisons; vous m'avez rendu la chaleur plus ardente et le froid plus piquant. Quelle haine eût été pire que votre amour?

Mais ce n'est pas seulement par les particuliers, c'est par les peuples entiers qu'on peut juger de l'influence d'une éducation mâle. Je ne parlerai point ici de ces Spartiates si fameux. Je n'ai garde de décrire la frugalité effrayante de leurs festins, les exercices incroyables de la jeunesse, la dureté des lois auxquelles on asservissoit l'enfance même; ces jeux sur-tout, ces jeux souvent sanglants, où, par une émulation qui autrefois paroissoit héroïque, qui même enfantoit des héros, les enfants se défioient à qui supporteroit sans sourciller les coups les plus violents, souvent même les plus meurtriers : je me garderai bien, dis-je, d'offrir un pareil tableau; on ne me croiroit pas, ou l'on me regarderoit comme un barbare. J'aurois beau ajouter que ces hommes étoient au-dessus de l'humanité, qu'ils furent l'admiration de la Grèce, et la terreur des rois; qu'ils se croyoient plus heureux dans leur austérité, que les Asiatiques dans leur mollesse; tous ces prodiges, aussi incroyables pour nous que les mœurs qui les ont produits, ne me feroient pas pardonner une peinture si choquante pour nos mœurs, j'ai presque dit notre mollesse.

Cherchons donc ailleurs des exemples moins révoltants. Mes yeux rencontrent d'abord les Romains. Si je les considère comme guerriers, sont-ce là des hommes ordinaires? Chaque soldat portoit un fardeau qui écraseroit un homme de nos jours : sous cette charge prodigieuse, ils ne marchent pas, ils volent; devant eux les montagnes semblent s'abaisser, et les fleuves tarir. Si je considère leurs monuments, je vois des chefs-d'œuvre qui, par leur grandeur autant que par leur beauté, paroissent surpasser la puissance humaine; plusieurs même semblent, par leur inaltérable solidité, avoir vécu jusqu'à nos jours, comme pour attester la force des anciens, et nous reprocher notre foiblesse! Quel secret avoit rendu ces hommes infatigables? Allez l'apprendre dans le lieu consacré au dieu de la guerre, théâtre des exercices de la jeunesse romaine; voyez-vous ceux-ci lancer le disque, ceux-là s'exercer à une lutte pénible; d'autres dompter un cheval fougueux, d'autres darder avec force un javelot pesant, puis, tout couverts de sueur et de poussière, se jeter dans le Tibre, et le passer à la nage? Cœurs maternels, ne vous effarouchez pas! Je n'exige point de nos jours des exercices que nous sommes assez malheureux pour regarder comme des excès. Mais permettez-moi de gémir sur les progrès sensibles que fait parmi nous la mollesse. Je ne parle pas ici du luxe qui règne dans nos villes, où tant d'arts ingénieux à nous amollir, enlevant à la campagne une foule de bras, les occupent à multiplier les commodités de toute espèce qui, pour nous punir, se changent en nos besoins. La mollesse (qui l'auroit cru?) du sein de nos villes a passé jusque dans les camps. Ces tentes de Mars, où nos aïeux ne portoient que du fer et leur courage, sont étonnées de toutes ces superfluités dont regorgent nos palais.

Voyez-vous ces chars brillants et commodes, qui se produisent sous mille formes nouvelles pour promener notre indolence? C'étoit peu de traîner nos Crésus dans nos villes, ils conduisent nos guerriers aux combats. Je crois voir nos brillants militaires sourire dédaigneusement, lorsqu'ils lisent dans l'histoire que Louis XIV, ce roi dont les fêtes brillantes attiroient l'Europe entière dans sa cour, aussi infatigable dans la guerre que magnifique dans la paix, fit à cheval la campagne de Hollande! Comment soutiendrions-nous les fatigues militaires de nos aïeux, nous qui pouvons à peine soutenir leurs délassements! A tous ces jeux où brilloient la force et l'adresse, ont succédé de tristes assemblées autour d'un tapis où l'ennui régneroit seul, si l'avarice n'y présidoit en secret. A peine les promenades sont-elles fréquentées; et les hommes, partageant dans nos cercles oisifs la vie sédentaire d'un sexe auquel ils s'efforcent de ressembler, ont soin de s'étouffer dans de belles prisons : j'entends même dire qu'il est de mode, parmi les gens du bel air, de feindre une constitution foible, de *jouer le dépérissement*, et de regarder la santé comme un avantage ignoble qu'on abandonne au peuple. A quoi doit-on attribuer cette mollesse, si ce n'est à l'éducation? Si nous ne sommes pas hommes, c'est qu'on nous élève comme des femmes. Cependant, consolons-nous. Nos voitures nous dispensent d'avoir des pieds, nos valets d'avoir des bras; et bientôt nos secrétaires nous exempteront d'avoir des lumières; car cette molle éducation ne se contente pas d'énerver le corps, elle efféminent l'esprit. Voyons comment l'éducation opposée produit un effet contraire.

DEUXIÈME PARTIE.

Quel est l'objet de l'éducation considérée par rapport à l'esprit? C'est sans doute de rendre l'homme agréable et utile dans la société. Un homme qui ne seroit qu'agréable, existeroit inutilement pour ses concitoyens. Un homme qui ne seroit qu'utile, laisseroit desirer en lui cet agrément précieux qui embellit la société, et pour les autres et pour nous; car, plus nous plaisons aux hommes, plus les hommes nous plaisent à nous-mêmes.

On sera sans doute étonné de m'entendre dire qu'une éducation mâle et solide peut faire un homme aimable. Nos modernes instituteurs, si brillants et si commodes, lui accorderont tout au plus le privilège de former un homme tristement utile, destiné à tracer pesamment, dans le champ de la société, quelques sillons laborieux, capable enfin d'y faire naître quelques fruits, mais jamais d'y faire éclore des fleurs. Pour dissiper ce préjugé, jetons d'abord les yeux sur l'éducation opposée. En voyant les défauts de l'une, peut-être sentira-t-on mieux le prix de l'autre. Après avoir donné aux enfants quelques notions superficielles de géographie et d'histoire, les avoir entretenus sur-tout de blason, d'armoiries, et d'écussons (comme s'ils ne pouvoient s'accoutumer de trop bonne heure à regarder comme importants les emblèmes de la vanité), ne croyez pas qu'on s'occupe de former leur jugement, d'exercer leur raison; mais, ce qui est bien autrement essentiel dans un siècle où il est si commun de dire de jolies choses, et si rare d'en faire de belles, on s'attache très sérieusement à former d'agréables causeurs : il faut qu'un cercle nombreux de personnes âgées s'occupe gravement autour d'un enfant, non pas à l'instruire, mais à l'admirer ; qu'on s'extasie sur la prétendue finesse de ses propos ; qu'on se répète avec enthousiasme ses reparties puériles à des questions souvent plus puériles encore ; qu'on en cite par d'imprudents éloges la hardiesse prématurée ; qu'enfin, on l'accoutume à ne rien penser et à tout dire. Cependant les pères enchantés, s'admirant eux-mêmes dans leurs enfants, font circuler dans la famille ces petits oracles, et l'on ne sait lequel est le plus ridicule ou du babil impertinent de l'enfant, ou de la stupide complaisance de ses admirateurs.

Qu'on s'étonne ensuite si de pareils élèves vont grossir la foule de ces jeunes présomptueux qui parlent toujours, et n'écoutent jamais ; pleins d'estime pour eux-mêmes, de mépris pour les vieillards, suppléant à l'instruction par la hardiesse, et à une lente expérience par une confiance audacieuse, et dont l'ignorance indocile ne mérite pas même qu'on l'éclaire ! Vos conseils viendront alors, mais trop tard : rendrez-vous dociles dans leur jeunesse ceux qui se faisoient écouter dans leur enfance ?

A ces poupées parlantes comparez un jeune homme solidement instruit (le beau monde diroit pédantesquement élevé), moins fait à décider qu'à écouter, à parler qu'à réfléchir. Peut-être sera-t-il d'abord éclipsé par la frivolité charmante et par l'impertinence agréable de son concurrent ; les femmes s'écrieront : *Qu'il est gauche !* Mais attendez : au milieu de ce silence modeste, qu'on appelle stupidité, mettant en usage cet esprit d'attention que lui ont donné de solides études; joignant à une connoissance anticipée des hommes qu'il a prise dans les livres, celle que lui procure l'usage; ayant presque deviné le monde avant que de le voir; rien ne se fait, rien ne se dit devant lui impunément, et qui ne paie, pour ainsi dire, le tribut à sa raison. Convaincu qu'il importe de ne pas déplaire aux hommes, il sera poli, non de cette politesse insipide, composée de compliments doucereux, et qui, prodigués indifféremment, feroient croire aux étrangers peu instruits de nos usages que la société parmi nous n'est qu'un commerce d'ironies insultantes; mais de cette politesse raisonnée qui combine en un instant ce qu'exigent l'âge, le mérite, les circonstances, dont la sincérité fait le premier charme, et qui est cent fois plus flatteuse que la flatterie même. Insensiblement il se fait estimer; il ne plaît pas encore, mais déja il intéresse; et si, au milieu des frivolités qui font la pâture ordinaire des conversations, il se glisse par hasard quelque sujet raisonnable, c'est alors que, par la solidité de ses principes, par la finesse de ses réflexions, par l'éloquence de son discours, il écrase, aux yeux même des hommes frivoles, la futilité de celui dont on admiroit il n'y a qu'un moment la brillante fatuité, et qui est étonné qu'on puisse plaire avec de la raison.

Mais c'est trop s'arrêter dans les cercles, le cabinet le rappelle. Si nos sociétés veulent des hommes agréables, la patrie veut des hommes utiles. Mères indulgentes, à quoi destinez-vous ces enfants auxquels vos timides précautions épargnent, je ne dis pas la moindre fatigue, mais même le moindre effort d'esprit? Au sortir de vos mains, il s'agit pour eux du choix important d'un état : alors ces malheureux, dont l'esprit énervé par l'inapplication ne se connoît que pour sentir sa foiblesse, promènent leurs yeux mal assurés sur les différentes conditions qui partagent la vie. A l'aspect des travaux qu'elles exigent, les uns reculent de frayeur : déja condamnés au néant par la mollesse de leur enfance, ils achèvent de s'anéantir par une inaction volontaire; et parcequ'ils ont perdu leurs premières années, ils perdent le reste de leur vie. De là cette foule de citoyens sans état, qui ne méritent ce beau nom de citoyens que parcequ'ils sont nés dans la patrie, et non par ce qu'ils ont fait pour elle; qui contemplent dans un lâche repos le mouvement général, profitent de la société sans lui payer de tribut, passent sur la terre sans y laisser de traces, et ne sont point regrettés lorsqu'ils cessent d'être, parcequ'on doute s'ils ont jamais été.

D'autres plus hardis, ou plutôt plus imprudents, se jettent au hasard dans un état. L'ambition, la vanité soutiennent quelque temps leur ame languissante; mais, bientôt accablés d'un fardeau qu'ils devoient de bonne heure s'essayer à porter, à peine l'ont-ils soulevé un instant, qu'ils retombent dans l'inaction où ils furent nourris, et portant par-tout avec eux le contraste déshonorant d'une condition laborieuse et d'une vie désœuvrée, semblent ne conserver leur état que comme un accusateur muet de leur indolence : doublement méprisables, et par la témérité de l'avoir embrassé, et par la honte de ne pas le remplir.

Heureux au contraire celui qu'une éducation laborieuse a préparé de bonne heure aux fatigues de son état! tout entier à ses fonctions, on ne le voit point se reproduire dans tous les cercles, et fatiguer tout le monde de son inutilité. Ces sociétés où l'on s'assemble pour employer son temps, ou plutôt pour le perdre à frais communs dans le jeu ou la médisance, ne l'associent pas à leur oisiveté; mais son nom est cher aux bons citoyens; mais sa demeure est regardée comme un asile saint. Sort-il quelquefois de cette solitude consacrée par le travail? la considération due à ses services marche par-tout avec lui; les moments qu'il donne à ses amis lui sont d'autant plus chers qu'ils sont plus rares; et on lui pardonne d'autant plus volontiers cette noble avarice de son temps, qu'on ne peut jouir de lui qu'aux dépens de la patrie. Ah! c'est alors qu'on se félicite d'avoir reçu une éducation forte et sévère; c'est alors qu'on se rappelle avec tendresse et les parents sages qui nous l'ont procurée, et les maîtres vigilants dont nous l'avons reçue.

Mais je veux que, malgré le désœuvrement des premières années, l'activité de l'ambition, l'impulsion de l'intérêt, le ressort de la vanité, puissent, dans un âge plus avancé, donner à l'esprit une secousse violente, et rompre l'habitude de l'inaction. En prenant le goût du travail, prendra-t-on aussi des lumières? et les causes dont nous venons de parler, en supposant qu'elles aient pu d'un jeune indolent faire un homme laborieux, pourront-elles d'un jeune ignorant faire, par une inspiration soudaine, un homme éclairé, et produire deux prodiges à-la-fois?

Représentez-vous un homme qui, peu fait à voyager, se trouve dans une vaste forêt: comment se tirer d'un lieu où tout est nouveau pour lui? incertain, inquiet, apercevant mille routes différentes, embarrassé du choix, essayant mille sentiers, et ne trouvant pas une issue, il marche, il revient; chaque pas qu'il fait l'égare, il recule à mesure qu'il avance, et, bien loin de savoir comment sortir de ce lieu, à peine sait-il comment il y est entré! Celui au contraire qui a de bonne heure appris à s'orienter, accoutumé à de justes combinaisons, s'échappe à travers les routes compliquées de ce labyrinthe, comme s'il en avoit cent fois parcouru les dehors. Telle est l'image naïve de la différence que mettent la bonne et la mauvaise éducation entre deux hommes dont l'un est imbu dès son enfance d'excellentes maximes de conduite; et, porté par une heureuse habitude à réfléchir, sait, dans l'état qu'il a pris, sortir avec honneur des circonstances les plus épineuses : dont l'autre, ayant embrassé, au sortir d'une éducation frivole, un état qui demande des lumières, y porte l'indécision d'un esprit sans principes, et s'y trouve en quelque sorte égaré en entrant. Le public cependant qui le voit avec étonnement remplir un état, et qui n'a pas vu son apprentissage; qui le voit parvenu sans savoir comment il est arrivé, l'observe avec une curiosité maligne, et ce surveillant qui juge si sévèrement le mérite en place, bien plus impitoyable encore pour l'ignorance titrée, se venge, à la première faute, du peu de préparation qu'on apporte à la place, par le mépris de celui qui la remplit. Heureux encore, si au mépris ne se joint pas l'infortune! Malheur à quiconque attend pour apprendre ce temps où il faudroit avoir appris! Si l'on s'instruit alors, c'est à l'école de l'adversité : c'est ainsi que l'éducation jamais ne perd ses droits; c'est ainsi que, si on l'exile de l'enfance, on la reçoit dans un âge avancé et mille fois plus douloureuse!

Mais si l'éducation négligée se fait sentir aux particuliers, l'état par un contre-coup funeste ne s'en ressentira-t-il point? ceux qui ne sont pas bons pour eux-mêmes seront-ils bons pour la patrie? Ici permettez-moi de m'arrêter un instant, et de jeter les yeux autour de nous. Qu'est devenue cette moisson de grands hommes répandue dans tous les états qu'ils éclairoient par leurs lumières, qu'ils vivifioient par leurs travaux? L'Église pleure encore ses Bossuet, ses Fléchier, ses Massillon; le barreau ses Patru, ses Lemaître, ses Cochin, ses d'Aguesseau; notre profession même (car pourquoi n'en parlerois-je pas, puisque c'est elle qui donne des sujets aux autres?) pleure ses Rollin, ses Porée, ses Coffin. La nature, dit-on, se repose; disons plutôt que c'est nous qui sommeillons: non, les esprits ne sont pas encore stériles; c'est nous qui ne les cultivons plus : eh! comment le champ de la république seroit-il encore fécond, lorsqu'on néglige l'éducation, qui en est la pépinière?

Je vois par-tout une jeunesse impatiente de jouir sans avoir travaillé; avide de recueillir sans avoir semé; ardente à bâtir sans avoir jeté de fondements; s'empresser de déshonorer des conditions auxquelles elle n'apporte que des études rapides, mais trop longues encore au gré de l'ambitieuse avarice des pères, et de la molle indolence des enfants! Ne croyez-vous pas voir ces arbres auxquels une chaleur factice fait porter des fruits avant la saison? Ces fruits précoces sont amers; l'arbre épuisé dégénère, et paie une fécondité hâtive par une éternelle stérilité.

Si du moins cette éducation frivole avoit respecté cette partie des citoyens qui, par sa naissance, par ses richesses, est appelée aux grandes places! Mais que peut-on augurer pour la patrie, lorsqu'on voit des adolescents mollement élevés, négligemment instruits, mettre toute leur science à bien conduire un char; tout leur mérite à nourrir une meute, et de cet apprentissage de la frivolité, appelés au timon des affaires, n'y apporter qu'un nom, et mendier les lumières des subalternes qu'ils devoient conduire? Nous ne sommes plus, il est vrai, dans ces siècles de ténèbres, où les nobles, méprisant la science et jugeant au moins inutile à leurs enfants ce qu'ils auroient cru déshonorant pour eux-mêmes, ne leur laissoient que leur épée, leur château, et leur ignorance. Mais l'éducation en devenant plus commune est-elle devenue plus utile? Qu'importe que nous ne soyons plus barbares, si nous sommes frivoles? Qu'importe à la patrie que ses défenseurs sachent accorder une guitare, s'ils ne savent pas ranger une armée en bataille? Oh! puisse enfin l'éducation, ranimée dans la première classe des citoyens, relever, pour ainsi dire, les colonnes de l'état! que de là, descendant comme par degrés dans les conditions inférieures, elle fasse partout éclore des sujets laborieux et éclairés, et mettre des hommes véritables à la place de ces *ébauches* informes, de ces vains fantômes de citoyens.

Mais cette éducation ferme et sévère est non seulement la plus capable de former des sujets laborieux et éclairés en exerçant l'esprit, elle est aussi la plus propre à former des sujets vertueux en formant le cœur; c'est ce qui me reste à envisager.

TROISIÈME PARTIE.

C'est ici le moment véritablement intéressant de l'éducation. Notre élève a déjà, du côté du corps et de l'esprit, tout ce qu'il faut pour être utile. Cependant tremblons encore! c'est le cœur seul qui achève ou plutôt qui fait l'homme. C'est donc ici sur-tout, père tendre, qu'il faut bannir une molle indulgence, et cesser quelque temps d'être père; ou plutôt c'est ici qu'il faut l'être plus que jamais.

Dans une éducation mâle et solide, envisagée par rapport au cœur, on peut distinguer trois choses essentielles. D'abord, une discipline sévère qui écarte loin des enfants la mollesse et la licence; en second lieu, des maximes solides qui leur inspirent un amour durable de la sagesse; enfin, des exemples vertueux qui leur offrent des modèles.

Et d'abord quand j'exige une discipline sévère, à Dieu ne plaise que j'entende par-là cette farouche austérité qui abrutit l'ame des enfants au lieu de la fortifier, et qui les rend stupides sans les rendre meilleurs! à Dieu ne plaise que je veuille attrister gratuitement l'âge heureux des ris ingénus, de la douce gaieté; que par un zèle barbare, armant le sang contre le sang, j'aille glacer les tendres embrassements des pères et flétrir l'innocent bonheur des enfants! c'est au contraire pour prolonger ce bonheur que j'ose recommander à leur égard une utile sévérité. En effet qu'est-

SUR L'ÉDUCATION.

ce qui fait ici-bas le bonheur? ce n'est pas une exemption entière des peines de la vie; quel homme oseroit y prétendre? mais une ame forte exercée de bonne heure à les supporter. Que prétend donc faire de vos enfants cette tendresse inquiète qui semble vouloir les arracher à la condition humaine? Au premier souffle de l'adversité, que deviendront ces malheureuses victimes dont la foiblesse est l'ouvrage de la vôtre? Combien profondément pénétreront les traits de l'affliction dans des ames amollies dès l'enfance? Est-ce en les promenant mollement sur les fleurs que vous leur apprendrez à fouler aux pieds les épines de la vie?

Un ennemi encore plus cruel de la paix de l'ame, ce sont les passions: c'étoit à l'éducation à nous donner des armes contre elles; mais c'est elle qui leur donne des armes contre nous. Eh! comment le feu de la volupté ne fondroit-il pas des ames déja presque dissoutes par de vaines délices? Comment pourroient se défendre de l'orgueil ceux qui, dès qu'ils ont ouvert les yeux, ont vu une foule d'esclaves empressés autour d'eux, dont les maîtres mêmes sembloient payés plutôt pour les flatter que pour les instruire? Qu'il est à craindre qu'après avoir pu tout ce qu'ils vouloient, ils ne veulent pour leur malheur tout ce qu'ils ne peuvent point, et ne desirent pour le malheur des autres tout ce qu'ils ne doivent pas!

Car cette éducation efféminée n'anéantit pas seulement les qualités du sage, elle détruit celles du citoyen: en effet quelle est la première? c'est le respect pour les lois. Or, que peut produire cette enfance indisciplinée, si ce n'est une haine orgueilleuse du joug le plus nécessaire? Obéit-on volontiers étant homme, lorsque dans l'âge de la dépendance on s'est fait obéir? Lorsque vous entendez dire qu'un jeune homme s'est souillé par quelque grand crime, remontez jusqu'à ses premières années, et vous découvrirez que, dès ce temps même, jusque dans les jeux de l'enfance, se laissoient entrevoir ces penchants féroces qui depuis, accrus par la foiblesse des pères, et fortifiés dans l'âge des enfants, ont enfin déshonoré ceux qui les ont soufferts et ceux qui les ont fait éclater. Aussi parmi le grand nombre de sages lois dont la France s'honore, aucune ne me paroît plus louable que celle qui, faisant rejaillir sur les parents l'opprobre des peines que les lois infligent aux coupables, force les pères de veiller sur les enfants, par la crainte d'une ignominie utilement contagieuse.

Au respect pour les lois est essentiellement joint l'amour de la patrie.... l'amour de la patrie! Il enfantoit autrefois des prodiges; il a produit les grands peuples et les grands hommes; mais ce nom qu'il suffisoit autrefois de prononcer pour enflammer toute une nation, osons l'avouer, ne rencontre aujourd'hui que des cœurs glacés; et froidement prononcé par quelques citoyens, il n'est presque répété par personne! l'état entier ne devroit former qu'une vaste famille, et chaque famille forme un petit état particulier: que la patrie chancelle, des hommes avides accourront en foule se disputer ses débris; mais qui est-ce qui osera s'ensevelir sous ses ruines?

Où chercher les causes de cette indifférence? et comment ne voit-on pas qu'une frivole éducation en est la première? Qu'est-ce que l'amour de son pays?

c'est un sentiment héroïque qui nous arrache à nous-mêmes pour nous enchaîner au bien public : mais ces sentiments énergiques les demanderez-vous à ces hommes énervés dès le berceau? exigerez-vous que pour l'amour de la patrie de jeunes Adonis aillent exposer à l'ardeur du soleil la fraîcheur de leur teint? accoutumés à reposer sur le duvet, pourront-ils se résoudre, pour l'amour de la patrie, à coucher sur la dure? enfin, habitués à rechercher toutes les commodités de la vie, seront-ils capables de l'amour de la patrie qui exige quelquefois le sacrifice de la vie même? Jugez-en par des exemples : à Sybaris, les enfants, élevés au milieu des chants mélodieux et des fêtes voluptueuses, respiroient en naissant l'air du plaisir : à Lacédémone, la plus austère discipline présidoit à l'éducation d'une jeunesse laborieuse, qui apprenoit à braver la mort, dès qu'elle commençoit à jouir de la vie. Je vous laisse à penser quelle est celle de ces deux villes où les enfants expiroient avec plaisir pour la cause commune, et où les mères en remercioient les dieux? Ah! c'est que la mollesse des sens se communique à l'ame, c'est qu'en se rendant incapable de servir la patrie, on se rend bientôt incapable de l'aimer.

Mais je l'ai déja dit, l'amour de son pays est un sentiment héroïque qui exige une ame forte. L'amour de l'humanité qui nous est si naturel, et qui n'exige qu'une ame sensible, ne sera-t-il pas plus respecté par cette molle éducation? Je remarque au contraire que ces enfants si voluptueusement élevés sont sans pitié, sans entrailles : eh! comment plaindroient-ils des maux dont ils n'ont pas l'idée? accoutumés à ne se repaître que d'idées agréables et de sensations délicieuses, leur imagination même se refuse autant que leur cœur aux misères d'autrui; ou, si elle excite en eux quelque sentiment, c'est plutôt celui du dégoût que de la pitié, et l'aspect de l'indigent force leurs superbes regards de se détourner sans forcer leurs avares mains à s'ouvrir.

Je ne parle pas des devoirs sacrés d'amis ou de parents : quel est celui qui les remplit dignement ? C'est celui qui les regarde moins comme des obligations pénibles que comme les plus nobles besoins de l'humanité. Mais pour penser ainsi, il faut des ames saines et pures, que le goût frivole des amusements étrangers à la nature de l'homme n'ait point encore corrompues. Fermez donc à vos enfants par une éducation sagement sévère la route des faux plaisirs; et comme l'ame a besoin d'aimer, leurs sentiments reflueront comme d'eux-mêmes vers les véritables voluptés. Si au contraire vous laissez entamer leur cœur par la licence d'une jeunesse négligée, c'en est fait! n'espérez plus les trouver sensibles aux charmes de l'amitié et des attachements légitimes : épuisant dans de criminels plaisirs toute la sensibilité de leur ame, ils ne conserveront pour les plaisirs innocents qu'un cœur sec et aride; pareils à ces fleuves qui, forcés par l'art de s'égarer dans des canaux détournés, laissent à sec le lit que leur avoit creusé la nature.

Ceux mêmes auxquels ils devroient être attachés par le plus grand de tous les bienfaits, par celui de la vie, pensent-ils par une indulgente facilité s'assurer leur reconnoissance? Vous vous étonnez quelquefois, pourroit-on leur dire, de voir vos caresses repoussées par l'ingrate insensibilité de vos enfants. Mais c'est à-la-fois l'effet naturel et le juste châtiment de votre aveugle complaisance pour eux : lorsque, instruits à n'aimer qu'eux-mêmes, ils sont indifférents pour vous ; lorsque portant dans leur sein le feu des passions, ils accusent en secret ceux qui l'ont nourri par leur foiblesse ; lorsque accoutumés à satisfaire tous leurs desirs, ils vous regardent, dès que vous voulez vous y opposer, comme des surveillants importuns ; lorsque de cet amour des plaisirs passant à celui des richesses qui les procurent, ils osent peut-être (je frémis de le dire) hâter par des vœux dénaturés la dépouille paternelle ; qu'avez-vous à vous plaindre ? le ciel n'est-il pas équitable, en payant par la haine barbare des enfants l'amour encore plus barbare des pères ?

J'en pourrois dire autant de ces parents ambitieux, qui ne voient dans leurs enfants que de vaines idoles qu'ils s'empressent de décorer, pour se faire honorer en eux ; n'aimant leurs enfants que pour eux-mêmes, qu'ils n'en attendent pas de retour. Agrippine, la plus ambitieuse des femmes, fut la mère de Néron, le plus ingrat des fils.

La seconde partie d'une éducation forte et mâle, je l'ai fait consister dans des préceptes capables d'élever et d'agrandir l'ame. Mais cette partie elle-même ne s'est pas bien garantie de la contagion ; et bien loin d'oser faire pratiquer aux enfants la vertu, à peine ose-t-on leur en parler. On les entretenoit autrefois de l'amour des lois et de l'état : aujourd'hui ils n'entendent parler que de la nécessité de parvenir, et des moyens de s'avancer. Mon fils, dit un père de nos jours, songez à votre fortune ; apprenez à plaire pour réussir, et soyez agréable aux autres pour être utile à vous-même. Mes enfants, auroit dit au contraire quelqu'un de nos bons aïeux, vous avez un cœur, c'est pour aimer la patrie; vous avez un bras, c'est pour la défendre; c'est pour elle que vous êtes nés; osez vivre, osez mourir pour elle. Faut-il s'étonner si des langages si différents produisent des effets si opposés?

On a cru pendant long-temps qu'on ne pouvoit de trop bonne heure inspirer aux enfants des sentiments d'humanité pour les malheureux, de tendresse pour leurs proches, d'attachement pour leurs amis. Qu'a-t-on fait depuis? on a substitué l'apparence à la réalité; au lieu de nous apprendre à être bons, on nous instruit à être polis. C'est chez des maîtres de graces qu'on apprend des leçons d'humanité! dès l'enfance, cet âge heureux de la naïve franchise, on nous exerce à nous attrister de l'infortune d'autrui sans douleur; à nous réjouir de leur bonheur sans joie. Aussi que voit-on sortir de cette école de fausseté? des manières obligeantes et des cœurs impitoyables. Généreuse amitié, qu'est devenu ton vertueux enthousiasme? Jamais on n'ouvrit avec plus d'empressement ses bras pour recevoir ses amis, et jamais on n'ouvrit plus lentement sa bourse pour les secourir. Les cris même du sang ont fait place aux beaux discours. Depuis qu'une éducation superficielle augmente le nombre des hommes polis, celui des enfants reconnoissants diminue: déja même les noms de père, de fils, d'époux, sont proscrits, dit-on, par mille gens du bel air; et ces titres précieux dont une raison plus éclairée devroit augmenter la sainteté parmi les grands, ne seront bientôt plus sacrés que pour l'aveugle instinct du peuple. Et voilà l'ouvrage de cette éducation qui met tout en de vains dehors.... Ah! ne valoit-il pas mieux nous inspirer des sentiments de bonté, que de nous instruire à les contre-faire, et former des hommes vraiment sensibles que d'exercer de méprisables pantomimes!

Mais comme les plus belles semences, si, lorsqu'on les a confiées à la terre, la rosée céleste ne vient hâter leur fécondité, demeurent infructueuses; ainsi les germes de vertu se sècheront dans ces jeunes ames, si ce qu'a semé la sagesse humaine n'est fécondé par la religion; motif sublime! qui corrige la bassesse de nos affections en nous montrant la noblesse de notre origine; qui nous fait faire de grands efforts pour une grande récompense; et qui, pour en donner encore une plus haute idée, nous apprend à pardonner aux autres, et à nous humilier nous-mêmes.

Mais au lieu d'établir l'éducation sur ce fondement divin, sur quoi l'établit-on? sur la base fragile des bienséances humaines. On ne dit point aux enfants: *Soyez religieux*, mais on leur dit: *Soyez décents*. Pères imprudents! avec cette foible armure, voyons comment vos enfants soutiendront les assauts du vice! retenus d'abord par une hypocrite timidité, ils n'iront point braver par des désordres éclatants le public dont on leur apprit à redouter les regards; mais lorsqu'ils le pourront décemment, ils séduiront l'innocence, ils trahiront leur foi; et, pareils à ces fruits qui, quoique gâtés au-dedans, vous séduisent encore par un brillant coloris, sous cette écorce de décence, ils cacheront un abyme de corruption; et ce masque même qui sert du moins à cacher la laideur du vice, ne croyez pas qu'ils le portent long-temps. A peine auront-ils connu les hommes, qu'ils aimeront mieux les imiter que les croire; ils ne conserveront pas même le mérite de l'hypocrisie; ou s'ils respectent encore quelques bienséances, ce ne sera pas celles qui proscrivent les scandales du vice, mais celles qui attachent une honte malheureuse à remplir les devoirs les plus sacrés. Ils ne rougiront pas de trahir l'amitié, de violer la justice; mais ils regarderont comme une chose ignoble de garder la foi conjugale, et de payer leurs dettes. Et c'est ainsi qu'en voulant leur apprendre à être vertueux par décence, vous ne leur apprendrez qu'à être vicieux par respect humain. Instruisez-les donc à écouter le cri de la conscience plutôt que la voix des hommes; à craindre les regards de l'être éternel plutôt que ceux du public; et que les maximes les plus religieuses pénétrant dans leur ame encore tendre, leur donnent une forte et profonde teinture de la vertu, au lieu de cette couleur passagère d'honnêteté qui, bientôt emportée par le frottement continuel des vices, ne laisse enfin apercevoir que la difformité mal déguisée d'une ame corrompue.

Cependant vous n'avez rien fait encore, si aux préceptes ne sont joints les exemples. Il fut un temps où, recommandée par l'innocence de nos pères plutôt que par leurs discours, la vertu s'imitoit plutôt qu'elle ne s'enseignoit. Une vie occupée, des entretiens honnêtes, une table frugale, une maison modeste, parée non de peintures lascives, mais des images vénérables de nos ancêtres; voilà les leçons palpables, pour ainsi dire, que recevoient les enfants; et leurs premiers précepteurs étoient les exemples domestiques. Mais nous, assis à nos tables voluptueuses, comment oserons-nous leur parler de frugalité? Est-ce au milieu de la licence de nos entretiens que nous saurons leur inspirer la pudeur? Que dirai-je de ces parents indignes, qui, lorsqu'ils voient s'échapper du cœur de leurs enfants les premières {saillies des passions naissantes, osent sourire à ces préludes du vice? Ainsi, les premiers obstacles que rencontrent les enfants dans le chemin de la vertu, ce sont les exemples paternels. Obligés d'honorer leurs parents, bientôt ils les imitent, et la piété filiale, qui devroit être pour eux une vertu, n'est plus pour eux que la première amorce du vice. Comment peut-on oublier que rien n'est indifférent pour l'enfance? Ne remarquez-vous pas quelquefois comment, à leurs jeux folâtres, succède tout-à-coup une attention morne, indice assuré de l'impression que font sur eux des objets d'autant plus frappants pour eux, qu'ils leur sont plus nouveaux? Si leurs cœurs pouvoient s'ouvrir à nos yeux; si nous pouvions apercevoir comment un mot, un geste imprudent, ont su y graver l'image du vice, avec quelle frayeur religieuse ne parlerions-nous pas, n'agirions-nous pas devant eux? Eh quoi! parceque cet effet est invisible, en est-il moins cruel? Combien les anciens pensoient, ou du moins agissoient différemment! Chez eux, la force des exemples épargnoit l'ennui des préceptes; l'éducation étoit en quelque sorte une représentation continuelle. Les festins, les fêtes, les jeux, les assemblées, les cérémonies publiques, tout frappoit vivement l'imagination des enfants. Tout leur crioit: *Soyez vertueux*, et faisoit entrer la sagesse dans leur ame par tous les sens. Voulez-vous donc rendre vos enfants honnêtes? que tout dans la maison respire l'honnêteté;

que tout la peigne à leurs yeux, la fasse retentir à leurs oreilles; c'est ainsi que, de la sévérité de la discipline, de la solidité des préceptes, et de l'autorité des exemples, heureusement réunies, résultera cette éducation vigoureuse qui n'a jamais fleuri chez aucun peuple, qu'il n'ait été vertueux, et n'y a jamais dégénéré, qu'il ne se soit corrompu. Si je voyois une nation autrefois estimée tomber dans l'avilissement, se refroidir pour la vertu, et s'enthousiasmer pour des bagatelles, applaudir l'amour de la patrie sur les théâtres, et le laisser s'éteindre au fond des cœurs; si je voyois sur-tout dégénérer la noblesse, et le sang le plus pur de l'état s'altérer dans son cours; si au lieu de ces guerriers, de ces sénateurs généreux et francs, je n'apercevois que des êtres bas dans leur fierté, insolents dans leur politesse; si on me montroit le nom des illustres défenseurs de l'état, traîné dans la fange de la débauche par de lâches descendants, et les châteaux antiques qu'habitoient des héros, vendus pour enrichir des courtisanes, je gémirois sur le sort d'une telle nation, sur-tout si j'en étois citoyen; mais en voyant la décadence de ses mœurs, je serois assuré de celle de son éducation. D'un autre côté, si je voulois prouver, par des exemples puisés dans l'histoire, le pouvoir de cette éducation ferme et solide, qui donne au corps, à l'esprit, à l'ame, toute leur énergie; il n'est point de peuple, il n'est point d'état qui ne pût m'en fournir. Mais où puis-je en trouver de plus convenables que chez nos aïeux, et de plus brillants que sur le trône? Vous relisez tous les jours, avec attendrissement, l'histoire de ce bon roi qui conquit son royaume pour le rendre heureux. Je n'ai pas besoin de vous dire que je parle de Henri IV; et si je le nomme, c'est parcequ'on aime à le nommer. Or, qui d'entre nous, toutes les fois qu'il admire ses belles qualités, n'en retrouve la source dans l'éducation sévère qui le forma? Ce fut en écoutant les maîtres les plus habiles, qu'il acquit cette supériorité de bon sens qui fait qu'on recueille avec plus de soin ses moindres paroles, qu'on ne conserve les ornements royaux des autres princes. Ce fut en gravissant parmi les rochers, avec les jeunes paysans du Béarn, en se nourrissant comme eux d'un pain grossier, en portant comme eux des vêtements vulgaires, qu'il acquit cette vigueur intrépide qui sembloit le multiplier et le reproduire au milieu de tant de sièges et de combats. Ce fut en vivant parmi les habitants de la campagne, en connoissant par ses yeux leur misère, qu'il apprit à y être sensible; enfin, c'est parcequ'il avoit senti qu'il étoit homme avant que d'être roi, qu'étant roi il se souvint qu'il étoit homme. Pourquoi faut-il qu'avant d'accomplir ses grands projets, la mort?.... Qu'ai-je dit, Messieurs? Quel mot funeste viens-je de prononcer? en rouvrant imprudemment une plaie ancienne, je rouvre une plaie encore sanglante; et pouvois-je parler de la perte que fit la France dans la personne du grand Henri, sans rappeler celle qu'elle vient de faire dans un de ses plus dignes descendants? La France le pleure encore, et moi, je puis, sans sortir de mon sujet, lui payer un juste tribut d'éloges. Je puis dire qu'il fut, quoique prince, bon père, fils respectueux, époux fidèle, tendre ami; qu'il acquit, en cultivant les arts, le droit de les protéger; que, dans un siècle où la religion s'éteint dans les rangs les plus bas, il la conserva dans tout son éclat sur le trône; pareil à ces hautes montagnes, qui, lorsque le soleil cesse de luire dans les vallons, en retiennent sur leurs cimes les rayons mourants; qu'enfin, dès son enfance, il fut laborieux; et que, s'il ne régna pas, il s'exerça toujours à régner. Puisse le ciel, pour dédommager de cette perte, conserver la vie de Louis-le-Bien-Aimé, et ajouter aux jours du père ce qu'il retranche à ceux du fils! Et n'oublions pas de remarquer (car pourquoi priverois-je mon sujet d'une preuve si éclatante!) que c'a été en fuyant, dès l'âge le plus tendre, la mollesse trop ordinaire sur le trône, en fortifiant son corps par ce noble amusement qui fut de tout temps celui des héros, que Louis s'est acquis cette santé robuste, pour laquelle nous ne pouvons faire des vœux, sans en faire pour notre bonheur.

Si des exemples brillants en laissoient desirer d'autres, il en est un que je n'irois pas chercher bien loin de nous. Je le trouverois dans ce digne prélat[1] qu'on aime et qu'on admire, qui étonne les plus mondains par sa gaieté, et les plus austères par sa pénitence; qui, d'une main, distribue aux justes les trésors du ciel, et, de l'autre, prodigue aux pauvres les trésors de la terre. N'est-ce pas à la dureté de sa vie qu'il doit cette vigueur inaltérable, qui semble sans cesse se renouveler pour servir sa piété, et que sa piété, à son tour, semble ranimer sans cesse? Oui, pour être assuré que sa jeunesse fut laborieuse, il suffit de voir combien sa vieillesse est robuste.

Voilà, chère jeunesse, les modèles que je dois et que vous devez vous-mêmes vous proposer. Vous faut-

---

[1] Feu M. d'Orléans de La Motte, évêque d'Amiens.

il de nouveaux motifs? Voyez les pères de la Ville suspendre leurs fonctions pour vous honorer de leur présence, et oublier un instant la patrie pour ceux qui en sont l'espoir? J'ose vous attester devant eux, que nous nous efforçons de mériter la confiance dont ils nous honorent; que si vous quittez tous les jours pour nos écoles la maison paternelle, vous retrouvez dans vos maîtres toute la tendresse de vos pères; que nous ne vous approchons jamais avec ce front sourcilleux, tant reproché à ceux qui enseignent; et qu'enfin vous voyez en nous moins des maîtres que des amis. Mais si nous vous témoignons notre attachement par notre douceur et par notre zèle, témoignez-nous votre reconnoissance par vos travaux et par vos succès; adoucissez le poids de nos fonctions pénibles par le délicieux plaisir de ne pas les voir infructueuses. Qu'un jour les maîtres, en voyant leurs élèves utiles à la patrie, puissent les reconnoître avec une noble vanité pour leurs disciples; et que les disciples, en recueillant les fruits d'une excellente éducation, puissent se rappeler avec une tendre reconnoissance le souvenir de leurs maîtres.

DISCOURS

DE RÉCEPTION

A L'ACADÉMIE FRANÇAISE.

PRONONCÉ LE 11 JUILLET 1774.

MESSIEURS,

Vous vous rappelez, sans doute, et ce spectacle frappa ma première jeunesse, vous vous rappelez ce jour où M. de La Condamine, assis pour la première fois parmi vous, reçut de M. de Buffon des louanges si nobles et si bien méritées. On crut entendre l'interprète même de la nature célébrer celui qui l'avoit observée le plus constamment, et le plus audacieusement interrogée; et tel est le prix des éloges donnés par un grand homme, que M. de La Condamine se crut payé de quarante ans de travaux et d'études par quelques lignes de son illustre ami.

Voilà l'orateur que mériteroit encore son ombre. Au défaut du génie, je me fonde sur l'intérêt qu'excitera toujours un nom qu'on ne peut prononcer sans réveiller des idées de talents, de courage, d'humanité.

Je n'irai point chercher, dans un sujet étranger à

lui, des moyens de vous intéresser : cette ressource, imaginée pour suppléer au peu d'événements que présente à la curiosité publique la vie de la plupart des gens de lettres, renfermés dans l'ombre de leur cabinet et dans le cercle de leurs études, me devient inutile, par la variété des talents de M. de La Condamine, par l'incroyable activité de son ame, la singularité piquante de son caractère; et une vie qui suffit à tant de travaux, suffiroit à plusieurs éloges.

M. de La Condamine entra d'abord dans le service, et s'y distingua par cette intrépidité qu'il signala depuis dans la poursuite de la vérité. De ces jeux sanglants, il s'étoit fait un spectacle dont son avidité naturelle de connoître augmentoit pour lui le danger. On l'a vu, dans un siége, vêtu d'une couleur remarquable, s'avancer pour voir de plus près l'effet d'une batterie de canon, dont il étoit le but sans s'en apercevoir. Ainsi l'observateur se montroit déja dans le guerrier; et peut-être, au lieu de dire qu'il porta dans les sciences le courage militaire, seroit-il plus vrai de croire qu'il portoit déja dans l'art militaire la curiosité courageuse du philosophe.

Sa passion dominante fut cette curiosité insatiable. Ce doit être celle de ce petit nombre d'hommes destinés à éclairer la foule, et qui, tandis que les autres s'efforcent d'arracher à la nature ses productions, travaillent à lui arracher ses secrets. Sans ce puissant aiguillon, elle resteroit pour nous invisible et muette; car elle ne parle qu'à ceux qui l'appellent; elle ne se montre qu'à ceux qui cherchent à la pénétrer; elle ensevelit ses mystères dans des abîmes; les place sur des hauteurs; les plonge dans les ténèbres; les montre sous de faux jours. Et comment parviendroient-ils jusqu'à nous, sans la courageuse opiniâtreté d'un petit nombre d'hommes, qui, plus impérieusement maîtrisés par les besoins de l'esprit que par ceux du corps, aimeroient mieux renoncer à ses bienfaits que de ne pas les connoître; ne les saisissent, pour ainsi dire, que par l'intelligence, et ne jouissent que par la pensée? Cette qualité, dis-je, fut dominante dans M. de La Condamine; elle lui rendoit tous les objets piquants, tous les livres curieux, tous les hommes intéressants.

On a prétendu que cette curiosité, précieuse dans le savant, ressembloit quelquefois à l'indiscrétion dans l'homme de société; mais ces petits torts, qu'on remarque dans un homme ordinaire, s'éclipsent dans un homme célèbre, par la considération des avantages que retire la société de ces défauts même, et c'est peut-être le louer encore que d'avouer qu'il porta cette passion à l'excès.

Pourrois-je le suivre dans ces courses immenses, entreprises à-la-fois par ce desir ardent de s'instruire, et par celui d'être utile? Je le vois d'abord parcourir l'Orient: on se le représente aisément courant de ruine en ruine, fouillant dans les souterrains, consultant les inscriptions, jamais plus piquantes pour lui que lorsqu'elles étoient plus effacées; mesurant ces obélisques, ces pompeuses sépultures, qui paroissoient vouloir éterniser à-la-fois l'orgueil et le néant; par-tout poursuivant les traces de l'antiquité, qui semble se consoler en ces lieux de l'ignorance qui l'environne, par le respect des étrangers qu'elle attire.

La Troade, si fière des vers d'Homère, appela aussi

ses regards; mais il y perdit, avec regret, les magnifiques idées qu'ils s'en étoit formées, en voyant un petit ruisseau qui fut jadis le Simoïs, quelques masures éparses dans des broussailles; et il fut obligé de voir en philosophe ce qu'il auroit voulu ne voir qu'en poëte. Il fit quelque séjour à Constantinople; mais un homme tel que lui dut être peu content d'un tel séjour: passionné pour la gloire, il ne pouvoit se plaire dans un pays d'esclaves. Avide de connoître, il dut être peu satisfait d'une ville où sa curiosité éprouva, non sans dépit, qu'il étoit impossible, et même si j'en crois quelques anecdotes, qu'il étoit dangereux de tout voir.

Mais sa passion favorite ne faisoit que préluder à de plus grandes entreprises: il étoit fait pour se distinguer de la foule des voyageurs. Parcourir quelques états de l'Europe, connoître l'étiquette de leurs cours, goûter les délices du beau ciel de la Grèce et les charmes de l'Italie, voilà ce qu'on appelle communément des voyages, et ce que M. de la Condamine nommoit ses promenades. L'Europe, où l'influence du même climat, la société des arts, les nœuds du commerce, sur-tout le desir, plus épidémique que jamais, de copier la France, donnent à toutes les nations un air de famille; l'Europe devoit être bientôt épuisée par sa dévorante avidité; le continent même ne pouvoit lui suffire; et l'ambition de connoître, dans M. de La Condamine, se trouvoit aussi trop resserrée dans un seul monde. En 1735, il proposa le premier à l'Académie un voyage à l'équateur, pour déterminer, par la mesure de trois degrés du méridien, la figure du globe.

Sur sa proposition, quatre académiciens furent nommés pour cette grande entreprise, également glorieuse pour eux, pour le souverain, et pour M. le comte de Maurepas, digne bienfaiteur, pendant son ministère, des sciences et des arts, qui, par une juste reconnoissance, lui ont embelli le bonheur de la vie privée, et qu'elles viennent de céder de nouveau au besoin de l'état et à l'estime de son maître.

Ainsi, tandis que MM. de Maupertuis, Clairault, Camus et le Monnier alloient, pour le même objet, braver les frimas du Nord, MM. Godin, Bouguer et de La Condamine alloient affronter les ardeurs du Midi. Jamais les souverains n'avoient rien fait de si beau pour l'honneur de la philosophie; jamais la philosophie n'avoit médité un plus grand effort, et la vérité alloit se trouver poursuivie du pôle à l'équateur.

Tandis que les collègues de M. de La Condamine se préparoient à supporter les dangers et les fatigues, lui, il se promettoit de nouveaux plaisirs. Combien son cœur tressailloit d'avance de l'espoir de connoître ces contrées, qui, malgré la dégradation qu'ont cru y remarquer dans le moral et même dans le physique, des écrivains ingénieux, sont si fécondes en grands et magnifiques spectacles, où les arbres se perdent dans les nues, où les fleuves sont des mers, où les montagnes présentent au voyageur, à mesure qu'il monte ou qu'il descend, toutes les températures de l'air, depuis les ardeurs de la zone torride jusqu'aux frimas de la zone glaciale, où la nature enfin, échauffée de plus près par le soleil, donne aux oiseaux de plus riches couleurs, aux fruits plus de parfum, aux poisons même plus d'activité; prodigue à-la-fois ses plus admirables et ses plus funestes productions, et ses plus imposantes bontés, et ses plus effrayantes horreurs!

Mais ce grand spectacle n'étoit que le second objet de M. de La Condamine : la mesure des degrés du méridien réclamoit d'abord tout son zèle. Il seroit difficile de bien peindre et la grandeur des obstacles, et celle de son courage.

On peut dire de l'astronomie ce que M. de Fontenelle disoit de la botanique, ce n'est pas une science paresseuse. Voyez de combien d'arts et de connoissances elle marche accompagnée, combien d'instruments divers elle traîne à sa suite! Condamnée à des attitudes fatigantes, veillant quand tout dort, active quand tout repose, elle semble renoncer aux douceurs du sommeil, à la lumière du jour et au commerce des hommes.

Mais si nous plaignons l'astronome dans nos villes, imaginez ce que dut éprouver M. de La Condamine dans ces contrées lointaines. Pour le bien peindre, il faudroit les couleurs, je ne dis pas de l'éloquence, mais de la poésie même; et je ne sais si je pourrai me défendre d'employer quelquefois son langage : du moins ici le merveilleux n'a pas besoin de fiction. Aux travaux fabuleux de cet Ulysse, banni par la colère des dieux, cherchant sa patrie sur terre et sur mer, et échappant aux enchantements de la cour de Circé, on peut opposer, sans doute, les travaux réels de M. de La Condamine, s'arrachant aux délices de la capitale, fuyant sa patrie pour chercher la vérité, traversant de vastes déserts, souvent abandonné de ses guides, escaladant ces montagnes inaccessibles jusqu'à lui, menacé d'un côté par les masses de neige suspendues à leur sommet, de l'autre par la profondeur des précipices, marchant sur des volcans plus terribles cent fois que ceux de notre continent, respirant de près leurs exhalaisons, quelquefois même entendant gronder ces foudres souterrains, et voyant des torrents de soufre sillonner ces neiges antiques que n'avoient point effleurées les feux de l'équateur.

Cependant ces redoutables phénomènes irritoient sa curiosité au lieu de l'effrayer; il sembloit que le génie des sciences veillât sur lui. Tandis qu'il sondoit le volcan de Pichincha, il vit s'enflammer, à sept lieues de distance, celui de Cotopaxi, sur lequel il observoit quelques jours auparavant, et peut-être sans cet éloignement, dont sa curiosité s'indignoit, sans doute, entraîné par elle, et trop digne émule de Pline, il lui auroit ressemblé dans sa mort, comme il l'avoit imité dans sa vie.

A d'incroyables dangers, se joignoient d'incroyables fatigues: mesurer, la toise en main, une base immense; chercher à travers des rochers, des ravins, des abîmes, les points de ses triangles; replanter vingt fois sur des monts escarpés des signaux, tantôt enlevés par les Indiens, tantôt emportés par les ouragans; passer plusieurs nuits sous des tentes chargées de frimas, quelquefois arrachées par les vents; essuyer la cruelle alternative, et des plus accablantes chaleurs dans la plaine, et du froid le plus âpre sur les montagnes: voilà quelle fut sa vie pendant sept ans entiers.

Qui le soutenoit donc au milieu de tant de dangers et de travaux? Il l'avoue lui-même avec cette candeur, la vertu des grands talents et des belles ames: sur ces monts couverts de glace, loin des regards des hommes, il songeoit à l'estime de l'Europe, à l'estime plus douce de ses concitoyens; et semblable à ce héros qui, au milieu des périls et des combats, s'écrioit: « O Athé-« niens! qu'il m'en coûte pour être loué de vous! » cette douce perspective lui adoucissoit l'éloignement de sa patrie, l'inclémence des saisons, et le poids des fatigues.

Cependant, tandis qu'il immoloit ainsi sa santé à l'amour des sciences, les habitants de ces lieux le croyoient occupé sur ces montagnes à découvrir de l'or. Et dans quel temps l'ignorance de ces peuples lui faisoit-elle cette injure? Dans le temps que M. de la Condamine, pour faire subsister ses collègues dont les fonds étoient épuisés, avoit vendu ses effets, et, ce qui étoit un plus grand sacrifice, avoit engagé ses instruments astronomiques, étoit parti pour Lima, avoit traversé les Cordillières du Pérou, franchi quatre cents lieues de chemins impraticables; et, après s'être engagé en son nom dans la capitale du Pérou, pour une somme de quatre-vingt mille livres, étoit revenu, avec les mêmes dangers et les mêmes peines, ranimer par sa présence et ses secours le zèle et les travaux de ses collègues: action admirable, où un savant déploya le courage d'un héros, et un particulier la générosité d'un roi.

Cet or qu'il alloit chercher avec tant de peine, quand il étoit nécessaire à ses découvertes, il savoit le dédaigner quand il n'étoit plus ennobli par son usage; et plus encore quand il se trouvoit en concurrence avec son amour pour les sciences.

Au moment qu'il se préparoit à revoir sa patrie, et

à lui porter les vérités qu'il avoit conquises, on lui enléve une cassette qui renfermoit ses journaux et l'argent destiné pour son voyage. Il fait publier sur-lechamp qu'il consent à perdre la somme entière, pourvu qu'on lui rende ses papiers. La condition fut acceptée, et malgré la perte d'une somme considérable, il crut en effet avoir retrouvé son trésor.

En faisant honneur de cette élévation d'ame au caractère de M. de La Condamine, croyons qu'il en revient quelque gloire aux sciences sublimes dont il s'occupoit. Sans doute l'esprit, accoutumé à contempler cette foule innombrable de globes, ne revient qu'avec dédain sur les choses terrestres, et ne voit que comme un point ce globe où nous voyons deux mondes.

Déterminé à repasser en France, il délibéra sur le choix de la route. On soupçonne bien qu'il dut préférer la plus périlleuse, si elle étoit la plus instructive, peut-être même eût-il suffi qu'elle fût la plus périlleuse. Il forma le projet de descendre la fameuse rivière des Amazones, qui doit, dit-on, son nom à une société de femmes guerrières séparées des hommes : société qui doit, graces à nos mœurs, trouver peu de croyance parmi nous, mais un peu moins invraisemblable dans ces contrées barbares, où les époux font tomber tout le poids des travaux sur un sexe moins fait pour les supporter lui-même, que pour les adoucir aux hommes.

M. de La Condamine part pour s'embarquer sur ce fleuve immense, large de cinquante lieues à son embouchure. Mais combien de traverses, avant d'arriver au lieu de son débarquement ! L'imagination se fatigue à suivre des courses qui ne lassèrent pas sa constance. Vous le verriez avec effroi marcher, suspendu par des ponts d'osier, sur des rivières rapides et profondes; suivre sur des montagnes des chemins tracés par le cours des torrents, ou la hache à la main, se frayer une route à travers des bois épais, côtoyer des précipices, passer le même torrent vingt-deux fois en un jour, à chaque instant prêt à faire naufrage, et dans le danger continuel de sa vie, toujours tremblant pour le recueil de ses observations.

Toutefois, dans le cours de ces voyages pénibles, dont il a fait le tableau le plus intéressant, le lecteur se repose quelquefois agréablement avec lui. On s'arrête avec plaisir dans ce hameau composé de dix familles indiennes, où, en attendant un radeau, il passa huit jours heureux, sans avoir, dit-il, ni voleurs, ni curieux à craindre; il étoit avec des Sauvages. Là, respirant pour la première fois, après tant de fatigues, partageant les plaisirs innocents des Indiens, se baignant avec eux, recevant les fruits de leur chasse et de leur pêche, la liberté, le silence, la solitude, la beauté du lieu, le délassèrent délicieusement de ses travaux et du commerce des hommes. Sachons gré à un homme fait pour briller chez des peuples polis, d'avoir su se plaire chez un peuple saüvage : l'un suppose la beauté du génie, et l'autre la simplicité des mœurs. Son départ de ces lieux n'est pas moins intéressant que son séjour. Avant de quitter ces innocentes délices, qui avoient reposé son corps sans ralentir son courage, j'aime à le voir, pour assurer à l'Académie le fruit de ses observations, lui en adresser un extrait, qu'il nomma son testament académique, partir ensuite, escorté de ses fidèles sauvages qui portoient ses instruments et ses effets, et s'embarquer sur la rivière des Amazones, exposant plus volontiers sa vie, depuis qu'il s'étoit assuré que les sciences perdroient moins à sa mort.

Je ne vous le peindrai point abandonné au courant de ce fleuve immense; ici heurtant contre des rocs escarpés; là, entraîné par des tourbillons d'eau; tantôt arrêté par une branche qui traverse son radeau, et suspendu sur les eaux qui décroissent à vue d'œil; tantôt franchissant le fameux détroit du Pongo, où les eaux, plus rapides et plus profondes, roulant sous la voûte obscure et tortueuse de ses bords rapprochés, avec un mugissement entendu de plusieurs lieues, lancèrent son radeau comme un trait à travers les saillies des arbres et les pointes menaçantes des rochers.

Je ne vous le représenterai point, après un trajet de cinq cents lieues sur la rivière des Amazones, s'enfonçant dans la rivière du Para, large de trois lieues, échouant contre un banc de vase, obligé d'attendre sept jours les grandes marées, remis à flot par une vague plus terrible que celle qui l'avoit fait échouer, et sauvé par où il devoit périr. Je ne vous peindrai point les tempêtes qu'il essuya, les nations inconnues qu'il traversa, tous les dangers enfin menaçant ses jours, tandis que lui, tranquille observateur, seul au milieu de ces déserts, avec trois Indiens maîtres de sa vie, tenoit tour-à-tour le baromètre, la sonde et la boussole.

Il faut l'avouer: en lisant ces récits dans ses Mémoires, on est quelquefois tenté d'oublier ses peines pour envier ses plaisirs. Il ignoroit du moins l'ennui, le fléau de ces voyageurs, qui, tristement emprisonnés, déplacés sans mouvement, parcourant les lieux sans les voir, après quelques mois du plus stérile ennui, ne ressentent pas même le plaisir d'arriver. Les tableaux variés qu'offroient à ses yeux les fleuves et leurs bords; là, des animaux inconnus; ici, des plantes nouvelles; tantôt des peuples également bizarres dans leurs parures et dans leurs mœurs; tantôt les débris de ces nations, jadis si florissantes, épars dans les déserts qui furent des empires; enfin, tant d'objets nouveaux, exposés en silence à ses yeux, dans ces immenses solitudes où la philosophie voyageoit pour la première fois; tout payoit un tribut à sa curiosité; et comme ces vastes fleuves sur lesquels il voguoit, recevoient à chaque instant des fleuves qui grossissoient leurs cours; ainsi, dans une navigation de douze cents lieues, sembloit s'accroître incessamment le trésor de ses idées et de ses connoissances.

O vous, qui voulez faire fleurir les sciences dans vos états, voilà les voyages dignes de votre protection! Et vous, qui prétendez à instruire les hommes, voilà les voyages féconds qui sont dignes de votre courage! Pourquoi vous pressez-vous d'arranger le monde avant de l'avoir connu, et de mettre l'incertitude et le hasard de vos opinions entre vous et la vérité? Quittez les contrées déja moissonnées par la philosophie; il est encore, il est quelques régions intactes. Là, vous attend un fonds inépuisable d'observations nouvelles; là, vous verrez l'homme et la terre, moitié cultivés, moitié sauvages, luttant contre vos institutions et vos arts, offrir à vos yeux l'intéressant contraste de la nature brute et inculte, et de la nature perfectionnée ou corrompue. Hâtez-vous : déja son ancien empire est de plus en plus resserré par les conquêtes des arts ; déja son image primitive s'efface de toutes parts : encore quelque temps, et ce grand spectacle est à jamais perdu.

Tels furent les voyages de M. de La Condamine ; et je ne crois pas exagérer, en assurant qu'ils manquèrent à Loke et à Descartes ; car pour Newton, les vérités que d'autres allèrent chercher si loin (je ne parle que des vérités physiques), il les avoit devinées dans son cabinet.

Arrivé à Cayenne, M. de La Condamine attendit un vaisseau pour retourner en France ; il y étoit arrivé malade, languissant, et portant le germe de plusieurs infirmités. Ici, Messieurs, arrêtons-nous un moment avec lui, et peignons-nous, s'il est possible, ce qui se passoit dans son cœur. Depuis dix ans, gravissant sur des montagnes, jeté dans des deserts, errant sur les eaux, depuis dix ans il est éloigné de tout ce qu'il aime. Tant que l'activité de ses travaux, l'enthousiasme de sa grande entreprise avoient distrait son cœur, mille sentiments toujours chers étoient restés, pour ainsi dire, suspendus dans son ame ; mais lorsque ses travaux furent achevés, lorsque ses yeux, si long-temps occupés à observer la nature, se tournèrent vers la France, alors son ame entière reprit son cours ; alors le souvenir de ses amis, celui de ses parents, l'ineffaçable amour de la patrie, que sais-je ? le desir de jouir de la gloire, dont jamais on ne jouit si doucement que parmi les siens ; tous ces sentiments se réveillèrent à-la-fois dans son cœur, et les vents et les flots amenoient trop lentement, au gré de son impatience, le vaisseau qui devoit enfin le rendre à sa patrie.

Après ce grand voyage, il sembloit qu'aucun lieu du monde ne pouvoit plus exciter sa curiosité ; mais il n'avoit pas vu l'Italie, il n'avoit pas vu Rome. Et qui peut se flatter de connoître le monde, sans avoir vu cette ville à jamais intéressante par ses victoires, par ses désastres, par sa magnificence, par ses débris ; le dépôt des arts antiques, le berceau des arts naissants ; autrefois dominatrice du monde par les armes, aujourd'hui par la religion, et qui eut, en effet, le droit de se nommer la ville éternelle ?

Il y fut reçu avec distinction par le pape Benoît XIV, dont la gaieté franche, la douce affabilité, sembloient solliciter l'oubli de son rang, parcequ'il sentoit que sa véritable grandeur en étoit indépendante ; l'ami des étrangers, le premier objet de leur curiosité et de leur admiration dans Rome ; l'ami sur-tout des Français, estimé des Anglais même, qui ont placé son buste dans le Muséum de Londres, où il semble triompher des préjugés de la haine nationale ; qui, enfin, par ses vertus et ses lumières, faisoit la gloire de Rome moderne, et eût été digne de l'ancienne. Il accorda à M. de La Condamine ce qu'il pouvoit lui accorder de plus doux et de plus flatteur, son portrait, et une dispense pour épouser sa nièce. Sensible à ces bontés, M. de La Condamine le lui témoigna avec cette impétuosité franche et familière dont les souverains vraiment respectables sont plus flattés que du respect, et qui n'ôte quelque chose au rang que pour le rendre à la personne.

Il n'eût pas été content de lui-même, s'il n'eût vu à Rome que ce que les autres avoient vu avant lui. Il fit des recherches très heureuses sur les mesures anciennes qui ont si long-temps exercé nos savants : l'académicien des sciences travailloit pour l'Académie des belles-lettres. Cette variété de goûts et de connoissances étoit peut-être ce qui distinguoit le plus M. de La Condamine de la foule des voyageurs. La plupart n'aiment et ne voient que leur objet favori : le botaniste ne cherche que des plantes; le géographe, que des positions de villes; l'antiquaire, que des inscriptions. M. de La Condamine aimoit et voyoit tout.

Ce mérite se remarque sur-tout dans son voyage d'Italie, le pays du monde peut-être le plus fécond en tout genre d'observations; fait pour plaire au peintre, par les chefs-d'œuvre de l'art et le pittoresque des sites; à l'architecte, par les monuments antiques; au naturaliste, par la variété des productions; sur-tout à l'homme de lettres, qui, trouvant par-tout l'image des grands hommes dont les écrits ont instruit son enfance, parcourant des lieux dont les noms l'ont frappé au sortir du berceau, croit voir par-tout les traits de ses maîtres, et voyager dans sa patrie.

Ce qui, dans ces lieux, attira le plus son attention, fut le volcan du Vésuve, qu'il a décrit en prose, comme Virgile a peint l'Etna en vers. Après ce qu'il avoit vu en Amérique, le Vésuve ne pouvoit l'étonner; mais ce volcan avoit englouti des villes célèbres, il avoit dévoré les monuments des arts, il avoit fait périr un des plus beaux génies de Rome; et cela seul le rendit plus intéressant pour sa curiosité, que tous ceux du Nouveau-Monde.

Je ne dirai rien de son voyage d'Angleterre, qu'il n'a point publié. On se figure que l'homme, peut-être le plus singulier de la France, dut fort se plaire chez le peuple le plus singulier de l'Europe; et, en effet, il y avoit quelque analogie entre cet homme et ce peuple; mais elle fut altérée par un événement peu considérable en lui-même, à qui cependant le nom, et sur-tout le caractère de M. de La Condamine donnèrent de l'importance. Il eut à se plaindre d'une petite injustice, dont il n'obtint point de réparation, par une suite de la tolérance qui régne dans la police de Londres. Une police trop vigoureuse effaroucheroit la liberté ombrageuse de ce peuple, si jaloux et si digne de son indépendance. Ce grand principe, exposé en six beaux vers par un de leurs grands poëtes, « qu'il est des maux qui « sont des biens, et que les inconvénients particuliers « sont l'avantage commun, » leur paroît aussi vrai dans l'économie politique que dans l'économie du monde; et certains désordres y sont presque tolérés par la sagesse de la législation, comme ils sont proscrits ailleurs par la sagesse de la police. M. de La Condamine ne voulut point entrer dans ces grandes vues : irrité de n'avoir pas obtenu justice, il fit, dans les papiers publics, un appel à la nation, et chez le peuple qui respecte le plus le pouvoir des lois et le droit de l'homme, il regretta les déserts et les Sauvages.

Telle étoit sur lui l'impression de l'injustice apparente ou réelle; et ce n'étoit point chez lui l'effet d'un amour-propre révolté; c'étoit l'amour profond de l'équité naturelle.

Ce sentiment étoit fortement imprimé dans son cœur, et lui a dicté des actions à jamais honorables à sa mémoire. Dans son voyage du Levant, plutôt que de livrer au cadi de Baffa un dépôt d'argent qui lui avoit été confié, on le vit se défendre contre soixante hommes, braver les coups de fusil, le canon même; enfin, traîné devant le cadi, lui en imposer par sa fermeté, lui arracher des excuses par ses menaces; en un mot, faire respecter les droits de la propriété dans le pays des usurpations, et ceux de la liberté dans le séjour de l'esclavage.

Qui peut lire, sans attendrissement, ce qu'il fit dans le Nouveau-Monde pour la mémoire du malheureux Seniergues, massacré par une populace ameutée contre les Français? L'image de cet infortuné, compagnon de ses voyages, de ses dangers, égorgé à ses yeux, égorgé dans une fête publique, à la veille d'un établissement avantageux, lui étoit toujours présente; elle le poursuivoit sur ces rochers, théâtre de ses travaux, comme le remords auroit dû poursuivre le coupable; il n'en descendoit que pour demander justice, au nom de ses mânes; il quittoit ses bases, ses triangles, ses méridiennes, pour éclairer par des mémoires, pour exciter par des sollicitations des juges prévenus ou timides. Pendant trois ans entiers, il ne se lassa point de demander vengeance. Voilà de ces traits d'humanité, d'enthousiasme, d'oubli de soi-même, qu'on ne peut trop répéter dans ce siècle du vil intérêt, où les ames desséchées, privées de cette surabondance de sentiments qui embrasse la société et l'avenir, aveugles à la beauté sévère de la vertu, sourdes à la voix lointaine de la postérité, n'écoutant enfin que l'intérêt du lieu, du moment, de la personne, sont assez malheureuses pour ignorer le plaisir des privations et la jouissance des sacrifices.

Mais où M. de La Condamine déploya à-la-fois l'homme sensible, l'homme éloquent, et l'excellent citoyen, c'est dans la défense de cette méthode, source de tant de débats, qui se vante de prévenir un mal affreux par ce mal lui-même. Jamais, sans doute, l'éloquence ne traita un sujet plus intéressant : la mère tremblante pour un fils adoré, le mari idolâtre de sa jeune épouse, celle-ci jalouse de conserver ses charmes et le cœur de son époux; enfin, les deux sexes animés, l'un par l'intérêt de la beauté, l'autre par celui de la vie; voilà pour qui et devant qui plaidoit M. de La Condamine : il sembloit que l'amour de l'humanité élevât son génie et son courage. Il lui falloit combattre à-la-fois les médecins, les moralistes, la voix du préjugé, la voix même du sang et de la nature : il employoit tour-à-tour la force du raisonnement et l'arme du ridicule : c'étoit Cicéron ou Démosthène plaidant la cause, non plus d'un particulier, mais celle du genre humain. A la force de l'éloquence il joignoit l'activité des démarches; et, enfin, pour pousser à bout ses adversaires, il offrit de se faire inoculer lui-même. Peu de philosophes hasarderoient de pareilles preuves de leurs opinions.

Ce ne seroit point à moi à prononcer sur cette grande question; s'il étoit possible qu'elle fût encore un problème, je remarquerois seulement que l'inoculation a pour elle deux grandes autorités, la Circassie et l'Angleterre : je veux dire le pays de la philosophie et celui de la beauté. On citera sans doute un jour le suffrage des Français, quand elle aura cessé d'être chez eux une nouveauté; car on sait que la mode nous gouverne, même sur ce qui intéresse la vie; et le peuple le plus éclairé de l'Europe a été un des plus lents à adopter une pratique connue dès long-temps chez des peuples presque barbares.

Quel pays cependant a été plus souvent et plus cruellement averti de son utilité? Dans quel lieu ce mal horrible a-t-il frappé un plus grand nombre d'illustres victimes? Comme si les Français devoient être punis, dans ce qu'ils ont de plus cher, d'avoir adopté si tard une méthode utile; ou comme s'il eût fallu, chez un peuple imitateur de ses maîtres, que des coups multipliés forçassent enfin les chefs de sa nation à lui donner l'exemple. Vous gémissez encore, Messieurs, du dernier coup que ce monstre a frappé. Hélas! quand l'aïeul de Louis-le-Bien-aimé fut ravi à la France, par ce fléau terrible, les Français pouvoient-ils prévoir que son petit-fils éprouveroit le même sort? Ce prince, qui avoit eu l'avantage unique d'avoir fait jouir la France de ce que la victoire a de plus brillant, et de ce que la paix a de plus doux, au milieu des délices d'un règne tranquille, au moment que des alliances heureuses préparoient des espérances à l'état, et des consolations à sa vieillesse, s'est senti tout-à-coup surpris par ce mal contagieux, jamais plus cruel que lorsqu'il est plus retardé, et qui n'a rien de plus affreux que de repousser les caresses du sang et les embrassements de la nature. Mais est-il des dangers que redoute la véritable tendresse? Tandis que l'héritier du trône gémissoit de se voir, par la loi sacrée de l'état, privé des derniers soupirs de son aïeul, nous avons vu trois généreuses princesses, victimes volontaires, se dévouer aux horreurs de la contagion pour conserver les jours de leur père, lui prodiguer de leurs royales mains, des secours dont la douceur alloit jusqu'au fond de son ame, suspendre la violence de la douleur et charmer les angoisses de la mort. Le ciel qui nous a ravi le père s'est contenté de nous faire trembler sur le sort des enfants; et, en gémissant de sa rigueur, nous rendons graces à sa clémence. M. de La Condamine a été assez heureux pour n'être pas témoin de notre perte et de nos alarmes; sans doute il auroit, comme nous, prié le ciel d'épargner à la France ces horribles preuves de son opinion.

Mais, que dis-je, Messieurs? S'il a échappé à un spectacle douloureux pour un cœur français, il a perdu la plus brillante époque de sa gloire, il a perdu son plus beau triomphe. Le chef de l'état, les deux appuis de la couronne, une auguste princesse, se soumettant à-la-fois à cette méthode si long-temps combattue, dont il fut l'intrépide défenseur : quel moment pour lui, s'il eût vécu! Et ce moment, Messieurs, non seulement son zéle et ses talents l'ont hâté, mais sa pénétration l'avoit prévu. Vous me saurez gré, sans doute, de rapporter les termes, j'oserois presque dire de sa prophétie. « L'inoculation, dit-il, s'établira quelque « jour en France. Mais quand arrivera ce jour? Ce sera « peut-être dans le temps funeste d'une catastrophe « semblable à celle qui plongea la nation dans le deuil, « en 1711. » L'événement, Messieurs, n'a que trop vérifié ses prédictions. Tel est le sort de la plupart de ceux qui écrivent pour le bonheur du genre humain; il faut que leurs leçons, pour faire impression sur les hommes, soient secondées par les dures leçons de l'expérience. Pendant leur vie, ils ne jouissent de leur succès que par un pressentiment consolateur qui avance pour eux l'avenir, et leurs lauriers ne semblent croître que pour orner leur tombeau. Philosophe courageux, si tu n'as pu jouir de l'effet de tes prédictions et de tes travaux, que tes mânes du moins jouissent de notre hommage! Chaque fois que cette méthode, consacrée par la plus glorieuse épreuve, conservera un fils à sa mère, conservera la vie et la beauté d'une épouse à son époux; chaque fois sur-tout que notre jeune monarque sera béni de son peuple, ton ombre recueillera aussi son tribut de bénédictions et de reconnoissance. Mais pardonne; dans le moment où ces têtes royales se sont livrées à cette épreuve effrayante pour ceux même qui l'avoient desirée, malgré ta profonde conviction de ses avantages, oui, j'ose l'assurer, toi-même aurois tremblé. Et vous, princes, notre plus cher espoir, recevez nos justes actions de graces, pour avoir donné un exemple salutaire à la nation, encore plus, pour avoir rassuré sa tendresse alarmée : c'est être doublement ses bienfaiteurs.

Quand M. de La Condamine n'auroit eu d'autres titres que ceux que je viens de rappeler, l'Académie française s'honoreroit à jamais de voir son nom sur sa liste; mais il avoit des droits plus immédiats à une place dans ce corps illustre.

Il fut un de ceux qui embellirent les sciences par les charmes du style, genre de mérite dont M. de Fontenelle avoit donné l'exemple. A l'exception de Descartes et de Mallebranche, qui avoient écrit sur les sciences avec plus d'imagination que de grace, la plupart de ses prédécesseurs les avoient hérissées d'un style barbare; ils s'étoient, pour ainsi dire, placés à l'entrée de leur temple, comme pour effrayer ceux qui voudroient en approcher : c'étoient des dragons qui gardoient les pommes d'or. M. de Fontenelle les humanisa; leur donna un air de popularité noble; leur sanctuaire fut ouvert sans être profané; et, bien différents des mystères de la théologie païenne, qui perdoient les hommages du public dès qu'ils étoient divulgués, leurs mystères, exposés aux yeux des hommes, ne firent qu'acquérir de plus nombreux et de plus respectueux adorateurs.

Aussi ce philosophe aimable fut-il un des premiers que l'Académie française disputa à l'Académie des sciences. Plusieurs autres ont eu depuis le même honneur; et, comme autrefois la capitale du monde adoptoit des citoyens dans toutes les parties de l'univers, ainsi, Messieurs, vous vous faites gloire de choisir dans toutes les sociétés littéraires, les ornements de la vôtre. Sur votre liste, on lit encore les noms de deux hommes célèbres, également honorés de votre adoption. L'un, après avoir sondé les profondeurs de la nature par la pénétration de son génie, en a égalé l'abondance par la richesse de son style, et la magnificence par la pompe de ses images; l'autre, descendu des hauteurs de la géométrie, a déployé à nos yeux la marche et l'enchaînement des sciences avec une éloquence digne d'elles, et, avant lui, presque inconnue d'elles; et, dans ses pensées, dans son style, a joint le courage et la précision spartiate à l'élégance et à la finesse attique.

M. de La Condamine mérita d'être doublement leur confrère : ses connoissances étoient vastes, son style avoit de la pureté, de la noblesse, et une sage sobriété d'ornements; il cultiva même la poésie, cet art enchanteur, dont la séduction a de tout temps dérobé quelques moments aux plus grands philosophes; à Platon, parmi les anciens; à Leibnitz, parmi les modernes. Ici même, quelque temps avant sa mort, le public, entendant des vers de sa composition, lui donna, avec un plaisir mêlé de regrets, des applaudissements qu'il étoit doublement malheureux de ne pouvoir entendre, mais dont l'amitié l'avertissoit, et qui, perdus pour ses oreilles, ne l'étoient pas pour son cœur. Dans la société, il laissoit échapper des vers aimables, dont la gaieté, la facilité, doivent désarmer la critique, sur-tout quand ils ne s'annoncent que comme les délassements d'occupations plus importantes. Lorsque, dans une riche et fertile moisson, on rencontre quelques fleurs, on n'exige pas qu'elles aient les couleurs ni les parfums de celles qu'on cultive dans nos parterres.

Ses derniers jours payèrent, par différentes infirmités, les travaux de ses premières années. Celle qu'il souffroit le plus impatiemment, étoit sa surdité, parcequ'elle contrarioit sa passion favorite. Ceux qui savoient la cause de son état, ne pouvoient le voir sans un sentiment de respect. J'ai vu moi-même, Messieurs, quelque temps avant sa mort, ce philosophe, victime de son zéle pour les sciences, avec cette sorte de vénération qu'inspire la vue de ces guerriers mutilés au service de l'état.

Cependant la source de ses infirmités en étoit le dédommagement. Dans l'honorable repos de sa vieillesse, il revoyoit en esprit cette riche variété d'objets qu'il avoit vue des yeux.

Mais sa plus douce consolation, c'étoit l'attachement de sa digne épouse. Si jamais l'hymen est respectable, c'est sur-tout lorsqu'une femme jeune adoucit à son époux les derniers jours d'une vie immolée au bien public. La sienne aimoit en lui un mari vertueux; elle respectoit un citoyen utile. Cette impétuosité inquiète qui, dans M. de La Condamine, ressembloit quelquefois à l'humeur, loin de rebuter sa tendresse, la rendoit plus ingénieuse. Elle le consoloit des maux du corps, des peines de l'esprit, de ses craintes, de ses inquiétudes, de ses ennemis, et de lui-même; et ce bonheur, qui lui avoit échappé peut-être dans ses courses immenses, il le trouvoit à côté de lui dans un cœur tendre, qui s'imposoit, par l'amour constant du devoir, ces soins recherchés qu'inspire à peine le sentiment passager de l'amour.

A sa prière, M. de La Condamine avoit commencé d'écrire sa vie. On doit regretter qu'il n'ait pas achevé; ses récits auroient eu, avec la bonne foi de l'histoire, l'intérêt du roman. Sa vie fut féconde en aventures; qui, presque toutes, prenoient leur origine dans la trempe singulière de son caractère; car l'empire du hasard est moins étendu qu'on ne pense, et les événements extraordinaires ne cherchent guère les ames communes. Pouvoient-ils manquer à un homme qui fut toute sa vie le chevalier et quelquefois le héros de la philosophie et de l'humanité?

Le même enthousiasme et la même curiosité qui lui avoient fait si souvent exposer sa vie, ont avancé sa mort: il l'a vue s'approcher, je ne dis pas avec intrépidité, mais j'oserois presque dire avec distraction. Ce n'étoit point l'incrédulité stupide qui cherche à s'étourdir sur ce dernier moment, c'étoit l'inattention d'un homme ardent, dont l'ame se prend et s'attache, jusqu'au dernier soupir, à tout ce qui l'environne, qui se hâte de vivre, et dont l'activité n'a fini qu'avec lui.

Tel je me suis représenté cet homme célèbre, Messieurs, beaucoup mieux peint sans doute par le digne secrétaire de l'Académie des sciences, qui, ayant à caractériser dans le même homme un écrivain et un philosophe, s'en est acquitté en philosophe plein de lumières, et en écrivain éloquent.

Si notre héros commun eut des connoissances plus étendues que profondes; s'il eut dans l'esprit plus de cette activité avide qui s'élance vers plusieurs objets, que de cette pénétration patiente qui s'attache jusqu'au bout à l'objet dont elle s'est une fois saisie; si enfin d'autres ont laissé des découvertes plus sublimes à la philosophie, personne n'a laissé de plus grands exemples aux philosophes.

Plus je sens vivement son mérite, Messieurs, plus je dois être étonné d'occuper sa place. Sans doute vous avez voulu, par cet exemple, encourager nos écrivains à puiser dans ces mines fécondes de l'antiquité, que le bel esprit moderne a trop abandonnées. Quels étoient donc ces hommes qui, après tant de siècles, font encore la réputation de ceux qui les imitent ou les traduisent? Pope et Dryden en Angleterre, Annibal Caro en Italie, ont dû, l'un à Homère, les autres à Virgile, la plus belle partie de leur gloire. Bien loin au-dessous d'eux, Messieurs, je dois au prince des poëtes latins l'hommage de votre choix, et c'est pour mon auteur favori que je m'enorgueillis de vos suffrages; il me servit à les obtenir, vous m'apprendrez à les mériter. Ici se trouvent réunis tous les genres de talents; ici la tragédie et la comédie m'offrent ce qu'il y a de plus touchant dans la peinture des passions, et de plus piquant dans la peinture des mœurs. Ici la poésie, tantôt peignant avec magnificence les phénomènes des saisons, tantôt descendant avec noblesse à des badinages ingénieux; l'éloquence, célébrant dans les temples et les lycées les vertus des grands hommes; les principes des arts discutés, leurs procédés embellis par le charme des vers; l'art important d'abréger l'étude des langues, la connoissance profonde des langues anciennes, la nôtre enrichie par vos ouvrages, épurée par le commerce de ce que la cour a de plus grand par la naissance, de plus aimable par l'esprit; la morale déguisée sous d'agréables fictions; l'histoire écrite avec éloquence et sans partialité; la fable qui, créée par un esclave dans la Grèce, embellie à Rome par un affranchi, se glorifie de devenir, entre les mains d'un des premiers hommes de la cour, l'instruction des grands et des rois: tout semble m'offrir la réalité de ce fabuleux Hélicon où habitoient toutes les divinités des arts.

Et quelles couleurs prendrai-je pour peindre cet homme qui réunit à lui seul tous les genres; qui, dans la carrière des lettres, après avoir, comme un autre Hercule, épuisé tous les travaux, ne s'est point, comme lui, permis de repos, et ne s'est point prescrit de bornes; dont le génie est également étendu et sublime, qu'on pourroit comparer, par une image gigantesque, s'il ne s'agissoit de lui, à ces montagnes qui, non contentes de dominer la terre par leur élévation, l'embrassent encore, sous différents noms, par l'immensité de leur chaîne?

Au sentiment de l'admiration succède celui de la reconnoissance. Je vois dans cette assemblée des personnes dont l'amitié pour moi remonte jusqu'à mon enfance; j'y distingue ce compatriote chéri, ce panégyriste éloquent des grands hommes, qui le premier m'inspira l'amour de la poésie et le desir d'honorer notre patrie commune, qui, malgré mes efforts, auroit encore le droit de demander ce que j'ai fait pour elle et pour sa gloire, si en m'adoptant, Messieurs, vous n'eussiez daigné m'associer à la vôtre.

Eh! puis-je contempler la splendeur de ce corps célèbre, sans me rappeler ses illustres auteurs! Vous avez pour protecteurs de grands monarques, pour fondateurs de grands hommes. C'est ce roi, véritablement grand en tout, qui illustra ses premières années par ses victoires, et les dernières par sa constance, et à qui il manqueroit peut-être la plus belle partie de sa gloire, s'il n'eût été qu'heureux; c'est ce Séguier qui tempéra, par le charme des lettres, l'auguste sévérité des lois; c'est ce Richelieu, ce ministre avide de tout genre de gloire, qui, d'un côté, par une audace sublime, relevoit la timidité rampante de la politique; de l'autre, ennoblissoit, si j'ose le dire, la jalousie littéraire, ordinairement si basse, en honorant de son envie les palmes de Corneille.

A ceux qui, confondant les lettres avec l'abus trop réel des lettres, prétendent qu'elles sont dangereuses aux lois, au gouvernement, à l'autorité royale, vous pouvez donc répondre que vous avez pour auteurs et pour protecteurs un grand magistrat, un grand ministre, un grand roi.

Et quel nouveau protecteur vient animer vos travaux?

C'est celui de l'état; c'est ce roi dont la bonté active a devancé nos espérances, qui a essayé par des bienfaits la douceur de régner. Auguste espoir de la France, jouissez de votre gloire, jouissez du bonheur que vous méritez si bien, de commander à des Français! Tant d'autres princes ont des sujets, et vous avez un peuple, un peuple qui ressent pour ses rois l'ivresse de l'amour et l'enthousiasme de la fidélité, qui obéit à la tendresse, qui se laisse gouverner par l'exemple. Entendez-vous ces applaudissements qui vous reçoivent, qui vous assiégent au sortir de votre palais? Voyez-vous cette foule qui s'empresse autour de votre char? Et, lorsqu'au milieu de ces cris d'alégresse, ralentissant votre marche, charmé de voir votre peuple, lui prodiguant, sans pouvoir l'en rassasier, le bonheur de vous voir, vous prolongez vos plaisirs mutuels; est-il, fut-il jamais un triomphe que vous puissiez encore envier? Ces applaudissements ne sont point un vain bruit : c'est le gage de notre bonheur et de notre gloire. Un roi avoit chargé un homme de sa cour de lui rappeler tous les jours ses devoirs : votre peuple vous les rappelle de la manière la plus touchante. En vous annonçant qu'il vous aime, ses cris vous disent assez de l'aimer, et votre cœur vous le dit encore mieux. Pourrions-nous craindre les flatteurs? Mais quand vous n'en seriez pas naturellement l'ennemi, quel charme pourriez-vous trouver à la fausse douceur de l'adulation, après avoir éprouvé la douceur pure de ces acclamations si flatteuses? Malheur au souverain, qui, après avoir goûté le plaisir d'être aimé de ses sujets, peut voir tranquillement les cœurs se refermer pour lui!

La plus grande partie de ces fidèles sujets ne peut vous faire entendre les cris de son amour, mais elle vous envoie le prix de ses sueurs, mais son sang est prêt à couler pour vous. Déja, du milieu de la capitale, s'est répandu dans les provinces, dans les villes, dans les armées, sous les cabanes du pauvre, le bruit des prémices heureuses de votre règne.

Bien loin de redouter votre jeunesse, nous en tirons d'heureux augures. C'est l'âge où l'ame sensible et tendre s'ouvre à l'amour du beau, et s'épanouit à la vertu. Nous croyons voir ce moment, le plus intéressant de la nature, ce moment de l'aurore, où tout s'éveille, tout se ranime, tout reprend une nouvelle vie. Ce plaisir si touchant de rendre un peuple heureux, vous en savourez mieux la douceur, en le partageant avec votre auguste épouse, qui présente le plus beau spectacle que la terre puisse offrir au ciel, la beauté bienfaisante sur le trône. Combien de fois vos cœurs se sont-ils rencontrés avec délices dans les mêmes projets de bienfaisance! Couple auguste! autrefois votre bonté étoit trop resserrée dans le second rang de l'état: eh bien! la voilà libre, un vaste empire lui ouvre une immense carrière; tous deux, à d'heureuses inclinations, vous joignez de grands modèles : la reine, une mère adorée de ses sujets; vous, un père qui eût été adoré des siens, si le ciel.... Mais hélas! ne rouvrons pas la source de nos larmes. Il vous parle, ce père, du fond de son tombeau. « Mon fils, dit-il, fais ce que j'aurois voulu faire, « rends heureux ce bon peuple! Je me consolois quel- « quefois d'être destiné au trône, par l'espérance de « lui prouver mon amour, et de mériter le sien. » Vous hériterez aussi de son goût pour les lettres et pour les arts, dont la culture suppose toujours un état heureux et florissant : ce sont des fleurs qui naissent après les fruits. Vous ne pouvez les aimer sans protéger ce corps illustre qui, pour le louer par les expressions mêmes de votre auguste épouse, *a fait de la langue française la langue de l'Europe.* Pour moi, qu'il daigne adopter aujourd'hui, je me féliciterai à jamais de vous avoir offert le premier ce tribut académique, et je regarderai toujours cette époque comme la plus glorieuse de ma vie.

RÉPONSE

DE M. L'ABBÉ DE RADONVILLIERS

AU DISCOURS DE M. DELILLE.

MONSIEUR,

Vous venez prendre place parmi nous plus tard que nous ne devions l'espérer. L'événement le plus funeste nous a tenus long-temps renfermés dans la douleur et dans le silence. Bientôt il a entraîné après lui d'autres sujets d'alarmes.

Nous avons tremblé pour de nouvelles Iphigénies, victimes courageuses, non de l'ambition d'un père, mais de la piété filiale. Trois sœurs, placées à côté l'une de l'autre sur le même autel, préparées au même sacrifice, ont vu le glaive long-temps suspendu... Hâtons-nous de dire qu'il n'a pas frappé. Le même coup qui en frappoit une, les immoloit toutes les trois.

On commençoit à peine à respirer, lorsqu'on apprend que les têtes les plus élevées de l'état se préparent à braver la cruelle maladie dont nous déplorions les ravages. A cette nouvelle, tous les cœurs sont émus, tous les esprits sont partagés. Un même intérêt, un amour égal, plus timide dans les uns, plus hardi dans les autres, inspire des avis opposés. Pourquoi, disent ceux-là, confier en même temps toutes nos espérances à une mer qui a ses écueils? Pourquoi, disent ceux-ci, s'effrayer d'un léger orage qui pousse les vaisseaux dans le port? Les règles de l'art, un nombre infini d'expériences, le courage sur-tout et la gaieté des malades volontaires, en un mot, tout nous rassuroit; mais quand il s'agit de ce qu'on a de plus précieux et de plus cher, après que la raison est pleinement rassurée, le cœur tremble encore secrètement. Enfin nos craintes sont dissipées, et dissipées pour toujours. Qu'il nous seroit doux de nous livrer aux transports de la plus vive alégresse! Mais dans ces jours d'un deuil général, des transports de joie ne nous sont pas permis.

La nation n'a pas cessé encore de donner des larmes à son roi; et l'Académie, qui les partage, y joint celles qu'elle doit à son auguste protecteur. Notre amour est la mesure de nos regrets. Eh! quel prince fut jamais plus aimé? Ne me demandez pas s'il fut adoré dans sa famille; demandez-le à tous ses augustes enfants; ou, si le respect ne vous permet pas de les interroger, jetez seulement les yeux sur les princesses ses filles; vous verrez les marques récentes de leur tendresse comme de leur courage. Louis étoit roi, et il eut des amis: ne vous en étonnez pas; il les aimoit lui-même, comme il en étoit aimé. Parmi la foule des officiers attachés à sa personne, il n'en est aucun qui ne raconte quelque bienfait reçu de son maître, ou des traits de bonté plus précieux que les bienfaits. Quittons la cour, et parcourons les provinces. Le peuple qui les habite ne connoissoit que le nom de Louis. A l'abri de ce nom sacré, il a joui d'une tranquillité constante. Nos pères n'ont pas eu le même avantage; ils ont vu encore brûler le feu de la guerre civile, allumé dans ce royaume depuis deux siècles; ils ont vu encore les armées ennemies porter l'alarme jusque dans la capitale. Louis a régné soixante ans, et dans tout le cours de son règne la France a été exempte des troubles domestiques et des invasions de l'étranger; car je ne compte pas quelques incursions sur nos frontières les plus éloignées, d'où il n'a fallu, pour chasser l'ennemi, que le temps de le joindre. Je parle d'ennemis! jugez si Louis eut l'art de gagner les cœurs : il se fit aimer de ses ennemis mêmes, ou, pour mieux dire, de ses rivaux, par sa modération dans la victoire. Rapprochons-nous enfin de ces retraites paisibles consacrées aux sciences. Quel est le corps littéraire qui n'ait pas ressenti les effets de sa protection, et qui n'ait pas eu quelque part à ses graces? Et pour citer un fait qui nous regarde en particulier, tous ceux qui furent à portée de l'entendre, vous attesteront que, dans l'un de ses derniers jours, il daigna encore s'entretenir assez long-temps de l'Académie. Les Français des temps à venir, qui liront plus en détail, dans l'histoire, les traits que je n'ai pu qu'indiquer, et mille autres que j'ai omis, entreront dans nos sentiments, et le roi que nous pleurons sera pour eux, comme pour nous, Louis-le-Bien-aimé.

Vous nous aiderez, Monsieur, à célébrer sa mémoire; c'est un des devoirs de la place que vous venez prendre aujourd'hui : elle étoit due à l'auteur des *Géorgiques françaises*. Votre poëme, qui a pour tous vos lecteurs le mérite d'une versification élégante et facile, a encore un autre mérite pour nous : il a enrichi notre littérature nationale. Jusque-là Virgile ne se trouvoit point dans un cabinet de livres français. Les traductions en vers qui en ont été faites autrefois sont oubliées, et les traductions en prose ne sont pas Virgile : une marche lente et timide peut-elle atteindre un vol rapide et hardi? La prose conserve le fond de l'ouvrage; mais qu'est-ce que le fond d'un ouvrage d'esprit, dépouillé de ses plus beaux ornements? Si je lis les *Géorgiques* comme une instruction sur l'agriculture, elles me paroissent au-dessous des traités de cet art les plus superficiels. Mais qu'un homme de génie leur rende la parure poétique; qu'une précision élégante rajeunisse une maxime usée, relève une observation commune, embellisse un précepte aride; qu'une description touchante remue le cœur; qu'une figure hardie transporte l'ame; qu'une harmonie variée flatte l'oreille : alors je reconnois Virgile. Ce n'est plus une ébauche légère, une froide image, telle que la prose peut la tracer avec ses crayons uniformes : c'est un portrait ressemblant, avec l'air, l'attitude, les couleurs, la vie de l'original; un portrait, en un mot, tel qu'on le voit dans vos *Géorgiques*.

Poursuivez, Monsieur, vos travaux sur l'*Énéide*. Des amis éclairés, confidents de vos ouvrages, applaudissent déja à vos essais. Parcourez toute la carrière : le succès des premiers pas vous est un garant assuré de la gloire qui vous attend au terme. Je sais que vous pourriez aussi vous couronner de vos propres lauriers; et les vers que nous allons entendre en seront la preuve. Mais ne pensez pas qu'en nous donnant une *Énéide* française vous renonciez au nom d'auteur : traduire de beaux vers en beaux vers, c'est écrire de génie.

L'entreprise que je vous propose est longue et pénible. S'il falloit un exemple pour vous animer, je ne le chercherois point hors de cette compagnie. Je vous citerois seulement M. de La Condamine, à qui vous succédez. Je ne m'étendrai pas sur son éloge : je ne pourrois qu'affoiblir l'effet du discours éloquent que vous venez de prononcer. Je me borne donc à recueillir quelques uns des traits principaux qui formoient son caractère.

M. de La Condamine aimoit de goût le bien public et les sciences, comme on aime ordinairement les plaisirs, les honneurs, et les richesses : c'étoit en lui une passion ; et quand il voyoit jour à la satisfaire, il comptoit pour rien les obstacles, les travaux, et même les dangers. Cette passion, toujours brûlante dans son cœur, s'enflammoit encore davantage par le choc de la dispute. Alors, défenseur inébranlable de la vérité combattue, il la soutenoit avec tant de chaleur, avec de si grands efforts pour la faire triompher, qu'on pouvoit mettre en doute s'il auroit eu aucun regret d'en être la victime. Eh ! ne puis-je pas dire qu'il l'a été ? L'excès de ses fatigues au Pérou l'a fait survivre à une partie de ses sens. Qui sait si ce n'est pas encore par enthousiasme du bien public qu'il a exposé ce qui lui restoit de vie ? Quoi qu'il en soit, il sera toujours compté entre les hommes illustres de son siècle ; il aura même une place distinguée, par le hasard unique qui a rassemblé dans sa personne les sentiments les plus nobles, les aventures les plus singulières, et les talents les plus variés. Géomètre estimable, astronome laborieux, voyageur infatigable, observateur exact, écrivain correct, à tant de noms il voulut joindre celui de poëte. Les vers avoient été dans sa jeunesse l'amusement de ses loisirs et le délassement de ses études; ils devinrent, au temps de sa vieillesse, un soulagement utile dans ses infirmités, et un aliment nécessaire à l'activité de son esprit. Vous avez décrit, Monsieur, son triomphe poétique, quand les voûtes de ce palais retentissoient de ses louanges, que lui seul n'entendoit pas. Sans doute les égards dus à un vieillard si célèbre, le souvenir des événements de sa vie, et la vue de son état, intéressoient pour l'auteur, et donnoient du prix à l'ouvrage; mais, indépendamment de ces circonstances, une composition pleine de feu, des expressions fortes, des vers heureux justifioient les acclamations générales. Si donc la reconnoissance publique élève un jour des monuments, dans les plaines de Quito, aux hommes illustres qui ont si bien mérité des sciences, sur le monument de M. de La Condamine, parmi les sphères, les quarts de cercle et les compas, on pourra aussi laisser paroître quelques branches de laurier.

Pour remplir les devoirs de la place que j'ai l'honneur d'occuper aujourd'hui, j'ai commencé mon discours par les regrets dus à l'auguste protecteur que nous avons perdu; je le terminerai par l'hommage que doit l'Académie, dans cette première séance publique, à son nouveau protecteur. Au reste, Messieurs, n'attendez pas de moi le langage étudié d'un orateur qui emploie les couleurs de l'éloquence; je parlerai le langage simple d'un témoin qui dépose fidèlement de ce qu'il a vu. Ayant eu l'honneur d'approcher ce prince pendant long-temps, la vérité que je devois par état lui dire à lui-même, je vous la dirai de lui avec la même sincérité. La justesse d'esprit, la droiture du cœur, l'amour du devoir; telles sont les qualités principales dont le germe s'est montré dans le roi dès son enfance, et que vous voyez se développer tous les jours, depuis son avénement au trône. Il en est d'autres, non moins importantes pour sa gloire et pour notre bonheur, que vous verrez dans les occasions se développer également : ami de l'ordre, il maintiendra le respect pour la religion, la décence des mœurs, la règle dans toutes les parties de l'administration; ennemi des frivolités, il dédaignera un vain luxe, de vaines parures, un vain étalage de discours superflus. Ne craignez pas que la louange l'enivre de son encens; la louange, dès qu'elle approchera de l'adulation, n'arrivera pas aisément jusqu'à lui; lorsque les hommages dus au trône ne lui ouvriront pas l'entrée, il saura la repousser en l'écoutant avec un air de froideur et peut-être d'indignation. D'ordinaire on dit aux rois de se garder des flatteurs; aujourd'hui il faut dire aux flatteurs de se garder du roi. Cependant être roi à dix-neuf ans! Mais rappelez-vous, Messieurs, que c'est à dix-neuf ans précisément que Charles-le-Sage, le restaurateur du royaume, prit en mains les rênes du gouvernement. Puissent nos neveux, après l'expérience d'un long règne, donner à Louis XVI le même surnom que nos ancêtres ont donné à Charles V!

RÉPONSE

DE M. DELILLE,

DIRECTEUR DE L'ACADÉMIE FRANÇAISE,

AU DISCOURS DE M. LEMIERRE.

(25 janvier 1781.)

MONSIEUR,

L'Académie répond ordinairement au public du choix de ses membres : aujourd'hui, c'est le public qui lui est garant du vôtre; c'est lui qui a sollicité pour vous, et jamais sollicitation n'a été ni plus pressante ni plus honorable. Il est vrai que vous avez vous-même brigué son suffrage et sa faveur, de la manière la plus puissante et la plus sûre, par vos talents et vos ouvrages.

Mais pourquoi faut-il que l'Académie ne puisse se féliciter d'une acquisition nouvelle, sans déplorer une perte? Dans M. l'abbé Batteux, elle regrette un littérateur estimable, un écrivain élégant, un dissertateur ingénieux, un grammairien habile, et un admirateur éclairé de l'antiquité. C'est sans doute cette admiration qui lui fit tenter une traduction d'Horace, à laquelle il attachoit peu d'importance. Il m'a dit plus d'une fois qu'il n'avoit voulu que faciliter l'intelligence de l'auteur, sans avoir jamais prétendu en représenter la grace, la force ou l'harmonie. Je dois en parler moins modestement que lui; la gloire de nos confrères morts est doublement sacrée. D'ailleurs, si les auteurs les plus difficiles à traduire sont ceux qui ont le plus éminemment le mérite du style, la supériorité d'Horace en ce genre est une excuse pour son traducteur; nul poëte n'a plus de grace, et la grace est plus intraduisible que la force. Elle est aussi difficile à saisir qu'à définir; elle n'a que des demi-mouvements, que des formes heureusement indécises : tout y est indiqué, rien n'y est prononcé. Eh! que ne risquent pas, dans le transport d'une langue à une autre, des beautés si délicates et si frêles !

Un autre mérite de ce poëte, non moins effrayant pour le traducteur, ce sont ces expressions fécondes et hardies, qui, rassemblant à-la-fois plusieurs sensations, intérieurement enrichies des idées accessoires qu'elles représentent, donnent au style un élancement et une célérité qu'il est difficile d'atteindre. Mais je parle de difficulté, et non pas d'impossibilité : bien peu d'idiomes ont une beauté primitive et élémentaire. On peut dire des langues ce que l'orateur romain disoit du discours : il n'y a pas de matière plus molle, plus obéissante; les usages, les mœurs, les climats, les circonstances les façonnent de mille manières; mais de toutes les impressions qu'elles reçoivent, celle du génie est la plus puissante et la plus profonde; c'est lui qui les pénètre de sa force, les empreint de son caractère, les embellit de son éclat, les épure, les transforme; et quand ce prodige est fait, ne dites pas: Voilà la langue de ce peuple, de cette nation; dites: Voilà la langue de ce poëte, de cet orateur. Je dirai plus: la langue que je peignois tout-à-l'heure comme si docile et si souple, je pourrois, à d'autres égards, vous la peindre impérieuse, exigeante. En effet, elle n'avoue parmi les écrivains que ceux qui lui apportent des tributs nouveaux; et elle déshérite, si j'ose ainsi parler, ceux qui n'accroissent pas son héritage. Or, rien n'enrichit plus les langues que leur commerce mutuel; mais il en est de ce commerce comme de celui des peuples: pour faciliter les échanges, il faut commencer par vaincre les préventions et les antipathies nationales.

Au reste, si M. l'abbé Batteux n'enrichit pas la langue par ses traductions, il lui fit des présents estimables dans les ouvrages qu'il composa de lui-même. Il a donné, sur la poésie et l'éloquence, des préceptes dont les étrangers lui sont encore reconnoissants: non que je pense que ces préceptes soient absolument nécessaires au génie; les grandes méditations, les grands exemples, voilà la source des beaux ouvrages. Il est une autre utilité des livres de préceptes, trop peu sentie peut-être: c'est, en répandant le goût et la connoissance des vraies beautés, de préparer aux bons auteurs de bons juges.

Plus heureux encore que cet ancien dont le mot a été cité si souvent, M. l'abbé Batteux pouvoit dire: « Ce que j'ai dit, je l'ai fait. » Il a pratiqué avec succès ce qu'il avoit démontré avec goût. Chargé plus d'une fois de représenter l'Académie, on l'a entendu parler avec autant de mouvement qu'en comporte un discours qui n'a pas pour objet d'émouvoir une grande assemblée ; avec toute la clarté, toute la justesse d'un esprit droit et lumineux ; enfin avec autant d'esprit que pouvoit s'en permettre un disciple de l'abbé d'Olivet, un ami de l'antiquité, et enfin un ancien professeur de cette université célèbre à qui vous avez payé, Monsieur, le juste tribut d'une reconnoissance que je partage avec vous. On l'entendit sur-tout avec plaisir, le jour qu'assis à cette même place, il reçut le successeur du savant et infatigable éditeur de Cicéron ; il remplit avec intérêt, dans cette circonstance, la fonction douloureuse d'un directeur chargé de féliciter le successeur de son ami : sa douleur n'ôta rien à la dignité de représentant de l'Académie, et celle-ci ne diminua rien de l'expression de ses regrets. Hélas ! par une combinaison d'événemens bien remarquables, ce nouvel académicien reçu par M. l'abbé Batteux, c'étoit M. l'abbé de Condillac, dont la mort funeste et prématurée a suivi de si près la sienne, et destiné à être remplacé dans l'Académie, le même jour que celui qui l'y avoit introduit.

Mais ne mêlons point ensemble les regrets de ces deux pertes, et livrons-nous du moins au plaisir de voir la première si avantageusement réparée. Plus d'un ouvrage, Monsieur, vous a mérité la place que vous occupez.

Parmi ces ouvrages, permettez que je distingue d'abord ceux qui ont attiré sur vous les premiers regards de l'Académie, et qui lui sont en quelque sorte personnels : elle se souvient avec plaisir de vous avoir vu au rang des athlètes, disputer et remporter ses prix ; et dès-lors il étoit aisé de prévoir que vous seriez un jour au rang des juges.

Des joutes académiques vous avez passé aux joutes plus brillantes du théâtre; et je conçois l'attrait qui a dû vous y entraîner. Le théâtre en effet est le véritable empire de la gloire littéraire. Dans les autres genres, les suffrages sont épars, souvent perdus pour l'auteur; il n'entend pas toute sa renommée, et les rayons de la gloire ne viennent que successivement et lentement se réunir enfin sur son front: mais au théâtre, c'est au milieu des acclamations, des cris de l'ivresse, dans le lieu même de son succès, et, si j'ose m'exprimer ainsi, dans le champ de la victoire, que l'auteur reçoit sa palme et sa couronne, de l'élite brillante de la nation assemblée. Cette sensation de gloire qui doit aller profondément à l'ame, vous l'avez éprouvée, Monsieur, plus d'une fois. Des tragédies pleines de la connoissance des effets du théâtre, vous ont donné parmi vos rivaux un rang distingué. Dans le choix de quelques uns de vos sujets, vous avez intéressé au succès de vos tragédies ce sexe dont la sensibilité, plus facile à émouvoir, est pourtant si flatteuse. C'est sous sa protection que vous semblez avoir mis *Hypermnestre* et *la Veuve du Malabar*. Dans l'une, il vous a su gré d'un héroïsme qui l'honore; dans l'autre, il vous a su plus de gré peut-être encore de l'héroïsme qui se dévoue pour lui; mais des situations intéressantes, une marche rapide, voilà ce qui a le plus efficacement protégé ces deux pièces.

Si l'envie vous objectoit qu'une partie de leur succès est due aux effets du théâtre et au jeu des acteurs, vous pourriez lui répondre qu'il y a un vrai mérite à prévoir ces effets; et le public, accourant en foule à ces pièces, achèvera la réponse, ou plutôt rendra toute réponse inutile, car dans ce genre les critiques sont obscures et passagères; la réfutation est éclatante et durable.

Dans les intervalles de vos succès au théâtre, vous vous êtes exercé dans le genre didactique. Vous avez fait comme ces peintres qui, après avoir, dans des tableaux d'histoire, déployé de grands caractères et l'expression touchante des passions, descendent quelquefois à des tableaux de genre, qui ne valent que par la beauté de l'exécution et la vérité des détails. Cette comparaison, Monsieur, rappelle de plus d'une manière votre estimable poëme de la *Peinture*, moins connu de cette partie du public qui n'applaudit guère de vers qu'au théâtre, mais estimé des véritables connoisseurs. S'il est vrai, comme l'a dit Horace, que la peinture et la poésie soient sœurs, jamais sujet ne fut plus heureusement choisi, et votre poëme a resserré l'antique alliance et la fraternité de ces deux arts.

Un autre sujet, moins heureux peut-être en effet, mais plus fécond en apparence, est venu rire à votre imagination avec tous les charmes de la variété et l'intérêt d'un poëme national: vous avez mis en vers les usages et les coutumes de votre pays. Ovide vous en avoit donné l'exemple et l'idée; mais combien son sujet lui offroit de ressources dont vous avez été privé! Notre religion vénérable et sainte repousse la fiction; leur culte abondoit en mensonges riants. Plusieurs de leurs usages avoient été choisis chez ces Grecs si polis et si ingénieux; plusieurs des nôtres sont nés chez des peuples barbares. Nos usages manquent sur-tout d'un but politique; les leurs étoient une seconde législation qui gouvernoit le peuple par les sens. Ces cérémonies imposantes et religieuses qui accompagnoient les traités de paix et les déclarations de guerre, l'ouverture et la clôture solennelle de l'année; ces Bacchanales, pleines de la joie tumultueuse du dieu qu'elles célébroient; ces jours privilégiés des Saturnales, où la servitude rejetoit avec transport des fers qu'elle devoit trop tôt reprendre; ces fêtes riantes de Cérès et de Flore; la pompe majestueuse des triomphes, la magnifique absurdité des apothéoses; enfin toutes ces solennités, tantôt champêtres, d'un peuple agriculteur, tantôt militaires, d'un peuple conquérant; et, dans les derniers temps, toutes les richesses des nations vaincues, prodiguées dans ces fêtes des souverains du monde : quel plus riche et plus magnifique sujet?

On ne m'accusera pas d'exagérer. Et comment exagérer quand on parle de Rome? Et encore je n'ai rien dit de la beauté du climat, qui les dispensoit d'enfermer dans des prisons l'alégresse publique; de ces spectacles superbes étalés en plein air, et dont un soleil pur et un beau ciel auroit pu faire l'ornement et la décoration.

Vous n'aviez aucune de ces richesses, Monsieur; comme Français, je l'avoue à regret; mais si l'on ne sent pas dans votre poëme l'inspiration d'un sujet heureux, on y reconnoît souvent celle du talent, et toujours celle de l'amour de la patrie, pour qui, vous le savez, Monsieur, comme il n'est point de climats affreux, il n'est pas de coutumes barbares. D'ailleurs, aux beautés nationales et locales, vous avez substitué des peintures intéressantes en tout temps et en tout lieu : les grands spectacles de la nature, les phénomènes des saisons. En parcourant les campagnes que vous peignez avec intérêt, vous saisissez, vous consacrez les traces de la bienfaisance touchante qui va surprendre l'indigence sous le chaume(¹); et dans la peinture que vous en faites, le public a reconnu avec plaisir les traits de la personne auguste(²) qui honore cette assemblée de sa présence, et dont je n'aurois osé blesser la modestie, si l'éloge que vous avez fait de son cœur ne faisoit celui de vos talents.

Dans les éloges que vous êtes condamné à entendre de moi, je ne suis que l'écho des gens de lettres : ce sont eux encore qui reconnoissent dans vos beaux vers un caractère original, et sur-tout une heureuse rapidité, qualité si rare et si essentielle à la poésie, qui doit toujours s'élancer et jamais s'appesantir. Telles qu'elle nous représente ces divinités fabuleuses, qui, dans leur marche aérienne et légère, sembloient ne point toucher la terre ; telle elle doit être elle-même ; ou, si vous me permettez une comparaison qui vous soit moins étrangère, j'appliquerai à la poésie en général, et à la vôtre en particulier, ce vers charmant de votre poëme des *Fastes* :

<blockquote>Même quand l'oiseau marche, on sent qu'il a des ailes.</blockquote>

A vos titres littéraires, vous en avez joint de plus intéressants encore ; ce sont vos qualités personnelles, ces vertus domestiques qui restent cachées, tant que le talent demeure obscur ; mais que la réputation littéraire éclaire tout-à-coup et décèle au public ; qui réfléchissent sur les talents je ne sais quel éclat plus

---

(¹) Allusion à un épisode du poëme des *Fastes*.
(²) Madame la duchesse d'Orléans.

doux, préparent plus sûrement ses triomphes, les font chérir à la rivalité et pardonner même à l'envie.

On a aimé dans vous jusqu'à cette franchise d'un écrivain de bonne foi, qui, sans blesser la vanité des autres, leur laisse apercevoir le sentiment qu'il a de ses propres forces : franchise bien supérieure à cet amour-propre timide et honteux qui, craignant de se laisser pénétrer, garde un dépit secret à quiconque ne vient pas au-devant de lui, et ne le dispense pas de sortir de son adroite obscurité.

Cette manière de penser et de sentir vient de se montrer encore dans le beau discours que nous venons d'entendre. Comme homme de lettres, vous y avez parlé avec noblesse de vous-même; comme ami de l'humanité, vous y avez parlé avec intérêt et avec attendrissement de la perte qui vient d'affliger toute l'Europe. Permettez que je joigne mes regrets aux vôtres; votre triomphe n'en peut être obscurci ni attristé. La douleur qu'inspire la mort des grands hommes, et Marie-Thérèse en fut un, est toujours mêlée de quelque chose de consolant. Au sentiment de leur perte se joint celui de leur gloire. C'est du milieu de cette nuit de deuil que se lève l'aurore de leur immortalité. Les Français, d'ailleurs, ont un motif particulier de consolation : nos yeux, après s'être reposés avec attendrissement sur le tombeau de Marie-Thérèse, se reportent avec plaisir sur ce trône où sa plus noble et sa plus fidèle image brille des graces réunies de la jeunesse, de la beauté, et de la bienfaisance. Un membre de cette compagnie[1], également distingué par son rang et par ses qualités personnelles, a porté avec noblesse et avec

---

[1] M. le prince de Beauveau.

dignité au pied de ce trône le tribut de nos regrets ; une voix éloquente, sortie de cette même Académie, va bientôt, au pied des autels, rendre à ces mânes augustes un hommage plus solennel. Entre ces deux éloges, s'il en étoit un qu'on pût placer avantageusement, ce seroient ces paroles mémorables d'un roi (¹) qu'on reconnoîtra aisément : « Elle fut, écrivoit-il, la « gloire du trône et de son sexe; je lui ai fait la guerre, « mais je n'ai jamais été son ennemi. »

Ce peu de mots sur une grande reine, écrits par un grand roi à un philosophe célèbre, et si intéressants à recueillir, parceque c'est faire l'éloge de tous trois, ne seront pas sans doute la moins éloquente des oraisons funèbres de l'impératrice-reine.

(¹) **Frédéric-le-Grand.**

RÉPONSE

DE M. DELILLE,

DIRECTEUR DE L'ACADÉMIE FRANÇAISE,

AU DISCOURS DE M. LE COMTE DE TRESSAN.

(25 janvier 1781.)

MONSIEUR,

Le tribut d'éloge que vous avez payé à la mémoire de M. l'abbé de Condillac, me dispenseroit de rien ajouter à ce que vous en avez dit, si mon devoir et mon inclination ne m'avertissoient également de jeter aussi quelques fleurs sur son tombeau. Vous ne regrettez qu'un homme de lettres, et je regrette un confrère.

M. de Condillac orna d'un style noble, clair, et précis, différents objets de la métaphysique, cette science à-la-fois si vaste et si bornée; si vaste par son objet, si bornée par les limites prescrites à la raison. Placée entre les mystères augustes de la religion et les mystères impénétrables de la nature, entre ce qu'il est ordonné de croire, et ce qu'il est impossible de connoître, elle peut creuser dans ce champ si étroit, mais elle ne peut l'élargir.

Abandonnés, par leur religion, à toute la liberté de leurs rêveries philosophiques, les anciens, si admirables d'ailleurs en morale et en politique, ne nous ont guère transmis, dans leur métaphysique, que des absurdités, qui, pour l'honneur de la raison, devroient être dans un profond oubli; mais qu'un respect curieux pour tout ce qu'a pensé l'antiquité a condamnées à rester immortelles.

Et cependant telle est la destinée des anciens, que dans presque tous les arts, presque toutes les sciences, les modernes se sont appuyés sur eux : ils n'ont pas achevé tous les édifices des arts, mais ils ont posé les fondements de tous; et le système de Loke n'est, comme on le sait, qu'un développement très neuf d'un axiome très ancien, que rien n'existe dans la pensée, qu'il n'ait passé par les sens. C'est ce même axiome que M. l'abbé de Condillac a développé d'une manière encore plus lumineuse, en reprenant, où Loke les avoit laissées, des idées dont il sembloit avoir méconnu la fécondité, comme on voit dans les mines un ouvrier habile revenir sur les traces des premiers travaux, et saisir une veine abandonnée.

Tel est l'objet du beau *Traité des Connoissances humaines*, qui plaça tout d'un coup M. l'abbé de Condillac au rang des philosophes les plus distingués. Je ne m'étendrai pas sur ses autres ouvrages, que vous avez si bien appréciés; je ne me laisserai pas même séduire par cet ingénieux *Traité des Sensations*, dont il dut l'heureuse idée à une femme, et qui réunit à l'intérêt de la vérité le charme de la fiction; mais je ne puis ne pas m'arrêter avec plaisir sur le moment où M. l'abbé de Condillac fut appelé sur un théâtre plus digne de ses vertus et de ses lumières, par le choix qu'on fit de lui pour être l'instituteur de l'infant de Parme. On a vu des philosophes célèbres refuser des propositions semblables, avec des conditions plus honorables encore et plus flatteuses, et défendre, contre la promesse de la plus haute fortune et des plus grands honneurs, leur repos honorable et leur douce médiocrité(¹).

L'abbé de Condillac n'avoit pas les mêmes raisons de refus. Il s'agissoit d'un enfant du sang de France, et le philosophe, en acceptant, fut encore citoyen. Eh! qui convenoit mieux à cette place, que celui qui avoit étudié si profondément l'esprit humain! Mais il ne s'agissoit plus de ces brillantes hypothèses, de cette statue animée par une ingénieuse fiction; il s'agissoit de former un enfant royal; il falloit épier, saisir, au moment de leur naissance, chacune de ses pensées, d'où devoit dépendre un jour le sort de l'état; les diriger, les épurer; et, pour achever cette grande création, allumer dans cette ame un feu vraiment céleste, l'amour du bien public.

Lorsqu'on a dit d'un écrivain : Il fut grand orateur, grand poëte, grand philosophe; le public entend dire encore avec plaisir: Il fut simple et bon. Tel fut M. l'abbé de Condillac. Pour le regretter autant qu'il mérite de l'être, il ne suffit pas d'avoir lu ses ouvrages, il faut

---

(¹) D'Alembert venoit de préférer son repos littéraire au tumulte des cours, en refusant de se rendre à Pétersbourg pour y présider à l'éducation de l'héritier du trône de Russie.

avoir connu ses amis, ou l'avoir connu lui-même. Il fut pleuré... Qu'ajouterai-je à ce mot ?

Le public vous voit avec plaisir, Monsieur, prendre ici la place de cet illustre académicien. Votre nom et votre rang ajoutent un nouveau lustre à vos talents ; et vos talents rendoient votre nom et votre rang inutiles.

Aux dons de la nature, vous avez ajouté ce goût exquis, perfectionné par le commerce des sociétés les plus brillantes, dont vous-même avez été l'ornement. On sait combien les agrémens de votre esprit ont embelli cette célèbre cour du feu roi de Pologne, composée des hommes et des femmes les plus distingués par la naissance, les graces, le génie, et qu'Auguste, maître du monde, eût enviée à Stanislas détrôné.

Depuis long-temps vous vivez dans une retraite philosophique, où les lettres font votre bonheur et votre gloire. Il semble qu'elles veuillent vous payer aujourd'hui les heures que, dans vos plus belles années, vous avez dérobées pour elles aux plaisirs de la jeunesse et au tumulte des cours. Permettez-moi seulement de remarquer une chose très nouvelle, dans ce partage que vous leur avez fait de votre vie. Dans votre jeunesse, vous vous êtes occupé de choses sérieuses ; et de savants mémoires sur quelques objets de la physique vous ont mérité l'adoption de l'Académie des sciences. Dans un âge plus avancé, vous vous êtes livré aux brillantes féeries des romans et aux enchantemens de la poésie. Digne rival des Chaulieu, des La Fare, de ce Saint-Aulaire, qui composa à quatre-vingts ans quelques vers qui l'ont immortalisé (car dans le plus petit genre, la perfection immortalise), successeur de ces hommes aimables dans la célèbre société du Temple, vous avez hérité non seulement de leurs graces et de leur urbanité, mais encore de l'art heureux de tromper, comme eux, les ennuis de l'âge par le prestige dont vous entoure votre génie aimable et facile. Le talent le plus jeune vous envieroit la fécondité de votre plume élégante; et ce que vous appelez votre vieillesse, car ce mot semble ne devoir jamais être fait pour vous, ressemble à ces beaux jours d'hiver, si brillants, mais si rares, dont la plus belle saison seroit jalouse.

Peut-être tous ceux qui ne cultivent les lettres que comme un moyen de bonheur, devroient-ils vous imiter; peut-être faudroit-il que nos études, au lieu de suivre l'impression et le caractère de l'âge, luttassent contre son impulsion; que, comme vous, Monsieur, on opposât des méditations sérieuses et profondes à la bouillante effervescence et aux dangereuses erreurs de la jeunesse; que, comme vous, on égayât des fleurs de la littérature la plus aimable, ce déclin de l'âge où la raison chagrine ternit, et décolore nos idées; et que par ce moyen on retînt, du moins le plus long-temps qu'il seroit possible, les douces illusions qui s'envolent. Mais pour cela, Monsieur, il faudroit et ce fonds de raison qui vous a distingué de si bonne heure, et cette tournure d'imagination toujours jeune, toujours fraîche, qui, n'en déplaise à tous les romans possibles, est la véritable fée, la véritable enchanteresse. C'est par elle que vous avez rajeuni nos anciens contes de chevalerie; ils ont acquis plus de goût et d'élégance, et n'ont presque rien perdu de leur antique naïveté.

On dit que nos anciens paladins, revenus de leurs expéditions valeureuses, dans l'oisiveté de leurs châteaux, se faisoient conter les exploits des braves les plus célèbres. Vous avez mieux fait encore, Monsieur : dans la paix de votre retraite, vous avez célébré vous-même les exploits de ces anciens héros de notre chevalerie, à laquelle vous appartenez par votre naissance. C'est par ce même attrait sans doute que vous avez traduit le charmant poëme de l'Arioste, archives immortelles de ces nobles extravagances de la bravoure chevaleresque, qui, depuis, corrigée par le ridicule, et réduite à son degré, est devenue le véritable caractère de la valeur française. Au reste, Monsieur, cet esprit de chevalerie que nous croyons si moderne, peut-être remonte-t-il plus haut qu'on ne pense. Il me semble que la Grèce eut aussi et ses paladins et ses troubadours. Hercule, Pirithoüs, Thésée, alloient aussi cherchant les aventures, exterminant les monstres, offrant leur bras et leurs vœux à la beauté, et Homère alloit chantant ses vers de ville en ville. Enfin rien ne ressemble plus à l'héroïsme d'Homère, que l'héroïsme du Tasse; car votre Arioste, Monsieur, a chanté sur un autre ton, ou, pour mieux dire, sur d'autres tons : en effet, il les a tous.

Vous savez que lorsque son poëme parut, quelqu'un lui demanda où il avoit pris toutes ces folies. Vous, Monsieur, qui l'avez reproduit dans notre langue, vous lui avez plus d'une fois demandé où il avoit pris ce génie si souple et si facile, qui parcourt, sans disparates, les tons les plus opposés; qui, par un genre de plaisanterie nouveau, ne relève les objets que pour mieux les abaisser; de l'expression sublime descend subitement, mais sans secousse, à l'expression familière, pour causer au lecteur, tout-à-coup désabusé, la plus agréable surprise; se joue du sublime, du pathétique, de son sujet, de son lecteur; commence mille illusions qu'il détruit aussitôt; fait succéder le rire aux larmes, cache la gaieté sous le sérieux, et la raison sous la folie, espèce de tromperie ingénieuse et nouvelle, ajoutée aux mensonges riants de la poésie.

Il semble que le peu d'importance qu'il paroît attacher à toutes ces imaginations, auroit dû désarmer la critique; cependant, à ce poëte si peu sérieux, même quand il paroît l'être le plus, elle a très sérieusement reproché le désordre de son plan. Vous savez mieux que personne, Monsieur, combien ce désordre est piquant, combien il a fallu d'art pour rompre et relier tous ces fils; pour faire démêler au lecteur cette trame, comme il le dit lui-même, d'événements entrelacés les uns dans les autres; pour l'arrêter au moment le plus intéressant, sans le rebuter; et, ce qui est le comble de l'adresse, entretenir toujours une curiosité toujours trompée.

Vous vous rappelez la fameuse querelle des anciens et des modernes. Connoissez-vous un auteur qui eût pu mettre un plus grand poids dans la balance? Les modernes, qu'on opposoit aux anciens, devoient aux anciens mêmes une partie de leur force. L'Arioste seul, vraiment original, pouvoit lutter contre eux avec ses propres armes; et ces armes, comme celles de ses héros, étoient enchantées.

Laissons à l'Italie cet éternel procès de la prééminence du Tasse et de l'Arioste, qui amuse la vanité nationale; leurs genres sont trop différents pour être comparés. Admirons la beauté noble, régulière, et majestueuse, de la poésie du Tasse; adorons les caprices charmants, le désordre aimable et l'irrégularité piquante de la muse de l'Arioste. Une seule chose les rapproche : c'est le plaisir avec lequel on les lit, même dans les traductions les plus foibles, où pourtant l'Arioste avoit, quoique sous la même plume, perdu beaucoup plus que le Tasse ; car, quel style parmi les modernes égale celui de l'Arioste ? Vous l'avez vengé, Monsieur, de l'infidélité de ses premiers traducteurs, et je vous dirois volontiers, en style de chevalerie : « Vous avez redressé les torts de vos prédécesseurs. »

Cependant je vous crois déja trop de dévouement à la gloire de l'Académie, pour exiger que j'établisse votre supériorité aux dépens d'un homme estimable dont le nom est sur sa liste. L'ouvrage de M. de Mirabaud se lit avec intérêt ; et, pour tout dire en un mot, il a traduit un roman, vous avez traduit un poëme.

Quelle obligation n'avons-nous donc pas, Monsieur, à votre vie retirée et paisible, puisqu'elle nous a valu des ouvrages aussi aimables ! Combien vous devez la chérir vous-même, puisqu'elle a tant contribué à votre gloire ! Cependant, Monsieur, je ne puis m'empêcher de faire contre elle quelques vœux, non en faveur d'un monde souvent frivole, qui ne vous offriroit aucun dédommagement des vrais plaisirs que vous auriez perdus, mais en faveur de l'Académie qui vous adopte : vous voyez qu'on s'y occupe de tout ce que vous aimez. Quittez donc quelquefois votre asile pour elle, et vous croirez ne l'avoir pas quitté.

LETTRE

A

L'ABBÉ BARTHÉLEMY,

A L'OCCASION DU VOYAGE D'ANACHARSIS.

Si vous ne deviez pas, Monsieur, être dégoûté d'éloges, je vous dirois que votre ouvrage m'a paru effrayant d'érudition et de connoissances, comme il m'a paru enchanteur de style et d'exécution. Avant vous, on n'avoit jamais imaginé qu'aucun ouvrage pût dispenser de lire Platon, Xénophon, tous les historiens, et tous les philosophes de la Grèce. Votre ouvrage, le plus beau résultat des plus profondes lectures, tient lieu de tout cela; et un littérateur peu fortuné avoit raison de dire que votre livre est une véritable économie. Il étoit impossible de faire de toutes ces idées et de toutes ces pensées une masse plus brillante et plus solide; et votre ouvrage m'a rappelé ce métal de Corinthe, composé de tous les métaux, et plus précieux qu'eux tous. C'est le génie qui a fondu tout cela.

Ces Grecs, qui savent à peine s'ils ont eu des aïeux illustres, seroient un peu étonnés, si on leur disoit qu'un étranger a passé trente ans de sa vie à faire leur intéressante généalogie, et a découvert les titres de leur gloire nationale.

On ne peut rien ajouter au charme de vos descriptions. Le plus grand poëte de la Grèce, cet homme dont vous avez si dignement parlé, passoit pour le premier de ses historiens; et son nouvel historien, auroit comme Platon, passé pour un de ses plus grands poëtes, si une action dramatique, des caractères bien soutenus, des images brillantes, sont de la poésie.

Les villes de la Grèce regardoient comme un titre de gloire d'être nommées dans les poëmes de celui dont elles se disputoient le berceau. Jugez, Monsieur, si moi, qui occupe dans l'empire des lettres un si petit coin, je dois être fier de trouver mon nom dans votre magnifique ouvrage. Il est intéressant pour toutes les classes de lecteurs; mais il acquiert un nouveau degré d'intérêt pour ceux qui ont vu les scènes des grands évènements que vous décrivez. Vous avez vu les lieux mêmes aussi bien que les voyageurs les plus attentifs. En revenant d'Athènes, je m'étois flatté un moment d'être consulté par vous; je fus agréablement surpris d'être instruit par vous-même de tout ce que j'avois vu. On dit que l'Académie d'Athènes va être associée à celle de Paris; je rends graces à celui par qui va s'opérer cette confraternité : il sait combien je me tiendrai honoré de la sienne, et l'inviolable attachement que je lui ai voué.

POÉSIES FUGITIVES.*

FRAGMENTS
D'UNE ODE ADRESSÉE A LEFRANC DE POMPIGNAN.

1758.

De Thémis autrefois soutenant la balance,
Des fragiles mortels tu pesois les destins;
Et le poids du crédit, celui de la puissance,
Ne l'ont point fait pencher dans tes fidèles mains.

Vile adulation, ta lâche perfidie
Trompe et séduit les grands avec dextérité;
Lefranc, ce fut toi seul de qui la voix hardie
Osa faire à ton roi parler la vérité(1).

Du maître des humains tu nous peins la puissance(2):
Il parle, l'univers est sorti du chaos;

---

* Toutes les pièces qui composent ce Recueil ont été revues avec le plus grand soin, mises dans un meilleur ordre, augmentées de notes et des textes originaux des traductions.

(1) En sa qualité de président de la cour des aides de Montauban, Lefranc avoit défendu, avec autant de courage que d'éloquence, la cause et les intérêts du peuple auprès du roi.

(2) Allusion aux poésies sacrées.

Les cieux ont sous ses mains courbé leur voûte immense;
La terre au loin s'étend, la mer roule ses eaux.

Il commande, et soudain de l'un à l'autre pôle,
Et la terre et les mers et les cieux confondus,
Par lui créés d'un mot, au son de sa parole,
Dans l'antique chaos tombent et ne sont plus.

. . . .

Le luxe impérieux qui règne dans nos villes,
En dégradant la terre, amène un goût pervers:
Le riche l'abandonne à des ames serviles;
Le poëte orgueilleux lui refuse ses vers.

. . . .

Tel on voit le lierre, à l'ombre qui le cache,
Ramper dans les forêts, et languir sans appui;
S'il rencontre le chêne, à son tronc il s'attache,
Embrasse ses rameaux et s'élève avec lui[1].

[1] Le jeune Delille, qui s'occupoit déja de la traduction des Géorgiques, met ingénieusement ici son travail sous la protection d'un nom alors célèbre dans la littérature.

ODE

A MONSIEUR LE PREMIER PRÉSIDENT
MOLÉ,

A L'OCCASION DE LA NAISSANCE DE MONSIEUR DE CHAMPLATREUX.

1760.

Précipite, grand Dieu, dans la nuit éternelle
Du superbe oppresseur la race criminelle ;
Ensevelis son nom dans l'oubli du tombeau ;
Et que de ses palais l'édifice fragile,
  Brisé comme l'argile,
De ses derniers enfants écrase le berceau.

Mais conserve, ô mon Dieu, sous ton aile puissante
Des humains bienfaisants la race florissante :
Qu'ils étendent au loin leurs rejetons nombreux ;
Que des fruits immortels de leur tige féconde
  Ils nourrissent le monde,
Et couvrent l'orphelin de leurs rameaux heureux.

Famille des Molé, triomphez d'âge en âge ;
Bravez, bravez des ans l'injurieux outrage ;
Que la gloire vous porte à l'immortalité.
Ombres des demi-dieux, puissent mes chants profanes,

Sans offenser vos mânes,
Se mêler aux accents de la postérité!

Des siècles et des temps je franchis la barrière;
De vos pas lumineux empreints dans la carrière,
Jusqu'à votre berceau la trace me conduit:
Tel un astre, élancé de la céleste voûte,
Vole et marque sa route
Par des sillons de feu, qui brillent dans la nuit.

Quel est ce magistrat (¹) dont le mâle courage,
Tranquille, inébranlable au milieu de l'orage,
Affronte la fureur d'un peuple impétueux?
Je le vois, au milieu du trouble et des alarmes,
Des flambeaux et des armes,
Arrêter d'un regard ces flots tumultueux.

Ainsi de l'Éternel la sagesse profonde
Choisit dans ses trésors, pour les besoins du monde,
Ces héros destinés aux siècles malheureux;
Et, parmi les débris des trônes qui succombent,
Des empires qui tombent,
Commande à l'univers de s'appuyer sur eux.

O jours infortunés! temps affreux! temps barbares!
Les peuples s'égorgeoient pour des monstres avares;

(¹) Matthieu Molé, procureur-général en 1614; premier président le 19 novembre 1641; garde-des-sceaux le 3 avril 1651; mort le 3 janvier 1656.

La licence émoussoit le fer sacré des lois ;
Et, d'un glaive perfide armant sa main sanglante,
    La discorde insolente
Livroit à des tyrans la couronne des rois.

France, tu ne crains plus ces tempêtes cruelles ;
Ils ne sont plus ces temps, où tes enfants rebelles
De leurs coupables mains te déchiroient le flanc.
Le Français, plus heureux que ses tristes ancêtres,
    S'immole pour ses maîtres,
Et contre ses rivaux va prodiguer son sang.

Mais, dans ces jours brillants, dans ces jours de ta gloire,
De tes anciens appuis tu chéris la mémoire ;
Les Molé pour jamais sont gravés dans ton cœur ;
Tu vois avec transport l'héritier magnanime
    De leur vertu sublime,
Dans le temple des lois veiller à ton bonheur.

Hélas ! de ce grand nom c'est l'unique espérance !
Périra-t-il, grand Dieu ! ce nom cher à la France ?
Nous laisses-tu jouir de ses derniers bienfaits ?
Et verrons-nous tarir dans son antique source,
    Ce fleuve dont la course
Répandoit parmi nous l'abondance et la paix ?

Ces héros, descendus dans les royaumes sombres,
Se cachent de douleur dans la foule des ombres :

L'orphelin consterné gémit sur leur tombeau,
Et craint que de la mort l'haleine dévorante
    De leur race expirante
N'éteigne pour jamais le glorieux flambeau.

O nuit, dissipe-toi; le jour est prêt d'éclore;
D'un demi-dieu naissant je vois briller l'aurore :
De l'éclat de son front le ciel s'est embelli;
Cet auguste palais arrosé de nos larmes
    A repris tous ses charmes,
Et ses marbres fameux de joie ont tressailli.

Noble fils des héros, douce et frêle espérance,
Si le sort loin de nous eût placé ta naissance
Dans ces temps fabuleux, la honte des humains,
Des prêtres, entourés de victimes sanglantes,
    Dans leurs veines fumantes
Auroient interrogé les décrets des destins.

De tes jours fortunés annonçant les miracles,
La Sibylle du Tibre eût rendu ses oracles;
La Perse eût assemblé tous ses mages fameux;
L'Élide eût fait parler de ses forêts antiques
    Les chênes prophétiques;
Et pour toi Babylone eût consulté les cieux.

Moi, j'aurois de ton nom consulté le présage;
Du bonheur des Français ce nom seul est le gage;

L'héritier des Molé doit au monde un héros.
Déja je vois Thémis qui, pleurant d'alégresse,
    Dans ses bras te caresse,
Te sourit tendrement, et te parle en ces mots :

« Rejeton précieux d'une tige adorée,
Le ciel enfin t'accorde à Thémis éplorée ;
Ma bouche te promet le destin le plus beau :
Souviens-toi seulement qu'au jour de ta naissance
    J'ai reçu ton enfance ;
Que mon temple sacré t'a servi de berceau.

« Ah ! sans doute le Dieu qui préside à la guerre,
Jaloux de mon bonheur et du bien de la terre,
Osera t'inviter à marcher sur ses pas :
Sans doute il t'offrira l'éclat de la victoire,
    Les palmes de la gloire ;
Mais qu'il n'espère point t'arracher de mes bras.

« Que ses barbares mains, en ravages fécondes,
Des fleuves de l'Europe ensanglantant les ondes,
Changent ces beaux climats en de vastes déserts ;
Sous son sceptre d'airain que les arts se flétrissent,
    Que les peuples gémissent ;
Avec moi, cher enfant, rends heureux l'univers.

« Déja le crime tremble, et le foible pupille
Contre l'usurpateur te demande un asile ;

Entends ces cris de joie élancés vers les cieux;
Et, de l'astre du jour si ta foible paupière
      Peut souffrir la lumière,
Contemple ces palais où régnoient tes aïeux.

« C'est là qu'ils protégeoient la timide innocence :
Là l'auteur de tes jours enchaîne la licence;
Tu baiseras ces mains qui domptent l'oppresseur;
Dans ses embrassements tu puiseras la flamme
      Qui brûle dans son ame;
Et son cœur tout entier passera dans ton cœur.

« Et toi, pour cet enfant épurant ta lumière,
Soleil, va préparer son illustre carrière;
Ouvre pour lui du Temps le palais immortel;
Choisis tes jours d'azur dans ces riches demeures;
      Que la troupe des Heures
Se rassemble en riant sur ton char éternel.

« Que l'innocent plaisir sur leur front se déploie;
Que leurs yeux, embellis des rayons de la joie,
Écartent pour jamais le chagrin ténébreux;
Viens, descends, ô bonheur, sur leurs brillantes ailes :
      Et que leurs mains fidèles
Forment des plus beaux ans l'enchaînement heureux. »

ODE
A LA BIENFAISANCE.

Déesse, idole du vulgaire,
Toi qui, reine de l'univers,
Toujours redoutable et légère,
Donnes des sceptres ou des fers;
Le peuple, ébloui des richesses,
Envie à ceux que tu caresses
Des biens trop souvent dangereux.
A tous ces grands, le cœur du sage
Envie un plus noble avantage :
Ils peuvent faire des heureux.

Bienfaisance, ô vertu sacrée!
Noble attribut des immortels,
Pour toi l'homme, aux beaux jours d'Astrée,
Éleva les premiers autels.
Dans ce soleil, dont l'influence
De nos fruits mûrit la semence,
C'est toi que l'homme révéroit :
Dans tous ces globes de lumière
Qui suivent pour nous leur carrière,
C'est toi seule qu'il adoroit.

De ce Dieu, dont la main puissante
Soutient notre fragilité,
La voix ineffable et touchante
M'annonce la divinité.
S'il ne se montroit à la terre
Qu'au bruit affreux de son tonnerre,
Armé de ses flèches de feu;
A ces traits je pourrois connoître
L'arbitre du monde et mon maître :
Je chercherois encore un Dieu.

La nature, prudente et sage,
Unit tous les hommes entre eux;
Ta main, confirmant son ouvrage,
Resserre ces utiles nœuds :
C'est toi dont le charme nous lie
A nos maîtres, à la patrie,
Aux auteurs même de nos jours;
C'est toi dont la vertu féconde
Réunit l'un et l'autre monde
Par un commerce de secours.

Des fortunes, à ta présence,
Disparoît l'inégalité;
Par toi, les biens de l'opulence
Sont les biens de la pauvreté;
Sans toi, la puissance suprême,
Et la pourpre, et le diadème,
Brillent d'un éclat odieux;
Sans toi, sur ce globe où nous sommes,

Les rois sont les tyrans des hommes :
Ils sont par toi rivaux des dieux.

  A ce monarque, ton image,
Qui nous dicte tes sages lois,
Sur nos respects et notre hommage
Tu donnes d'invincibles droits ;
C'est toi, divine Bienfaisance,
Qui régles la juste puissance
Que le ciel remit dans ses mains :
Il sait qu'un pouvoir légitime
Est le privilége sublime
D'être bienfaiteur des humains.

  Que pour des ames généreuses,
Un droit si noble est précieux !
O vous ! familles malheureuses,
Que la honte cache à nos yeux ;
Mortels, mes semblables, mes frères,
Dans quels asiles solitaires
Allez-vous cacher vos douleurs ?
Heureux qui finit vos alarmes !
La gloire d'essuyer vos larmes
Vaut tous les lauriers des vainqueurs.

  Ah ! malgré vous, mon cœur avide
Va trouver votre affreux réduit ;
J'y vole ; la pitié me guide,
Son flambeau sacré me conduit ;
Je perce ces tristes ténèbres,
Je découvre ces lieux funèbres...

O grands ! brillez dans vos palais ;
Asservissez la terre entière :
Sur le pauvre, dans sa chaumière,
Je vais régner par mes bienfaits.
    Viens, je t'offre un bras secourable ;
Viens, malgré tes destins jaloux,
Revis, famille déplorable...
Quoi ! tu tombes à mes genoux !
Tes yeux, éteints par la tristesse,
Versent des larmes de tendresse
Sur la main qui finit tes maux !
Tu crois voir un dieu tutélaire !
Non ; je suis homme : à leur misère
Je viens arracher mes égaux.
    Ne crains pas que mon ame altière,
S'armant d'un faste impérieux,
Offense ta pauvreté fière,
Et souille mes dons à tes yeux.
Malheur au bienfaiteur sauvage,
Qui veut forcer le libre hommage
Des cœurs que ses dons ont soumis ;
Dont les bienfaits sont des entraves ;
Qui veut acheter des esclaves,
Et non s'attacher des amis !
    Vous, dont l'insolente richesse,
Humiliant les malheureux,
Offense, en l'aidant, leur détresse,
Sachez l'art d'être généreux :

FUGITIVES.

L'homme s'élève quand il donne ;
L'orgueil ménagé lui pardonne
Des avantages qu'il n'a pas ;
Mais souvent, de la Bienfaisance
Méconnoissant la jouissance,
Les bienfaiteurs sont des ingrats.

Par une morgue extravagante,
Aux bienfaits n'ôtons point leur prix ;
De la Bienfaisance arrogante
Les dons blessent les cœurs flétris :
Par les eaux du torrent sauvage,
Qui porte en courant le ravage,
Le sillon n'est point fécondé :
Et par la pluie impétueuse,
De la semence infructueuse
Le germe périt inondé.

Mais lorsque la douce rosée
Abreuve et les fruits et les fleurs,
La campagne fertilisée
Reprend la vie et les couleurs :
Ainsi, dans l'ame libre et fière,
Jamais de la grandeur altière
Les bienfaits n'ont fructifié :
L'orgueil révolté les repousse ;
Mais que la Bienfaisance est douce
Quand elle vient de l'amitié !

Oui ; toujours de la Bienfaisance
Le prix dépend du bienfaiteur,

Et la juste Reconnoissance
Avant les dons juge le cœur.
Tout est sacré dans la misère ;
Souvent son offrande légère
Des plus doux nœuds nous enchaîna :
L'orgueil lui-même lui pardonne,
Et la valeur de ce qu'on donne
Se mesure sur ce qu'on a.

J'admire cet arbre robuste,
Fertile en fruits délicieux ;
Mais tout-à-coup d'un maigre arbuste
L'indigence attire mes yeux ;
En vain, à travers son feuillage,
Une haie inculte et sauvage
N'offre qu'une aride moisson ;
J'aime sa grace pastorale,
Et sa pauvreté libérale,
Et l'humble tribut d'un buisson.

Hélas ! la superbe opulence
Est économe de bienfaits ;
Et sans peine la Bienfaisance
Compte les heureux qu'elle a faits.
J'ai vu le temps où ma fortune,
Bravant la misère importune,
Pouvoit soulager le malheur ;
Elle a fui : mais mon sort funeste
Trouve, dans le peu qui me reste,
De quoi soulager la douleur.

Oui ; je hais la pitié farouche
D'un grand superbe et dédaigneux ;
Oui, le blasphème est dans sa bouche,
Lorsque l'orgueil est dans ses yeux.
Enflé d'une vaine arrogance,
Même en exerçant sa clémence
Il aime à me faire trembler ;
Et, lorsqu'il soutient ma foiblesse,
Son orgueil veut que je connoisse
Que son bras pouvoit m'accabler.

Ainsi nous voyons sur nos têtes
Ces nuages noirs et brûlants,
Qui portent les feux, les tempêtes,
Et les orages dans leurs flancs :
Tandis que sur nos champs arides
Ils versent ces torrents rapides
Qui vont au loin les arroser ;
Armés des éclairs, du tonnerre,
Même en fertilisant la terre,
Ils menacent de l'embraser.

ÉPITRE

Sur les ressources qu'offre la culture des arts et des lettres, prononcée au collège de Beauvais, à l'ouverture d'une thèse.

1761.

Enfin donc, renonçant à l'ombre de l'école,
Aux vains amusements de l'enfance frivole,
Dans un monde, charmant pour qui ne le voit pas,
Tu vas, mon cher ami, faire le premier pas.
Sans doute je pourrois, pédagogue sévère,
Te fatiguer ici d'une morale austère,
Te donner longuement ces sublimes avis
Si souvent répétés, si rarement suivis:
Mais le droit de prêcher n'est pas fait pour mon âge;
Les ans n'ont point encor sillonné mon visage,
Appesanti ma tête, et blanchi mes cheveux:
On ne sauroit trop tard devenir ennuyeux.
D'ailleurs que produiroit ce langage sévère?
L'art de persuader n'est que celui de plaire.

Je veux te présenter des objets plus riants:
Les arts ont, par leurs soins, formé tes premiers ans;
Même au sein de ce monde, où la mollesse habite,
A cultiver leurs fruits permets que je t'invite.
Pourrois-tu renoncer à leurs aimables jeux?
Ils sont de tous les temps, ils sont de tous les lieux.

Dans l'âge turbulent des passions humaines,
Lorsqu'un fleuve de feu bouillonne dans nos veines,
Ils servent d'aliment à nos brûlants desirs,
Et forment la raison dans l'âge des plaisirs.

Donne-leur tes beaux jours; c'est le temps du génie.
L'oreille s'ouvre alors à la tendre harmonie;
L'esprit est plus ardent, les sens plus vigoureux:
C'est alors que Corneille exhaloit tous ses feux;
Et l'illustre Milton orna, dans sa jeunesse,
Le *Paradis* charmant qu'a flétri sa vieillesse.

Lorsque l'âge viril vient mûrir la raison,
Les arts, ces arts divins, sont encor de saison:
Un père quelquefois, pour goûter leurs caresses,
Peut oublier d'un fils les naïves tendresses.
Ils dérident le front du grave magistrat,
Dérobent des instants au ministre d'état,
Délassent le guerrier fatigué de carnage,
Et même osent sourire au financier sauvage.

Enfin, quand la vieillesse arrive à pas glacés,
Des bals, des soupers fins quand les jours sont passés,
Eux seuls de notre hiver dissipent la tristesse;
Le vieillard voit par eux revivre sa jeunesse,
Par eux les ris légers brillent sur son menton,
Et voltigent encore autour de son bâton.

Qu'un grave Génevois tristement examine
Si les arts, des états ont hâté la ruine;
Dans ces grands intérêts je ne m'égare pas:
Oublions un moment la grandeur des états.

Ces plaisirs dangereux, je sens qu'ils me consolent;
Lui-même, pour charmer les maux qui le désolent,
Versant sur le papier les chagrins de son cœur,
En discours éloquents épanche sa douleur.
Sur les cœurs malheureux que ce charme a d'empire!
Tendre époux d'Eurydice, aux doux sons de ta lyre,
Les fleuves suspendoient la course de leurs eaux;
Les chênes en cadence agitoient leurs rameaux,
Tu dissipois l'horreur des déserts solitaires,
Les tigres s'endormoient dans leurs sombres repaires;
Et moi, pour assoupir les maux que je ressens,
D'Homère, de Lulli j'écoute les accents;
Leur voix mélodieuse adoucit mes alarmes:
Que dis-je? à mes pleurs même elle prête des charmes.

 Mais sur moi si le sort a versé ses faveurs,
Par les arts éclairé, j'en sens mieux les douceurs.
Les arts donnent le goût, la grace, la finesse.
Que m'importe, sans eux, une vile richesse?
Sans l'art d'en bien jouir, que m'importe un trésor?
L'usage fait le prix des grandeurs et de l'or.
Vois ce riche ignorant; s'il aime la dépense,
Le mauvais goût préside à sa magnificence;
Le mauvais goût se peint sur ses riches tapis,
Charge d'or et d'argent ses maussades habits,
Suspend le lourd plafond de son palais gothique,
Dicte les gros propos de sa gaieté rustique;
A table, avec son vin, fait avaler l'ennui,
Et dans son char doré se promène avec lui.

A ce Crésus stupide, à sa triste opulence,
Viens, compare Lalive (¹) et sa noble élégance.
Des artistes savants il sait choisir la main :
L'un, de ce cabinet lui traça le dessin,
De ce salon riant ordonna la structure;
L'autre, sur ce plafond peint la belle nature;
Ceux-ci, de ces jardins ont fait jaillir des eaux,
Ont animé ce marbre, arrondi ces berceaux,
De ces tapis de fleurs varié les nuances,
Dessiné le contour de ces forêts immenses :
Pour lui tout s'embellit; il réunit par-tout
Le brillant au solide, et la richesse au goût.
Jamais pour des bouffons il ne quitta Racine,
Ni les traits de Lebrun pour des magots de Chine.
« Eh quoi! me diras-tu, n'a-t-il que ces plaisirs?
Quelle foule d'objets vient remplir ses desirs!
Voir aborder chez soi le marquis, la comtesse;
Dans un hardi brelan défier la duchesse;
Se montrer au spectacle, ou, traîné dans un char,
De longs flots de poussière inonder le rempart;
Du champagne à souper faire blanchir la mousse.
Quels plaisirs! » Je le veux, mais leur pointe s'émousse;

(¹) M. de Lalive, introducteur des ambassadeurs, est connu par le noble usage qu'il fait de ses richesses. Il doit me pardonner cet éloge, puisque, n'ayant l'honneur de le connoître que par la voix publique, je ne fais que répéter ce qu'elle m'a appris.

Ils traînent après eux le dégoût et l'ennui.
L'esprit a des plaisirs immortels comme lui ;
L'esprit aime à sentir, à sonder, à connoître ;
De sublimes objets il aime à se repaître ;
Il oubliera pour eux, et l'aiguillon des sens,
Et le cri du besoin, et la course du temps.
La Caille, de la nuit perçant le sombre voile,
Pâlit, les yeux fixés sur le front d'une étoile.

J'entends encor Rousseau, dans ses sombres humeurs,
Crier que *les beaux arts ont corrompu les mœurs.*
La nature aux beaux arts a servi de modéle ;
Bien loin de l'étouffer, ils nous rapprochent d'elle,
Nous inspirent le goût des plaisirs innocents.
Transportons avec eux le sage dans les champs.
Il s'arrête enchanté, soit qu'une belle aurore
Donne la vie aux fleurs qui s'empressent d'éclore ;
Soit que l'astre du monde, en achevant son tour,
Jette languissamment le reste d'un beau jour.

Souvent, dans un vallon, il médite en silence ;
Il promène ses yeux sur cette scène immense ;
Il cherche quelle main fait rouler les saisons,
Verdit l'herbe des prés, et jaunit les moissons ;
Comment un foible grain, renfermé dans la terre,
S'éléve en chêne altier et voisin du tonnerre ;
Il voit les sucs, filtrés par de secrets conduits,
Nourrir le tronc, la branche, et la feuille et les fruits ;
Les rochers se former dans le sein des campagnes ;
L'eau du ciel, en ruisseaux, s'échapper des montagnes.

Il compte ces grands corps qui roulent dans les cieux,
Ou sur l'humble ciron il abaisse les yeux.

Quelquefois il parcourt cette riche nature,
Qu'imite des beaux arts la magique imposture.
« Lulli, dit-il, peint bien le doux bruit de ces eaux.
Que Tibulle eût goûté l'ombre de ces berceaux!
Oh! si Greuze voyoit cette noce rustique,
Ces enfants demi-nus, cette chaumière antique!
Admirable Rameau! l'on entend dans tes sons
Le cours de ces torrents, grondant dans les vallons;
Boucher dessineroit ce riant paysage,
Et Rembrandt eût tracé cette forêt sauvage. »

D'autres fois, occupé de plaisirs plus touchants,
Il instruit ces mortels qui cultivent les champs;
Il invente pour eux des instruments utiles :
Leurs guérets, à sa voix, deviennent plus fertiles;
Le laboureur surpris admire sa moisson,
Et pour son bienfaiteur entonne sa chanson.
Mon Crésus cependant, enfumé de champagne,
Végète dans sa terre, et maudit la campagne.

C'est ainsi que les arts, en tous lieux, en tous temps,
De cette courte vie amusent les instants,
Nous sauvent du danger des foiblesses humaines,
Augmentent nos plaisirs et soulagent nos peines.
Beaux arts! oui, je vous dois mes moments les plus doux;
Je m'endors dans vos bras, je m'éveille pour vous.
Que dis-je? autour de moi tandis que tout sommeille,
Aux clartés d'un flambeau je prolonge ma veille;

Seul je rêve avec vous, loin du trouble et du bruit;
Par vous, en jour heureux je sais changer la nuit.
 Eh! comment résister au charme qui m'inspire?
Tout parle ici de vous (¹); ces lieux sont votre empire.
Ici, vous conduisiez la plume de Rollin;
Vous accordiez ici la lyre de Coffin;
J'y vois leur successeur, qui, rival de leur gloire,
En suivant leur exemple, honore leur mémoire;
Qui, pour les vrais talents d'un noble amour épris,
Sait juger leurs travaux, sait distinguer leur prix.
J'y vois ce maître aimable (²), et qui, d'un vol agile,
Court d'Horace à Newton, d'Aristote à Virgile.
Et toi (³), que doit bientôt couronner Apollon,
Toi, mon fidèle ami, permets-moi ce beau nom;
La victoire a trois fois signalé ta jeunesse;
Trois fois sur tes lauriers j'ai pleuré de tendresse.
Cet amour t'est bien dû: ta généreuse main
M'aplanit des beaux arts le pénible chemin.
Poursuis; vole à la gloire, et foule aux pieds l'envie:
Mes jours s'embelliront de l'éclat de ta vie.

(¹) Ces vers sont un foible témoignage de la reconnoissance que je dois à la maison où j'ai le bonheur de vivre (le collège de Beauvais, à Paris). L'éloge d'un collège n'est peut-être pas bien intéressant pour ce qu'on appelle *le beau monde*; mais il peut l'être, je crois, pour ceux qui estiment ce qui est estimable.

(²) M. Turquet, célèbre professeur de philosophie.

(³) M. Thomas, qui vient de remporter, pour la troisième fois, le prix d'éloquence de l'Académie française.

ÉPITRE A M. LAURENT,

A l'occasion d'un bras artificiel qu'il a fait pour un soldat invalide.

1761.

Archiméde nouveau, qui, par d'heureux efforts,
Pour dompter la nature, imites ses ressorts;
Qui sers l'humanité, ton maître et ta patrie;
Ma muse doit des vers à ta noble industrie.
Assez d'autres sans moi souilleront leur encens :
Qu'ils l'offrent à Plutus; je le dois aux talents.
Les talents, de nos biens sont la source féconde;
Ils forment les trésors et les plaisirs du monde.
Sur cette terre aride, asile des douleurs,
L'un fait naître des fruits, l'autre séme des fleurs.
Pourquoi faut-il, hélas! que notre esprit volage
N'aime que le brillant, dont nos mœurs sont l'image?
J'aime à voir de Pigal l'industrieuse main
Donner des sens au marbre, et la vie à l'airain.
Je dévore des yeux ces toiles animées
Où brillent de Vanloo les touches enflammées.
Voltaire, tour-à-tour sublime et gracieux,
Peut chanter les héros, les belles et les dieux.
Je souris à Lani, qui, bergère ou déesse,
Fait briller dans ses pas la grace ou la noblesse.

Et toi, divin Rameau! par tes magiques airs,
Peins les plaisirs des cieux, ou l'horreur des enfers.
Mais serai-je insensible à ces talents utiles,
Qui portent l'abondance à nos cités tranquilles;
Qui, pour nous, en tous lieux, multipliant leurs soins,
Consacrent leur génie à servir nos besoins?
Non; ces arts bienfaiteurs sont respectés des sages;
Et moins ils sont brillants, plus on leur doit d'hommages.
 Sans doute ils te sont dus, mortel industrieux!
Oui, tu gagnes mon cœur, en étonnant mes yeux.
Cet art, qui, suppléant la force par l'adresse,
Fixe la pesanteur, calcule la vitesse,
Asservit à ses lois et l'espace et le temps,
Et maîtrise à son gré le feu, l'onde et les vents;
Cet art a signalé l'aurore de ta vie:
Ton ame l'embrassa par l'instinct du génie.
Déja tes foibles mains, que lassoit le repos,
Préludoient, en jouant, à tes hardis travaux.
Un astre impérieux nous fait ce que nous sommes,
Et les jeux de l'enfance annoncent les grands hommes:
Tel Buffon, dans le sein d'un germe à peine éclos,
Déja distingue un tronc, des fruits et des rameaux.
Quels prodiges depuis ont rempli ta carrière!
Je te suis dans les champs de la Flandre guerrière:
Tristes champs, où Cérès voit naître ses moissons
Du sang dont le dieu Mars engraissa les sillons!
Là ton art, sur l'Escaut, pour défendre nos villes,
Posoit des murs de fer et des remparts mobiles;

Lançoit sur l'ennemi des torrents déchaînés(¹),
Ou portoit nos soldats sur les flots étonnés(²).

Mais la gloire t'appelle à de plus grands miracles(³) :
La puissance d'un art s'accroît par les obstacles.
C'est par eux qu'un dieu sage, irritant nos efforts,
Nous enchaîne au travail, et nous vend ses trésors.
C'est ainsi que ses mains, avares et fécondes,
Ont caché sous la terre, en des mines profondes,
Cet or qui fait mouvoir et vivre les états,
Et le bronze et l'airain tonnant dans les combats ;
L'acier qui fait tomber les sapins et les chênes ;
Le fer qui de Cérès fertilise les plaines,
Et le métal enfin, qui, docile à nos lois,
S'arrondit en canaux, ou s'étend sur nos toits.
L'Armorique long-temps, de ce métal utile,
Dans de vastes marais cacha l'amas stérile.
Tu parois : l'onde fuit, la terre ouvre son sein,
Et ne rend ses tributs qu'à ta puissante main.

Heureux, qui sait briller par d'utiles prodiges !
D'autres, féconds pour nous en frivoles prestiges,
Osent prostituer à de pénibles jeux
Un art qu'à nos besoins ont destiné les dieux.
Pour leurs concitoyens, que produit leur adresse ?
Ils nourrissent le luxe, ils flattent la mollesse.
Oui, dans eux le génie est un enfant badin ;
Mais dans toi, c'est un dieu propice au genre humain.

(¹) Écluses. — (²) Ponts portatifs. — (³) Dessèchement des mines.

Tu sentis le pouvoir de ses mains bienfaisantes;
Tu les mouilles encor de tes larmes touchantes,
Infortuné mortel! heureux dans ton malheur,
Par ses rares talents, plus encor par son cœur!
Je crois voir le moment, où, des traits de la foudre,
Tes bras au champ de Mars furent réduits en poudre;
Je crois te voir encor, meurtri, défiguré,
Traînant le reste affreux de ton corps déchiré,
Te montrer tout sanglant à sa vue attendrie :
La pitié qui lui parle enflamme son génie.
O prodige! ton bras reparoît sous sa main :
Ses nerfs sont remplacés par des fibres d'airain.
De ses muscles nouveaux essayant la souplesse,
Il s'étend et se plie, il s'élève et s'abaisse.
Tes doigts tracent déja le nom que tu chéris :
La nature est vaincue, et l'art même est surpris.

Que ne peut point de l'art l'activité féconde!
C'est par elle que l'homme est souverain du monde.
De la nature en vain tu crois naître le roi :
Mortel! sans le travail, rien n'existe pour toi.
Ce globe n'est soumis à ta vaste puissance,
Qu'à titre de conquête, et non pas de naissance;
Et tu n'es distingué parmi les animaux
Que par ton noble orgueil, ton génie et tes maux.
Vois l'énorme éléphant, dont la masse effrayante
Fait trembler les forêts dans sa course pesante :
Près de ce mont vivant, que sont tes foibles bras?
Mais sa force n'est rien; il ne la connoît pas.

Tu peux bien plus que lui : tu connois ta foiblesse,
Tu sens ton indigence, et voilà ta richesse.
Déja l'art t'a soumis l'air, la terre et les mers :
Déja je vois éclore un nouvel univers ;
Tes jours sont plus sereins, tes champs sont plus fertiles,
Ton corps devient moins foible, et tes sens plus agiles ;
Le verre aide ta vue ; il découvre à tes yeux (¹)
Des mondes sous tes pieds, des mondes dans les cieux :
A l'aide du levier, du poids et de la roue,
Des plus pesants fardeaux ton adresse se joue ;
Les forêts, à ta voix, descendent sur les eaux ;
Les rivages creusés embrassent tes vaisseaux (²) ;
Le ciel règle leur cours écrit sur ses étoiles ;
Le fougueux aquilon est captif dans leurs voiles.
C'est par eux que, comblant les gouffres de Thétis,
Tu joins deux continents, l'un par l'autre agrandis.
Là, pour unir deux mers, tu perças des montagnes (³),
Creusas des souterrains, inondas des campagnes.
Plus loin, de l'Océan tu reculas les eaux (⁴) ;
Un empire s'élève où mugissoient les flots.
Tu changeas des marais en des plaines fertiles ;
Sur l'abyme des mers tu suspendis des villes (⁵).
Les monuments du Nil, vainqueurs du temps jaloux (⁶),
Nés avec l'univers, ont vécu jusqu'à nous.

(¹) Microscope, télescope. — (²) Les ports. — (³) Canal de Languedoc. — (⁴) Les Hollandais. — (⁵) Venise. — (⁶) Pyramides d'Égypte.

Oui, telle est ta foiblesse, et ton pouvoir suprême,
Les œuvres de tes mains survivent à toi-même.

Autour de nous, enfin, promenons nos regards;
Là, je vois de plus près, et j'admire les arts :
Le cyclope, noirci des feux qui l'environnent,
Verse à flots embrasés les métaux qui bouillonnent;
La flamme cuit le vase arrondi sous nos doigts;
L'acier ronge le fer, ou façonne le bois.
Sur les fleuves profonds me formant une route,
Des rochers sous mes pas se sont courbés en voûte.
Par les eaux (¹) ou les vents (²), au défaut de mes mains,
Le cylindre roulé met en poudre mes grains.
Ici l'or, en habit se file avec la soie (³);
En des tableaux tissus la laine se déploie (⁴).
Là, le sable dissous par les feux dévorants (⁵),
Pour les palais des rois brille en murs transparents.
Sur un papier muet la parole est tracée (⁶);
Par un mobile airain on grave la pensée (⁷) :
Mille fois reproduite, elle vole en tous lieux.
Le temps a pris un corps, et marche sous mes yeux (⁸).
O prodige de l'art! sous une main hardie,
Le cuivre, des ciseaux reçoit l'ame et la vie (⁹);
L'automate, animant l'ivoire harmonieux (¹⁰),
Forme, sous des doigts morts, des sons mélodieux.

(¹) Moulin à eau. — (²) Moulin à vent. — (³) Travail de l'or-trait. — (⁴) Tapisseries des Gobelins. — (⁵) Glaces. — (⁶) Écriture. — (⁷) Imprimerie. — (⁸) Horlogerie. — (⁹) La gravure. — (¹⁰) Les figures de Vaucanson.

Vois ces doubles canaux où les eaux rassemblées,
Pour jaillir en torrents, à grand bruit sont foulées.
Si le feu dans la nuit, irrité par les vents,
Se roule en tourbillons dans des palais brûlants,
Mille fleuves soudain s'élèvent jusqu'au faîte [1];
L'onde combat la flamme, et sa fureur s'arrête.
Avec plus d'art encor, ces utiles canaux
Dans d'arides déserts ont transporté les eaux.
Privé de ce secours, le superbe Versailles
Étaloit vainement l'orgueil de ses murailles:
Mais que ne peut un roi? Près du riant Marli,
Que Louis, la nature et l'art ont embelli,
S'élève une machine, où cent tubes ensemble
Versent dans des bassins l'eau que leur jeu rassemble.
Élevés lentement sur la cime des monts,
Ces flots précipités roulent dans les vallons,
Raniment la verdure, ou baignent les Naïades,
Jaillissent dans les airs, ou tombent en cascades.
Puisse un jour cet ouvrage, avec l'utilité,
Unir, dans sa grandeur, plus de simplicité!
Puisse une main, avare avec magnificence,
Réparer ou créer cette machine immense;
Retrancher des ressorts l'amas tumultueux,
Rendre leur jeu plus sûr et moins impétueux;
Sans nuire à leur effet, borner leur étendue,
Et m'étonner encor, sans fatiguer ma vue [2]!

[1] Les pompes pour les incendies.
[2] Le vœu du poëte est complétement réalisé aujourd'hui.

Mortels, de la nature industrieux rivaux,
Dans leur majesté simple imitez ses travaux.
Avec le grand Newton, admirant sa puisance,
Par un rapide essor jusqu'aux cieux je m'élance,
Là, mon œil voit nager dans l'océan des airs
Tous ces corps, dont l'amas compose l'univers.
Autour du Dieu des ans, tranquille dans sa sphère,
Les astres vagabonds poursuivent leur carrière.
Notre globe, qu'entraîne une commune loi,
S'incline sur son axe, et roule autour de soi ;
La mer, aux temps marqués, et s'élève et s'abaisse ;
La lune croît, décroît, fuit et revient sans cesse :
Autour de leurs soleils, que de mondes flottants !
Un seul ressort produit tous ces grands mouvements.
De la simplicité quel sublime modèle !
Sans elle rien n'est beau ; tout s'embellit par elle.
Laurent, oui, tu connus cette admirable loi :
Tes ouvrages sont grands et simples comme toi.
Achève ; et, déployant ta force tout entière,
De l'art qui t'illustra recule la barrière :
Tout semble t'inviter à de nouveaux efforts ;
La gloire de ton nom t'a conduit sur ces bords,
Où de tous les plaisirs le Français idolâtre,
Aux talents qu'il honore ouvre un vaste théâtre,
D'un bout du monde à l'autre assemble tous les arts,
Et des peuples rivaux étonne les regards.
C'est là qu'en t'admirant il va te reconnoître.
Paris s'est applaudi, lorsqu'il t'a vu paroître,

Et ses murs, si féconds en pompeux monuments,
Attendent de tes mains de nouveaux ornements.
Là, tandis que vengeant l'honneur de la patrie,
Le Louvre reprendra sa majesté flétrie;
Tandis que d'un monarque adoré des Français,
Le bronze avec orgueil reproduira les traits;
La Seine, s'élevant de ses grottes profondes,
A ta loi souveraine asservira ses ondes;
Et se multipliant dans de nombreux canaux,
Formera dans Paris mille fleuves nouveaux.
Artiste ingénieux et citoyen fidèle,
Dès long-temps ta patrie a reconnu ton zèle :
En vain ce peuple fier, jaloux de nos succès,
Le rival, et sur-tout l'ennemi des Français;
En vain ce roi, fameux par les arts et la guerre (¹),
Qui tour-à-tour instruit et ravage la terre,
Espéroient, à prix d'or, acheter ton secours :
Tu dois à ton pays ton génie et tes jours.
Malheur au citoyen ingrat à sa patrie,
Qui vend à l'étranger son avare industrie!
Et vous, qui des talents voulez cueillir les fruits,
Rois, payez leurs travaux, et connoissez leur prix.
Eugène, ce héros dédaigné de la France,
Fit trembler cet état, qu'eût servi sa vaillance.
Pourquoi vous disputer des provinces, de l'or?
Les grands hommes, les arts, voilà le vrai trésor.

(¹) Frédéric-le-Grand.

Osez les conquérir par d'utiles largesses.
Ils ne demandent point d'orgueilleuses richesses ;
Ils laissent à Plutus le faste et les grandeurs.
Que faut-il à l'abeille? un asile et des fleurs.
Ah! s'il est quelque bien qui flatte leur envie,
C'est l'honneur : aux talents lui seul donne la vie.
Louis, qui, rassemblant tous les arts sous sa loi,
Du malheur de régner se consoloit en roi ;
Louis, de ses regards récompensoit leurs veilles :
Un coup d'œil de Louis enfantoit les Corneilles.

Citoyen généreux, ainsi ton souverain,
T'égalant aux héros, ennoblit ton destin (¹).
Trop souvent le hasard dispense ce beau titre :
Hélas! si la vertu des rangs étoit l'arbitre,
Peut-être un malheureux, mourant sur son fumier,
Du dernier des humains deviendroit le premier.
Tes talents, du hasard ont réparé l'outrage ;
Ton nom n'est dû qu'à toi ; ta gloire est ton ouvrage.
D'autres feront parler d'antiques parchemins :
Ces monuments fameux qu'ont élevés tes mains,
Ces chefs-d'œuvre brillants, ces fruits de ton génie,
Tant d'utiles travaux qu'admira ta patrie ;
Voilà de ta grandeur les titres glorieux :
Là, ta noblesse éclate et frappe tous les yeux.
Que font de plus ces grands, dont la fière indolence
Dévore lâchement une oisive opulence ?

(¹) M. Laurent avoit été fait chevalier de Saint-Michel.

Que laissent, en mourant, à leur postérité,
Ces mortels corrompus par la prospérité?
Des exemples honteux, de coupables richesses,
Un nom jadis sacré, souillé par leurs bassesses.
Tes enfants, plus heureux, hériteront de toi
L'exemple des talents, le zèle pour leur roi.

ÉPITRE
SUR L'UTILITÉ DE LA RETRAITE,

POUR LES GENS DE LETTRES.

1761.

Toi qui, malgré nos mœurs, nos écrits et ton âge,
A ton cinquième lustre es déja vieux et sage,
Tendre et fidèle ami, quel attrait dangereux
T'arrache à la retraite où tu vivois heureux?
Tu vas donc, égaré sur l'océan du monde,
Affronter cette mer, en naufrages féconde!
Ah! souffre que, plaignant l'erreur où je te vois,
La sincère amitié te parle par ma voix.
 « Ce monde si vanté, que ton cœur idolâtre,
Est, dis-tu, des talents l'école et le théâtre :
Là, je médite l'homme, et lis au fond des cœurs;
Là, je viens, pour les peindre, étudier les mœurs. »
 Sans doute, si tu veux, élève de Thalie,
Crayonner le tableau de l'humaine folie,
Permets-toi dans ce monde un séjour passager;
Observe nos erreurs, mais sans les partager.
Au ton fade ou méchant, qu'on nomme l'art de plaire,
Y viendrois-tu plier ton mâle caractère?
Voudrois-tu t'y glacer dans de froids entretiens,
Orner la médisance, et discuter des riens;

Applaudir un roman, décrier une femme,
Abjurer le bon sens pour la folle épigramme?
Dans nos cercles oisifs, dans ce vain tourbillon,
Transporte Mallebranche, ou Pascal, ou Newton:
Vois leur étonnement, vois leur sombre silence;
Ils regrettent l'asile où l'ame vit et pense.

Viendras-tu te soumettre aux petits tribunaux
Où, la navette en main, président nos Saphos;
Où ce sexe, autrefois content de nous séduire,
Jusque sur les talents exerce son empire;
Efférmine à-la-fois les esprits et les mœurs,
Étouffe la nature en la chargeant de fleurs;
Et, bornant des beaux-arts la carrière infinie,
Veut réduire à ses jeux les élans du génie?
Mets à leurs pieds ton cœur, et non pas tes écrits:
L'aigle altier n'est point fait pour le char de Cypris.

Je sais que du bon ton le vernis et la grace
Prête, même à des sots, une aimable surface;
Donne aux propos légers ce feu vif et brillant,
Qui luit sans échauffer, et meurt en petillant:
Mais ces foudres brûlants d'une mâle éloquence,
Ce sentiment profond que nourrit le silence,
Ce vrai simple et touchant, ces sublimes pinceaux,
Dont le chantre d'Abel anime ses tableaux,
Veux-tu les demander à ces esprits futiles?
Sybaris étoit-il le berceau des Achilles?

Dans ce monde imposteur, tout est couvert de fard;
Tout, jusqu'aux passions, est esclave de l'art:

Ces transports effrénés, dont le rapide orage
Bouleverse le cœur, se peint sur le visage,
Sous les dehors trompeurs de la sérénité,
Y cachent leur tumulte et leur férocité;
La haine s'y déguise en amitié traîtresse;
La vengeance y sourit, et la rage y caresse;
L'ardente ambition, l'orgueil présomptueux,
Y rampent humblement en replis tortueux;
L'amour même, ce dieu si terrible et si tendre,
L'impérieux amour s'y fait à peine entendre:
Tu ne l'y verras pas, plein de joie ou d'horreur,
Palpiter de plaisir, ou frémir de fureur;
Il gémit de sang-froid, avec art il soupire...
Va, fuis; cherche des cœurs que la nature inspire!

 Un autre écueil t'attend : ce tyran des esprits,
La mode, ose régler nos mœurs et nos écrits.
Veux-tu subir le sort du bel esprit vulgaire,
Qui dégrade son siècle, en vivant pour lui plaire;
Qui, consacrant sa plume à la frivolité,
Pour briller un instant, perd l'immortalité?
Oui; du siècle où tu vis respecte les suffrages:
Mais, placé dans ce point, embrasse tous les âges;
Rassemble autour de toi les Grecs et les Romains;
Sois l'émule et l'ami des plus grands des humains;
Allume ton génie aux rayons de leur flamme;
Qu'ils revivent pour nous, reproduits dans ton ame;
Et, citoyen savant de cent climats divers,
Du fond de ta retraite habite l'univers.

Mais j'entends à la cour une voix qui t'appelle :
Ami, quitteras-tu ton asile pour elle ?
Va, ne sers point les grands ; tu leur feras la loi ;
Ne descends pas pour eux ; qu'ils s'élèvent à toi.
De l'adulation la basse ignominie,
En avilissant l'ame, énerve le génie.
De nos brillants jardins les stériles ormeaux
Courbent servilement leurs timides rameaux :
Vois ce chêne ; nourri dans la forêt sauvage,
Il porte jusqu'aux cieux son superbe feuillage.
Ainsi, loin de la cour, ce Corneille fameux,
Honoré de nos jours dans ses derniers neveux,
Relevoit le théâtre où son ame respire ;
Et, sans flatter les rois, illustroit leur empire.
Tels Homère et Milton fouloient aux pieds le sort,
Obscurs pendant leur vie, et dieux après leur mort.
Suis leur exemple, ami ; fuis loin de ces esclaves,
Qui vont, aux pieds des grands, mendier des entraves.

Plus malheureux encor ces lâches beaux esprits,
Parasites rampants, qui vivent de mépris ;
Qui, dépensant leur ame en de froides saillies,
Transforment en bouffons les Muses avilies,
Portent des fers dorés à la cour des Crésus,
Et mettent leur génie aux gages d'un Crassus !

L'homme peut, j'en conviens, sans trahir sa noblesse,
Sur l'homme, son semblable, appuyer sa foiblesse :
Tout mortel isolé n'existe qu'à demi.
Mais cent rois à tes yeux valent-ils un ami ?

Oui, pour te consoler dans le sein de l'étude,
Que la tendre amitié charme ta solitude.
Amitié! doux penchant des humains vertueux,
Le plus beau des besoins, et le plus saint des nœuds;
Le ciel te fit pour l'homme, et sur-tout pour le sage.
Trop souvent l'infortune est ton triste partage:
Ta bienfaisante main vient essuyer ses pleurs.
Trop heureux deux mortels dont tu charmes les cœurs!
Leurs plaisirs sont plus vifs, et leurs maux s'affoiblissent:
En se réunissant leurs ames s'agrandissent.

 Mais ce n'est plus le temps: la haine et la fureur
Ont changé le Parnasse en théâtre d'horreur.
Les arts, présents du ciel accordés à la terre,
Ces enfants de la paix, se déclarent la guerre;
Et tandis que Bellone ébranle les états,
Leur empire est en proie à de honteux combats.
Sur les flots agités par les vents et l'orage,
L'astre brillant du jour ne peint point son image.
Viens; sors de ce chaos d'où fuit la vérité,
Où meurent les talents, l'honneur, l'humanité;
Où rampe avec orgueil l'intrigante bassesse:
Est-ce là qu'on entend la voix de la sagesse?
Dans la retraite, ami, la sagesse t'attend;
C'est là que le génie et s'éléve et s'étend;
Là, régne avec la paix l'indépendance altière;
Là, notre ame à nous seuls appartient tout entière.
Cette ame, ce rayon de la divinité,
Dans le calme des sens médite en liberté,

Sonde ses profondeurs, cherche au fond d'elle-même
Les trésors qu'en son sein cacha l'Être-Suprême;
S'échauffe par degrés, prépare ce moment,
Où, saisi tout-à-coup d'un saint frémissement,
Sur des ailes de feu, l'esprit vole et s'élance,
Et des lieux et des temps franchit l'espace immense;
Ramène tour-à-tour son vol audacieux,
Et des cieux à la terre, et de la terre aux cieux;
Parcourt les champs de l'air et les plaines de l'onde,
Et remporte avec lui les richesses du monde.

Vous ne connoissez point ces transports ravissants,
Vous, héros du beau monde, esclaves de vos sens:
Votre esprit égaré, sans lumière et sans force,
N'aperçoit que l'objet, et n'en voit que l'écorce.
L'astre majestueux, dont le flambeau nous luit,
N'est pour vous que le jour qui succède à la nuit :
Mais du sage attentif frappe-t-il la paupière?
A de hardis calculs il soumet sa lumière :
Déja, le prisme en main, il divise ses traits;
De sa chaleur féconde il cherche les effets;
Il voit jaillir les feux de leur brûlante source;
Il mesure cet astre, il lui marque sa course;
Et, cherchant dans les cieux son auteur immortel,
S'élève jusqu'au trône où siége l'Éternel.

O retraite sacrée! ô délices du sage!
Ainsi, fier de penser, loin du monde volage,
Il voit des préjugés le rapide torrent
Entraîner loin de lui le vulgaire ignorant;

Et, suivant des humains la course vagabonde,
Jouit, en le fuyant, du spectacle du monde.
  Hélas! si des humains les instants sont si courts,
Faut-il dans de vains jeux perdre nos plus beaux jours?
Faut-il que la langueur de notre ame assoupie,
Même avant notre mort, nous prive de la vie?
Dans l'avenir plutôt dressons-nous des autels.
Ami, ce temps qui fuit peut nous rendre immortels.

ÉPITRE SUR LES VOYAGES*.

Enfin, graces aux mains dont la sage culture,
Dans toi, sans l'altérer, embellit la nature,
Nous voyons ton génie éclos avant le temps,
Et les dons de l'automne enrichir ton printemps !
Ton goût s'est épuré, l'étude de l'histoire
A mûri ta raison, en ornant ta mémoire.
L'art des vers t'a prêté ses brillantes couleurs ;
La morale, ses fruits ; l'éloquence, ses fleurs.
A l'heureuse union de ces grands avantages,
Que manque-t-il encor ?... Le secours des voyages.

« Qui ? moi ! que je m'arrache à mes amusements,
Pour des peuples grossiers, ou de vieux monuments !
Que j'aille déterrer d'augustes antiquailles,
User mes yeux savants sur d'obscures médailles ;
Consulter des débris, admirer des lambeaux,
Et fuir loin des vivants, pour chercher des tombeaux ! »

Ainsi s'exprimeroit quelque marquis folâtre,
De ses fades plaisirs amateur idolâtre,
Captif dans un salon de vingt glaces orné,
Et dont l'esprit encore est cent fois plus borné.

* Cette épitre a remporté le prix à l'Académie de Marseille, en 1765.

Loin de ce cercle étroit la nature t'appelle.
Va goûter des plaisirs aussi variés qu'elle :
Pour toi sa main féconde, en mille êtres divers,
Nuança le tableau de ce vaste univers.
Aux rives de Marseille, où le commerce assemble
Vingt peuples étonnés de se trouver ensemble,
L'humble sujet des rois, le fier républicain,
Et le froid Moscovite, et le noir Africain,
Et le Batave actif sorti du sein de l'onde;
Tu vois avec plaisir cet abrégé du monde.
Quels seront tes transports, quand des mœurs et des arts
Le spectacle agrandi va frapper tes regards;
Lorsqu'à tes yeux surpris tant de peuples vont naître!
Le premier des plaisirs, c'est celui de connoître :
C'est pour lui qu'un mortel, noblement curieux,
S'arrache au doux pays où vivoient ses aïeux;
Et, loin d'un tendre ami, d'une épouse adorée,
Même loin des regards d'une mère éplorée,
Tantôt chez des humains plus cruels que les ours,
Va chercher la nature au péril de ses jours;
Tantôt, parmi des feux et des torrents de soufre,
Approchant de l'Etna le redoutable gouffre,
Pour sonder les secrets de ses feux consumants,
Marche d'un pas hardi sur ces rochers fumants;
Tantôt, courant chercher, dans les murs de Palmire,
Ces superbes débris que l'étranger admire,
Affronte, et des brigands l'horrible avidité,
Et d'un vaste désert la triste aridité,

Et d'un ciel dévorant la flamme étincelante,
Que le sable embrasé réfléchit plus brûlante;
Et l'arène changée en des tombeaux mouvants,
Où mille malheureux sont engloutis vivants.

 De retour sous son toit, tel que l'airain sonore
Qu'on cesse de frapper et qui résonne encore,
Dans la tranquillité d'un loisir studieux,
Il revoit en esprit ce qu'il a vu des yeux;
Et, dans cent lieux divers présent par la pensée,
Son plaisir dure encor, quand sa peine est passée.

 Souvent près d'une épouse, à son foyer assis,
Il aime à la charmer par d'étonnants récits;
Et, suspendant leurs jeux, dès l'âge le plus tendre,
Ses enfants enchantés se pressent pour l'entendre.

 Qu'il porte son tribut à la société:
Dans tous ses entretiens quelle variété!
Savant observateur de ce globe où nous sommes,
Connoissant tous les lieux, connoissant tous les hommes,
Par le charme piquant de mille traits divers,
Il semble, sous nos yeux, transporter l'univers;
Et, toujours agréable, en même temps qu'utile,
Instruit sans être lourd, plaît sans être futile.

 « Mais quoi! sans s'exiler, ne peut-on rien savoir?
Moi, dans mon cabinet, j'apprends tout sans rien voir, »
Dit, de l'esprit d'autrui ce moissonneur avide,
Qui, la mémoire pleine et l'esprit toujours vide,
D'observer par ses yeux se croyant dispensé,
Si l'on n'eût point écrit, n'auroit jamais pensé.

Oui, tes livres sont bons, mais moins que la nature;
Rarement on l'y voit peinte sans imposture.
Pourquoi donc la juger sur leurs fausses couleurs?
A tes propres défauts pourquoi joindre les leurs?
Et, quand ils m'offriroient une image fidéle,
Que me fait le tableau, lorsque j'ai le modéle?
Celle dont je puis voir les véritables traits,
Je ne la cherche point dans de vagues portraits:
L'objet me frappe plus qu'une froide peinture;
Un coup d'œil quelquefois vaut un an de lecture.
« J'ai tant vu, dit quelqu'un, de ces hommes fêtés,
Qui, portant leur ennui dans vingt sociétés,
Fiers d'avoir parcouru ce monde ridicule,
Prennent ce cercle étroit pour les bornes d'Hercule:
Prétendent que par-tout sont les mêmes travers,
Et veulent sur Paris mesurer l'univers. »
Insensé! sors enfin de ton erreur profonde;
Tu n'as vu qu'un feuillet du grand livre du monde.
Dans ce Paris, séjour de l'uniformité,
Théâtre où tout imite, où tout est imité,
Chaque coin cependant a son nom, a son style;
L'habitant du Marais est étranger dans l'Île;
Et ces peuples nombreux, dans l'univers épars,
Séparés à jamais par d'éternels remparts,
Que de l'humanité les seuls liens rassemblent,
Tu veux que leur génie et leurs mœurs se ressemblent!
A des yeux plus instruits, ou plutôt moins distraits,
Comme chaque mortel, chaque peuple a ses traits.

Je sais que, de nos cœurs impérieuses reines,
Les mêmes passions sont par-tout souveraines :
Mais, de l'esprit humain despotes orgueilleux,
Les préjugés, ami, changent avec les lieux :
Concentrés dans nos murs, comment guérir les nôtres ?
Le mal est parmi nous, le remède chez d'autres ;
Qu'ils nous prêtent ces dons loin de nous écartés !
Qu'eux-mêmes, à leur tour, empruntent nos clartés.
Qu'ainsi, de toutes parts, le vrai se réfléchisse :
Par cet échange heureux que l'esprit s'enrichisse !
Ainsi, de son pays franchissant la prison,
Le voyageur découvre un nouvel horizon ;
Et, mettant à profit cette course féconde,
Cherche les vérités éparses dans le monde ;
Tandis que, dans sa terre, un gentillâtre altier,
De l'esprit paternel fanatique héritier,
Végète obstinément dans ses donjons antiques,
Et dans ses préjugés mille fois plus gothiques.

« Ainsi l'homme ne peut se former qu'en courant !
Pour se rendre estimable, il faut qu'il soit errant,
Et que, de peuple en peuple, oubliant sa noblesse,
Il aille, par lambeaux, recueillir la sagesse !
Le soleil ne reçoit ses clartés que de lui :
Et l'ame doit penser par le secours d'autrui !
L'arbre, content des fruits qu'il tient de la nature,
Dans son terrain natal trouve sa nourriture :
Le ciel auprès de nous, avec le même soin,
A placé les secours dont notre ame a besoin.

Pourquoi donc, affamés des richesses des autres,
Mendier leurs trésors, et dédaigner les nôtres;
Pareils à ces mortels justement odieux,
Qui, pouvant cultiver le champ de leurs aïeux,
Aiment mieux, promenant leur misère importune,
Sur la pitié publique établir leur fortune?

« D'ailleurs, me dites-vous, chaque peuple a ses mœurs:
Ces nuances d'esprit, ces contrastes d'humeurs,
Le ciel les forme-t-il pour que ce caractère,
Par tous ces frottements ou s'efface ou s'altère?
S'il faut que par l'esprit l'esprit soit imité,
Condamnez donc le monde à l'uniformité;
Dérobez donc aux champs cette riche peinture,
Qui, sous mille coups d'œil, reproduit la nature;
Donnez donc à nos fruits, donnez donc à nos fleurs
Et les mêmes parfums et les mêmes couleurs;
Et voyant à regret d'inégales campagnes,
Au niveau des vallons abaissez les montagnes.

« Eh! copier, enfin, n'est-ce pas se borner?
La parure d'autrui me gêne sans m'orner.
Ainsi, l'ame affoiblit sa vigueur naturelle,
En adoptant des mœurs qui n'étoient pas pour elle:
Ainsi, des étrangers empruntant ses appas,
L'esprit se dénature et ne s'embellit pas.
Une beauté sans art a des défauts qu'on aime:
Le singe est plus choquant que l'ours affreux lui-même.
Ne nous gâtons donc pas, en voulant nous changer:
L'air le plus ridicule est un air étranger.

Le secret de choquer, c'est de se contrefaire :
L'esprit s'égare enfin dès qu'il franchit sa sphère. »
 Oui : mais en voyageant si je sais l'enrichir,
C'est agrandir ma sphère, et non pas la franchir.
Le vrai, du monde entier est le commun partage ;
Mais le ciel, en cent lieux sema cet héritage.
C'est peu que, pour unir toutes les nations,
Entre elles de la terre il partage les dons :
Pour mieux favoriser cette utile harmonie,
Il leur partage encor les talents du génie,
Et fait ainsi servir, aux plus heureux accords,
Et les besoins de l'ame et les besoins du corps.

 C'est à nous d'assembler les rayons qu'il disperse,
D'augmenter nos trésors par un noble commerce ;
C'est à nous de chercher, au prix de cent travaux,
D'anciennes vérités chez des peuples nouveaux.

 L'air d'un autre, dit-on, dans nous pourroit déplaire (1).
Non, non, la vérité n'est jamais étrangère ;
Et, de quelque climat que l'on soit citoyen,
Musulman ou Français, la sagesse sied bien.
« Mais c'est l'homme sur-tout que l'homme doit connoître.
Et pourquoi, loin des lieux où le ciel m'a fait naître,
Chercher, ajoute-t-on, ce savoir incertain ?
Tout est nouveau pour moi chez un peuple lointain :
Cette école des mœurs, que l'on appelle usages,
L'habillement, la langue, et même les visages,

---

(1) Ce n'est que l'air d'autrui qui peut déplaire en moi.
   BOILEAU, ép. IX, v. 90.

D'un frivole dehors m'occuperont long-temps,
Et me déroberont de précieux instants.
Comment connoître à fond une terre étrangère,
Qu'à peine effleurera ma course passagère?
L'homme est-il, loin de moi, plus facile à juger,
Sous un masque inconnu, sur un coup d'œil léger,
Que ceux qu'à mes regards ma nation expose,
Dont le masque connu n'a rien qui m'en impose;
Et que par habitude, et pour mes intérêts,
Je revois plus souvent, j'observe de plus près? »

Eh! c'est l'intérêt même, et sur-tout l'habitude,
Qui, bien loin d'y servir, nuisent à cette étude.
Sur les objets voisins, l'une nous rend distraits :
L'autre, peintre infidèle, en altère les traits ;
L'une nous fait tout voir avec indifférence,
Et l'autre donne à tout une fausse apparence ;
L'un rend passionné, l'autre peu curieux ;
L'une enfin assoupit, l'autre abuse mes yeux.
Pour voir ce grand spectacle avec une ame saine,
Il faut être au parterre, et non pas sur la scène :
Souvent il faut aussi, pour plaire aux spectateurs,
Une pièce nouvelle et de nouveaux acteurs.

D'ailleurs, puisque éprouvant diverses influences,
L'homme, selon les lieux, prend diverses nuances,
Pourquoi n'examiner qu'un seul coin du tableau?
Ce fleuve, dont l'aspect semble toujours nouveau,
Suffit-il, pour juger ce qu'il est dans sa course,
De voir son embouchure, ou d'observer sa source?

Non ; il faudroit le suivre en son cours tortueux,
Le voir rapide ou lent, humble ou majestueux;
Resserré dans son lit, reculant ses rivages,
Baignant des bords fleuris, ou des rives sauvages.
Ainsi l'homme varie ; ainsi de toutes parts
Il faut de son portrait chercher les traits épars :
Chez les républicains admirer sa noblesse ;
Aux pieds d'un fier despote observer sa foiblesse ;
Voir comment son esprit, dépendant des climats,
Est bouillant au Midi, froid parmi les frimas ;
Remarquer tantôt l'art, et tantôt la nature ;
Voir ici le défaut, là, l'excès de culture ;
Enfin, chercher en quoi tous ces peuples nombreux
Ressemblent l'un à l'autre, ou diffèrent entre eux,
Depuis l'affreux Huron, qui, mugissant de joie,
Égorge les vaincus, et dévore sa proie,
Jusqu'aux Européens, brigands ingénieux,
Qui, sans se dévorer, s'égorgent encor mieux.
« Mais enfin, à quoi tend ma course vagabonde?
J'aurai vu les erreurs dont l'univers abonde ;
J'aurai vu les mortels en proie aux passions ;
Le servile intérêt mouvoir les nations,
Et, sous cent noms pompeux tyrannisant la terre,
Nourrir chez les humains une éternelle guerre.
Eh ! pourquoi, recherchant ce dangereux savoir,
M'accoutumer au mal, à force de le voir?
Je serai, dans le monde, étranger et novice ;
Hélas ! à la vertu que sert l'aspect du vice?

Examinons plutôt notre cœur imparfait;
Voyons ce qu'il faut faire, et non ce que l'on fait;
Connoissons les devoirs, non les erreurs des hommes,
Ce qu'il nous convient d'être, et non ce que nous sommes;
Enfin, qu'importe ici ce que l'on pense ailleurs?
Revenant plus instruits, revenons-nous meilleurs? »

Oui : des maux les plus grands l'ignorance est la mère;
Ainsi que ses vertus, tout peuple a sa chimère.
C'est peu que ce tyran, le préjugé natal,
Sur les yeux de l'esprit mette un bandeau fatal :
Il soumet le cœur même à son joug incommode,
Avilit la vertu, met le vice à la mode;
Corrompt l'homme orgueilleux, d'un faux honneur épris,
Qui, courant à la honte, en fuyant le mépris,
Vicieux par usage, insensé par coutume,
En mœurs, comme en habits, obéit au costume;
Et, de l'opinion sujet respectueux,
Pour être citoyen, n'ose être vertueux.

N'est-ce pas ce tyran, dont l'ordre impitoyable
Prescrit à deux amis un cartel effroyable;
Pour un mot, pour un geste échappé sans dessein,
Les force, par décence, à se percer le sein;
Leur rend, par point d'honneur, le meurtre légitime,
Et leur fait, en pleurant, égorger leur victime?

Voulons-nous, vers le bien, prendre un vol vigoureux?
Brisons donc de l'erreur les liens rigoureux;
Osons donc, de notre ame agrandissant la sphère,
Apprendre à bien penser, pour apprendre à bien faire;

Et, par la vérité, du vice heureux vainqueurs,
Épurons nos esprits pour corriger nos cœurs !

Mais, pour mieux dissiper ces ombres mensongères,
Il faut leur opposer les clartés étrangères ;
Il faut nous arracher au dangereux séjour
Où l'on reçoit l'erreur en recevant le jour.

Toi qui, dans la noblesse où ta fierté se fonde,
Crois voir le lâche droit d'être inutile au monde,
Automate orgueilleux, qui croirois t'abaisser
En cultivant ces arts qui daignent t'engraisser ;
Va, chez l'heureux Chinois, voir briller près du trône
Les enfants de Cérès, comme ceux de Bellone ;
Va voir, dans ses beaux ports, l'Anglais laborieux
Tirer de nos besoins un tribut glorieux ;
Et conclus, à l'aspect de leur noble industrie,
Qu'on ne déroge pas en servant sa patrie ;
Que cent vaisseaux, chargés des dons de l'univers,
Valent bien du vélin épargné par les vers !

Et vous, qui, près des rois, adulateurs obliques,
Laissez mourir le cri des misères publiques ;
De vos seuls intérêts avides partisans,
Indolents citoyens et zélés courtisans,
Chez les républicains allez puiser ces flammes
Que le patriotisme allume dans leurs ames ;
Voyez-les à l'état consacrer tous leurs vœux,
Et par les maux publics rougissez d'être heureux !

Voilà comme, éclairé par des leçons vivantes,
L'homme revient meilleur de ses courses savantes :

Ainsi, des préjugés il brave les clameurs,
Prend d'autres sentiments en voyant d'autres mœurs,
Affranchit de ses fers son ame emprisonnée,
Fuit du vice natal l'haleine empoisonnée ;
Et, recueillant le vrai, se dépouillant du faux,
Par les vertus d'autrui corrige ses défauts.

Ainsi, pour adopter des rameaux plus fertiles,
Un arbre cède au fer des branches inutiles ;
Et, d'un nouveau feuillage étonnant nos vergers,
Étale le trésor de ses fruits étrangers.

Mais c'est peu des vertus qu'il trouve à son passage ;
Le mal, comme le bien, doit instruire le sage.
En parcourant le monde, il a vu les mortels,
Chacun à son idole, élever des autels ;
Et, séduits par l'orgueil, conduits par l'habitude,
De leurs préventions chérir la servitude :
Lui-même il sent combien son esprit fasciné
Extirpa lentement le faux enraciné :
Dès-lors il se guérit de cette confiance,
Enfant présomptueux de l'inexpérience.
Instruit par l'erreur même, il sait la redouter ;
Pour apprendre à connoître, il apprend à douter ;
Et jamais, employant le fer ou l'anathème,
Il ne trouble un état pour fonder un système.
Exempt de fanatisme, il brave aussi l'orgueil.
Sur ce qu'il parcourut, s'il rejette un coup d'œil,
Dans ces vastes états, dans ces cours si pompeuses,
Qu'a-t-il vu ? de vrais maux, et des grandeurs trompeuses ;

Des crimes, décorés de noms éblouissants :
Des peuples malheureux, des favoris puissants ;
Des souverains, armés pour des monceaux de pierres,
Et d'infidèles paix, après d'injustes guerres !
 Ce vide des grandeurs, ce néant des humains,
Il le retrouve encor dans l'œuvre de leurs mains.
Dans la Grèce, dans Rome, en silence il contemple
Les restes d'un palais, les ruines d'un temple :
Il voit périr du Nil les colosses fameux,
Et les tombeaux des rois mourir enfin comme eux.
S'il cherche ces cités que l'orgueil a construites,
C'est parmi les débris de cent villes détruites.
« Ce monde, où follement l'homme s'enorgueillit,
Dit-il, renaît sans cesse, et sans cesse vieillit :
Un empire s'élève, un autre empire tombe ;
A côté d'un berceau j'aperçois une tombe.
L'orgueilleux Pétersbourg sort du sein d'un marais ;
Et toi, fière Lisbonne, hélas ! tu disparois !
Et je crois, à travers tes débris lamentables,
Entendre retentir ces mots épouvantables :
Mortels ! tout doit périr, et tout a son trépas :
Seule dans l'univers la vertu ne meurt pas. »
 Mais de ce vaste champ que t'offrent les voyages,
Ne crois pas que le fruit se borne à quelques sages ;
Dans des états entiers où germent leurs leçons,
Souvent ils ont produit de fertiles moissons.
Par eux, si du terrain la bonté les seconde,
Des peuples, par degrés, la raison se féconde :

Par eux mille talents, noblement transplantés,
Vont fleurir loin des lieux qui les ont enfantés.

Vois du superbe Anglais l'humeur indépendante :
D'esprits forts et nerveux quelle foule abondante !
Chez eux le naturel s'élance en liberté :
On sent avec vigueur, on pense avec fierté.
D'où vient dans les esprits cette séve féconde?
C'est qu'ils sont moins Anglais que citoyens du monde.
Tels des vastes forêts les chênes vigoureux
Cherchent au loin les sucs qui circulent pour eux.
Et nous qui, pour nos mœurs remplis d'idolâtrie,
Aimons trop nos foyers, trop peu notre patrie,
Par des usages vains sans cesse maîtrisés,
Jusque dans nos plaisirs toujours symétrisés,
Innombrable famille en qui tout se ressemble,
Dans un cercle ennuyeux nous tournons tous ensemble;
Et, plus polis que bons, moins grands que fastueux,
Rarement formons-nous un élan vertueux ;
Ou bien, si quelquefois, de nos cœurs léthargiques,
Nous laissons échapper quelques traits énergiques;
Si, plus amis des arts, plus enchantés du beau,
Au mâle Crébillon (1) nous dressons un tombeau;
Si le sang de Corneille (2) a reçu notre hommage,
Si du divin Rameau (3) nous conservons l'image,

(1) Mausolée en l'honneur de Crébillon.
(2) Représentation de *Rodogune* en faveur de mademoiselle Corneille.
(3) Statue en l'honneur de Rameau, proposée par souscription.

Si tout redit le nom des héros de Calais;
Nous en devons l'exemple à ces mêmes Anglais,
Qui, plus reconnoissants encor que nous ne sommes,
A côté de leurs rois inhument leurs grands hommes :
Tant des peuples entre eux le commerce a de prix!

N'outrons rien cependant : je vois avec mépris
Un vain déclamateur, qui, par un zèle extrême,
Ayant raison, a tort, et rend faux le vrai même;
Qui, ne haïssant rien, n'aimant rien à moitié,
Approuve sans réserve, ou blâme sans pitié.
Il est des nations que perdroient les voyages.
Un peuple vertueux qui vit sous des lois sages,
Mais qui, par l'indigence au travail excité,
Doit ses âpres vertus à la nécessité;
Qui, graces aux rigueurs de la sage nature,
A des antiques mœurs conservé la droiture;
Que lui peuvent offrir des peuples étrangers?
Des écueils séduisants et de brillants dangers.
Dans leur luxe trompeur il croit voir l'abondance,
Et, pour monter trop haut, il tombe en décadence.
Tel, de nos grands seigneurs rival présomptueux,
Se ruine un bourgeois, sottement fastueux.
Que ce peuple aime donc ce modeste héritage :
Puisqu'il a des vertus, que veut-il davantage?

Telle Sparte, jadis, le chef-d'œuvre des lois,
De qui la pauvreté faisoit trembler les rois,
Fuyant la cour de Suse et l'école d'Athènes,
Les trésors de Xercès et l'art de Démosthènes,

Comme une île qui sort du noir gouffre des mers,
Vit le luxe autour d'elle inonder l'univers.

O vous, qui l'imitez! nations Helvétiques,
Parlez : pourquoi craint-on pour vos vertus antiques?
Faut-il le demander? Ennuyés d'être heureux,
Vous désertez vos champs pour nos murs dangereux.
Venez-vous, dédaignant des biens inestimables,
Échanger vos vertus pour nos vices aimables?
Aux portes des palais vous veillez chez nos grands :
Hélas! en chassez-vous les chagrins dévorants?
Fuyez donc ces palais; allez dans vos campagnes,
Revoir vos simples toits et vos chastes compagnes.
Vous n'y trouverez pas nos esprits petillants,
Nos ennuyeux plaisirs, nos spectacles brillants;
Mais des époux constants, des épouses fidèles,
Mais des fils dignes d'eux, des filles dignes d'elles;
Des hommes, dont les bras savent encore agir,
Des femmes, dont les fronts savent encor rougir.
Ah! bien loin de venir chercher notre licence,
C'est nous que doit chez vous appeler l'innocence.

Oui, pour d'austères mœurs s'ils sont pernicieux,
Des voyages, pour nous, les fruits sont précieux.
Nous pouvons y gagner, et n'avons rien à craindre.
D'ailleurs, nos arts sans eux pourroient enfin s'éteindre.
Puisque nous n'avons pas le charme des vertus,
Gardons au moins celui qui l'imite le plus ;
Privés de la nature, ayons-en l'apparence,
Et n'allons pas au vice ajouter l'ignorance.

Mais nul à voyager n'a de plus justes droits,
Que des peuples soumis à de barbares lois :
Soit ceux où des tyrans oppriment des esclaves ;
Où le respect contraint languit chargé d'entraves ;
Où la loi sait punir, jamais récompenser;
Pour se faire obéir, défend d'oser penser,
Tyrannise les corps, et dégrade les ames,
Fait des esprits rampants, produit des cœurs infames ;
Et, changeant les mortels en de vils animaux,
Les rend et malheureux et dignes de leurs maux :
Soit ceux où, détruisant un utile équilibre,
Un peuple turbulent se croit un peuple libre,
Compte son insolence au nombre de ses droits,
Brave ses magistrats, ou méconnoît ses rois ;
Et, n'ayant aucun frein qui puisse le contraindre,
Parce qu'il ne craint rien, fait qu'il a tout à craindre :
Soit ceux enfin qu'on voit, à peine encor naissants,
Essayer, mais en vain, leurs ressorts impuissants ;
Et dont le foible corps, pour recevoir une ame,
Des talents étrangers doit emprunter la flamme.

Tels Lycurgue et Solon, heureux législateurs,
Chez cent peuples d'abord savants contemplateurs,
D'après les nations dès long-temps florissantes
Dessinèrent le plan de leurs cités naissantes ;
Et surent transporter dans leurs nouveaux remparts,
L'un toutes les vertus, et l'autre tous les arts.

Mais quoi ! pour te prouver ce qu'on doit aux voyages,
Me faut-il donc fouiller dans la nuit des vieux âges ?

Dans des temps plus voisins veux-tu voir leurs effets?
Vois tout un peuple au Nord créé par leurs bienfaits(¹).

 Là, d'horribles frimas toujours environnée,
Couverte de glaçons, de neige couronnée,
Et d'un deuil éternel effrayant les regards,
La nature hideuse effarouchoit les arts.
Chefs-d'œuvre du ciseau, charme de la peinture,
De l'art brillant des vers agréable imposture,
Danse voluptueuse, accords mélodieux,
Vous n'osiez approcher ces climats odieux!
Loin d'eux, et les beaux-arts, et les travaux utiles:
L'esprit étoit inculte et les champs infertiles;
Le commerce fuyoit ce séjour désolé:
Ce vil ramas d'humains languissoit isolé;
Et, chassant dans les bois, ou dormant sous ses huttes,
N'avoit que la dépouille et que l'instinct des brutes;
L'art même des combats n'existoit pas pour eux:
Le Russe, né féroce, et non pas valeureux,
Farouche dans la paix, impuissant dans la guerre,
Ne savoit ni charmer, ni subjuguer la terre;
Et les lois, l'enchaînant aux foyers paternels,
Rendoient son ignorance et ses maux éternels.

 Enfin Pierre paroît; il voit ce coin du monde
Dormir enseveli dans une nuit profonde·
De dix siècles de honte il prétend le venger;
Et c'est en le quittant, qu'il prétend le changer.

(¹) La Russie.

O prodige! un grand roi quitte le rang suprême;
Et, dans son noble exil, plus grand qu'en sa cour même,
Pour moissonner les arts dans cent pays divers,
Auguste voyageur, étonne l'univers;
Dans le palais des rois, sous l'humble toit du sage,
Fait de l'art de régner le noble apprentissage,
Dévore tout chef-d'œuvre offert à ses transports,
Parcourt les ateliers, interroge les ports,
Et des arts, recueillis dans ses courses immenses,
Rapporte au fond du Nord les fertiles semences.
Tout change : dans ces lieux, embellis à sa voix,
La nature a souri pour la première fois;
Il subjugue les champs, les ondes, les rivages,
Et ses propres sujets, mille fois plus sauvages.
Je vois creuser des ports, bâtir des arsenaux;
Les fleuves étonnés sont joints par des canaux;
Les marais sont couverts de moissons jaunissantes;
Les déserts sont peuplés de villes florissantes;
Des talents cultivés la fleur s'épanouit,
Et des vieilles erreurs l'amas s'évanouit.
Tels, dans ces mêmes lieux qu'un long hiver assiége,
D'affreux rochers de glace et de vieux monts de neige,
S'ils sentent du soleil les rayons pénétrants,
Dans les champs rajeunis vont se perdre en torrents.

Peuple heureux! le jour luit: tremblez qu'il ne s'éteigne!
Que dis-je? Ai-je oublié que Catherine règne?
Faite pour tout créer, ou pour tout embellir,
Pour tracer un plan vaste, ou bien pour le remplir,

Ce que Pierre ébaucha, Catherine l'achève;
Sous ses mains chaque jour l'édifice s'élève,
Et, pour le décorer, accourant à sa voix,
Tous les arts à l'envi se rangent sous ses lois.
Moins grand étoit celui qui, dans Thèbes naissante,
Entraînoit les rochers par sa lyre puissante.
Vive, vive à jamais cet écrit précieux (¹),
Où, pour former son fils sous ses augustes yeux,
Par l'appât de la gloire à la richesse unie,
Une grande princesse appelle un grand génie!
Et qu'on doute long-temps qui doit frapper le plus,
Ou d'une offre sublime, ou d'un noble refus!
Mais, que vois-je? Un champ clos, des devises, des armes,
Des cartels sans fureur, des combats sans alarmes (²):
Je vois, je reconnois ces spectacles guerriers,
Qui jadis délassoient nos braves chevaliers.
C'est ainsi qu'aux plaisirs associant la gloire,
Ils faisoient, en jouant, l'essai de la victoire;
Ainsi, leur repos même, utile à la valeur,
De l'héroïsme en eux nourrissoit la chaleur.
Jeux brillants, qu'a proscrits notre oisive mollesse,
Moscovites heureux, le Français vous les laisse.
Eh quoi! ce goût du beau, que vous puisiez chez nous,
Faut-il, à notre tour, l'aller trouver chez vous?

(¹) Lettre de l'impératrice de Russie à M. d'Alembert, pour l'inviter à se charger de l'éducation du grand duc de Russie.

(²) Carrousels ordonnés par l'impératrice de Russie.

Poursuivez : secondez une illustre princesse ;
Ce germe des talents, cultivez-le sans cesse ;
Et, dans de nouveaux lieux cherchant des arts nouveaux,
Par leur propre lumière éclipsez vos rivaux.

Des voyages, ami, tel est sur nous l'empire :
C'est l'air du monde entier que par eux on respire.
Si tous ces grands objets ont des charmes pour toi ;
Si l'ardeur de savoir t'entraîne loin de moi ;
Sans doute tes adieux me coûteront des larmes ;
Mais un motif bien noble adoucit mes alarmes :
Quoi que perde, dans toi, ton ami désolé,
Tu vas former ton cœur ; le mien est consolé.

ÉPITRE SUR LE LUXE.

1774.

Sors de la tombe, sors, réveille-toi, Boileau!
Rembrunis tes couleurs, raffermis ton pinceau;
Mais laisse en paix Cotin, misérable victime,
Immolée au bon goût, quelquefois à la rime.
Près des mauvaises mœurs, que font les mauvais vers?
Laisse là nos écrits, et combats nos travers :
Viens; je veux à tes traits les livrer tous ensemble.
Le luxe! dans lui seul, ce monstre les rassemble.
— Quoi! sur nos mœurs encor des sermons importuns,
Des déclamations, de tristes lieux communs?
— Des lieux communs! non, non. Si je disois : « **Dorante**
Fait briller à son doigt deux mille écus de rente;
Ce commis, échappé de l'ombre des bureaux,
Fait courir deux valets devant ses six chevaux;
De l'épais Dorilas, que Paris vit si mince,
Le salon coûte autant que le palais d'un prince;
Ce traitant, dans un jour, consume plus dix fois
Qu'il ne faut pour nourrir son village six mois. »
Voilà des lieux communs, trop communs, je l'avoue.
Mais si je dis : « Cet homme, attendu sur la roue,
Par un faste orgueilleux courbe tout devant lui :
Ce qui perdit Fouquet, l'absoudroit aujourd'hui.

Ce vieux prélat se plaint, dans l'orgueil qui l'enivre,
Qu'un million par an n'est pas trop pour bien vivre;
Cette beauté vénale, émule de Deschamps,
Des débris de vingt ducs scandalise Longchamps;
De sa vile moitié ce trafiquant infame
Étale impudemment l'or qui paya sa femme. »
Sont-ce des lieux communs que de pareils tableaux?
Non; grace à vos excès, mes vers seront nouveaux.
Mais n'outrons rien : je hais ceux dont le zéle extrême
Donne tort au bon droit, et rend faux le vrai même.
Équitables censeurs, fuyons dans nos écrits
Les préjugés de Sparte et ceux de Sybaris.
Sur un petit état jugeant un grand royaume,
Je ne viens point loger nos princes sous le chaume;
Ravaler nos Crassus aux Romains du vieux temps,
Des pois de Curius régaler nos traitants;
A nos jeunes marquis, si fous de leur parure,
Du vieux Cincinnatus faire endosser la bure;
A nos galants seigneurs citer le dur Caton.
Non : je serois gothique; et le morne baron,
Fier du superbe hôtel qu'il veut que l'on admire,
A de pareils discours se pâmeroit de rire.
Il est un luxe utile et décent, j'en conviens,
Permis aux grands états, aux grands noms, aux grands biens;
Qui, jusqu'au dernier rang, refoulant la richesse,
Fait redescendre l'or qui remonte sans cesse.
Il est un autre luxe au vice consacré,
De l'active industrie enfant dénaturé.

L'orgueil seul éleva ce colosse fragile;
Son simulacre est d'or, et ses pieds sont d'argile;
La vanité le sert; l'orgueil à ses genoux
Immole sans pitié, fils, femme, père, époux.
Squelette décharné, son étique figure
Affecte un embonpoint qui n'est que bouffissure;
Sous la pourpre brillante il cache des lambeaux,
Et son trône s'élève au milieu des tombeaux.
　　Mais j'entends murmurer de graves politiques,
Gens d'état, financiers, auteurs économiques.
De leurs discours subtils j'aime la profondeur;
Mais enfin, avant tout, il s'agit du bonheur.
Voyons: d'un luxe adroit les savants artifices
Ont de nos jours, dit-on, varié les délices.
Malheureux qui se fie à ses prestiges vains!
De nos biens, de nos maux, les ressorts souverains,
Quels sont-ils? la nature, et sur-tout l'habitude.
En vain de ton bonheur tu te fais une étude:
Sous l'humble toit du sage, heureux sans tant de soins,
Le vrai plaisir se rit de tes pompeux besoins.
Dis-moi: quand l'air plus pur, quand la rose nouvelle
Loin de nos murs fameux dans nos champs te rappelle,
Si d'un riche parterre, orné de cent couleurs,
Mille vases brillants ne contiennent les fleurs;
Si l'oiseau n'est captif dans de vastes treillages;
Si l'eau ne rejaillit parmi des coquillages;
En retrouves-tu moins le murmure des eaux,
Le doux baume des fleurs, le doux chant des oiseaux?

L'art se tourmente en vain: la fraise, que le verre,
Par de fausses chaleurs, couve au fond d'une serre,
A-t-elle plus de goût? Faut-il que ces pois verts,
Pour flatter ton palais, insultent aux hivers?
Ce melon, avancé par l'apprêt d'une couche,
D'un jus plus savoureux parfume-t-il ta bouche?
Heureuse pauvreté! je n'ai pas les moyens
D'altérer la nature et de gâter ses biens.
L'art te donne, à grands frais, d'imparfaites prémices;
Des fruits, dans leur saison, je goûte les délices.
Ces dons prématurés sont moins piquants pour toi,
Que ceux que la nature assaisonne pour moi.
Va, rassemble ces fruits que méconnoît Pomone;
Joins l'hiver à l'été, le printemps à l'automne;
Transporte, pour languir dans l'uniformité,
La cité dans les champs, les champs dans la cité;
Qu'enfin le jour en nuit, la nuit en jour se change:
De tous ces attentats la nature se venge;
Et ne laisse, en fuyant, que des sens émoussés,
Un cerveau vaporeux et des nerfs agacés.
Puis, vante-nous le luxe et ses recherches vaines!
Stérile en vrais plaisirs, adoucit-il nos peines?
Charme-t-il nos douleurs? Ce monde de valets
A-t-il du fier Chrysès chassé les maux secrets?
D'importuns tintements frappent-ils moins l'oreille
Où pend d'un gros brillant la flottante merveille?
Demande au vieux Créon, si sa bague, une fois,
Calma le dur accès qui vint tordre ses doigts?

Non, dans de vains dehors le bonheur ne peut être,
Et dans l'art de jouir l'orgueil est mauvais maître.
Mais l'homme fastueux cherche-t-il à jouir?
Prétend-il vivre? Non, il ne veut qu'éblouir.
Dans les discours publics il met sa jouissance:
De l'éclat ruineux de sa folle dépense
Veut-on le corriger? Le moyen n'est pas loin:
Ordonnez seulement qu'il soit fou sans témoin.
Faites qu'incognito sa maîtresse soit belle,
Et je veux, dès demain, le voir époux fidèle;
Que pour son cuisinier il ne soit plus cité,
Et je me fais garant de sa frugalité.

L'or, pauvre genre humain, vous fut donné, je pense,
Pour être le hochet de votre vieille enfance.
L'un, n'osant y toucher, l'enterre tristement;
L'autre, au lieu d'en user, le jette follement.
Dis-moi, de ces deux fous, lequel l'est davantage,
Ou l'avare opulent qui s'en défend l'usage,
Ou le sot fastueux, qui, fier d'un vain fracas,
Le dépense en objets dont il ne jouit pas?
Le chef de ses concerts lui choisit sa musique,
Des peintres ses tableaux, des auteurs sa critique,
Un cuisinier ses mets: jouissant par autrui,
Il ne voit, il n'entend, ni ne mange pour lui.
Heureux encore, heureux, si les airs qu'il se donne
Font rire à ses dépens, sans ruiner personne!
Car nous sommes bien loin de ce siècle grossier
Où l'on croyoit encor qu'acheter est payer.

O! quels pleurs verseroit un nouvel Héraclite!
Que de bon cœur riroit un nouveau Démocrite,
S'ils voyoient chaque état d'un vain faste s'enfler ;
Jusqu'à l'homme opulent le pauvre se gonfler,
Le seigneur, aux commis disputer l'élégance,
Le duc, des traitants même affecter la dépense,
Et ceux-ci, dans un wisk hasarder sans effroi
Plus qu'en six mois entiers ils ne rendent au roi!

 Toutefois dans le luxe il est un trait que j'aime :
C'est qu'au moins il nous venge et se détruit lui-même,
Et toujours son désastre est près de ses succès.
Car dans un temps fécond en monstrueux excès,
En vain vous m'étalez des sottises vulgaires :
Vite, engloutissez-moi tout le bien de vos pères ;
Ou dans votre quartier, obscurément fameux,
Dans vos salons bourgeois végétez donc comme eux.
Mondor de cet avis sentit bien l'importance :
Déployant dans son faste une noble insolence,
Mondor se ruinoit avec un goût exquis :
Boucher lui vendoit cher ses élégants croquis ;
Géliote chantoit dans ses fêtes superbes ;
Préville et Dugazon lui jouoient des proverbes ;
Sa Laïs, à prix d'or lui vendant son amour,
Traitoit, aux frais du sot, et la ville et la cour.
Enfin, son bilan vint : plus d'amis ; sa maîtresse
D'avance avoit ailleurs su placer sa tendresse ;
Lui, sans pain, sans asile, et d'un fatal orgueil,
En habit jadis noir, portant le triste deuil,

Dans quelque vieux grenier va cacher sa misère,
Et, pour comble de maux.... il est époux et père !
　Damis vous soutiendra, qui l'eût pu soupçonner ?
Que, pour faire fortune, il faut se ruiner.
Je le veux : toutefois, peut-être est-il peu sage
De risquer ce qu'on a, pour avoir davantage.
Il a beau répéter, prodigue intéressé :
« Le roi sait qu'aux États j'ai seul tout éclipsé.
Au dernier camp, la cour doit en être informée,
J'ai tenu table ouverte, et j'ai traité l'armée : »
Le roi, la cour, malgré des services si beaux,
Laissent, en pleine rue, arrêter ses chevaux.
Trop heureux le mortel dont la sage balance
Donne un juste équilibre à sa noble dépense ;
Qui sait avec l'éclat joindre l'utilité,
L'abondance au bon goût, au plaisir la santé,
Sans prodigalité comme sans avarice !
　Qui l'eût cru, que le luxe unît ce double vice ?
Tout est plein cependant d'avares fastueux.
Voyez le fier Orgon : bourgeois présomptueux,
Il pouvoit rendre heureux sa famille et lui-même ;
Sa fille eût épousé le jeune amant qu'elle aime ;
Un bon maître eût instruit ses enfants ; ses amis
A sa table, à leur tour, se seroient vus admis ;
Et d'un bon vin d'Aï l'influence féconde
Eût fait courir les ris et la joie à la ronde.
Mais, placé par le sort près d'un riche voisin,
Sur sa magnificence il veut monter son train ;

Et, pour l'air d'être heureux perdant le droit de l'être,
Il s'est fait indigent, de peur de le paroître;
Pour son leste équipage il fondit ses contrats;
Le foin de ses chevaux est pris sur ses repas;
En faveur des rubis dont sa femme étincelle,
Hier chez l'usurier on porta sa vaisselle.
Son cocher coûte cher; en revanche, à son fils,
Il achète, au hasard, un pédant à bas prix;
Et le cruel, enfin, condamne, dans sa rage,
Sa fille au célibat, et sa femme au veuvage.
Eh! mon ami, crois-moi, ton éclat fait pitié!
Le bonheur suit souvent un bon bourgeois à pied,
Et ton char fastueux promène la misère.
« En effet, me répond un gros millionnaire,
Ce discours, que j'approuve, est bon pour un faquin,
Dont l'aisance éphémère expirera demain.
Avoir du goût, chez lui seroit une insolence;
Mais moi, chargé du poids d'une fortune immense,
Je dois m'en délivrer avec le noble éclat
Que demande mon nom, qu'impose mon état. »
Quoi! ton or t'importune? O richesse imprudente!
Pourquoi donc près de toi cette veuve indigente?
Ces enfants, dans leur fleur, desséchés par la faim,
Et ces filles sans dot, et ces vieillards sans pain?
Ton or te pèse, ingrat! connois la bienfaisance,
Sois pour les malheureux une autre providence:
Aux mains d'un bon pasteur cours déposer le prix
Des magots qu'attendoit le boudoir de Laïs.

Dote les hôpitaux ; qu'une aumône secrète
Surprenne l'indigent au fond de sa retraite.
Du moins, si tes bienfaits n'osent rester obscurs,
Encourage nos arts, et décore nos murs.
La peinture à tes soins remet ce jeune élève ;
Ce chef-d'œuvre important demande qu'on l'achève ;
Ce monument gothique offense les regards...
Mais que parlé-je ici de chefs-d'œuvres et d'arts ?
Vois-tu, près de tes parcs, sous ton château superbe,
Ces spectres affamés qui se disputent l'herbe ?
Vois-tu tous ces vassaux, filles, femmes, enfants,
De ton domaine ingrat abandonner les champs ?
Sois homme : par tes dons, retiens ce peuple utile,
Laisse-lui quelque épi du champ qu'il rend fertile ;
Et que ses humbles toits, réparés à tes frais,
Pardonnent à l'orgueil de tes riches palais.

ÉPITRE
SUR LES VERS DE SOCIÉTÉ.

1768.

J'ai promis des vers à Constance;
Pour moi son ordre est une loi :
Qu'un regard soit ma récompense!
Il est vrai qu'avec répugnance
J'ai d'abord reçu cet emploi :
Je hais le triste personnage
De ces insipides rimeurs
Qui, dans leur importun ramage,
S'en vont bégayant des fadeurs;
Qui ne passent pas votre fête,
Sans qu'une chanson toute prête
Vous compare à votre patron;
Ne permettent point qu'une femme
Mette au jour un petit poupon,
Sans accoucher après madame
D'un petit poëme avorton;
N'apprennent point un mariage,
Que leurs poétiques cerveaux,
D'un insipide verbiage
Affligeant les époux nouveaux,

Ne répandent dans le ménage
Moins de roses que de pavots;
Pour une blonde, une brunette,
Ont en poche une chansonnette;
Enfin, qui, méritant le nom
De poëtes de la famille,
Chantent et la mère et la fille,
Et jusqu'au chien de la maison.
 D'ailleurs, pour offrir son hommage,
Sur-tout pour plaire à la beauté,
Parlons avec sincérité,
Les vers sont d'un bien foible usage!
Les poëtes les plus vantés
Rarement ont eu l'avantage
De plaire aux yeux qu'ils ont chantés.
Leur Muse, aimable enchanteresse,
En donnant l'immortalité,
Peut chatouiller la vanité,
Mais n'excite point la tendresse :
Le myrte heureux de la déesse
Qui préside à la volupté
Rarement s'élève à côté
Des lauriers brillants du Permesse.
Le Dieu des vers, je le confesse,
Du Dieu d'amour est peu fêté;
Et je plains fort, je vous assure,
Ces amoureux toujours rimants,
Qui, doublement à la torture,

Et comme auteurs, et comme amants,
Pour mieux attendrir leur Climène,
Vont présenter à l'inhumaine,
Avec l'hommage de leur cœur,
Quelque poétique fadeur,
Quelque innocente chansonnette
Qu'elle parcourt à sa toilette,
Et qu'elle oublie avec l'auteur,
Pour quelque amant moins bon rimeur,
Mais des charmes de la coquette
Bien plus solide adorateur.

Constance, je pense de même;
On peut très bien, en vérité,
Dire sans rimer: « Je vous aime. »
Un mot seul vaut un long poëme,
Quand c'est le cœur qui l'a dicté.
D'un amant la brûlante ivresse,
Sa douce sensibilité,
Sa touchante timidité
Près de l'objet qui l'intéresse,
Ses yeux, au gré de sa maîtresse,
Tantôt rayonnants de gaieté,
Tantôt éteints par la tristesse:
Voilà les preuves de tendresse
Dont est jalouse la beauté.

Je sais que l'amant de Glycère,
Que nos Lafares, nos Chaulieux,
Ont chanté l'amour et sa mère;

Mais ils chantoient l'amour heureux.
L'art des vers fut toujours chez eux
Accompagné de l'art de plaire :
Quand ils célébroient leur bergère,
Ils la célébroient sous ses yeux,
Et, de leurs écrits amoureux,
Chaque ligne, je le parie,
Étoit précédée ou suivie
De ces baisers voluptueux
Dont leur Corinne ou leur Sylvie
Payoit leurs chansons et leurs feux.

Pour moi, sans être aimé comme eux,
Cependant, pour plaire à Constance,
Je vais chanter loin de ses yeux.
Mais que de talents précieux,
Accusant déja mon silence,
Demandent des vers dignes d'eux !
Et ses propos ingénieux
Dont le sel piquant nous réveille,
Et les accents mélodieux
Dont sa voix flatte notre oreille,
Et la finesse de ses yeux,
Et le sourire gracieux
Qui naît sur sa bouche vermeille ;
Tout vient me charmer à-la-fois.
J'hésite, embarrassé du choix ;
Et, semblable à la jeune abeille,
Qui, quand Flore ouvre sa corbeille,

Indécise entre les couleurs
Et les parfums de mille fleurs,
Ne sait où reposer son aile,
Charmé de mille attraits divers,
J'oublie et la rime et les vers,
Et ne sais m'occuper que d'elle.
 Pour y rêver, plus d'une fois
Dans les jardins et dans les bois
Errant avant l'aube nouvelle,
Je dis : « Que n'est-elle en ces lieux !
Sur ces gazons voluptueux
Je reposerois auprès d'elle ;
Ma main de la fleur la plus belle
Parfumeroit ses beaux cheveux ;
Plein d'un transport délicieux,
Je la conduirois sous les ombres
De ces bosquets mystérieux ;
Car, à côté de deux beaux yeux,
On sait que les lieux les plus sombres
Sont ceux où l'on se plaît le mieux. »
Vains regrets ! desir inutile !
Constance, ornement de la ville,
De ce champêtre et simple asile
Dédaigne la rusticité.
Allons, le sort en est jeté :
Allons près de l'enchanteresse
Admirer encor sa beauté,
Et me plaindre de sa sagesse.

A MADAME DE ***,

SUR LE GAIN D'UN PROCÈS.

1768.

La Fortune est voilée, ainsi que la Justice.
L'une éparpille l'or, au gré de son caprice :
    L'autre, soulevant son bandeau,
    Parfois jette un coup d'œil propice
Sur le rang, le crédit, ou de l'or en rouleau.
Or, admirez l'effet de votre bonne étoile !
Pour vous restituer un légitime bien,
Sur ses yeux, cette fois, Thémis laisse son voile,
Et l'aveugle Fortune a déchiré le sien.

A M. TURGOT.

1769.

Rien de nouveau dans cette ville immense.
Vous avez vu l'effervescence
Qu'a produite en ces lieux le monarque Danois;
Jamais Paris, jamais la France.
D'hommages plus flatteurs n'ont honoré leurs rois :
Du Parlement l'auguste compagnie,
De l'Opéra le théâtre enchanté,
La Sorbonne, la Comédie,
Les Cicérons de l'Université,
Les beaux esprits de notre Académie,
En soi-disant latin, en français brillanté,
En prose, en vers, à l'envi l'ont fêté ;
Chaque jour voyoit naître une scène nouvelle,
Et jamais, je vous jure, une ferveur si belle
N'a signalé nos chers badauds,
Depuis l'époque immortelle
Du triomphe des Ramponneaux.
Nos conversations étoient cent fois plus vives :
A quel théâtre ira-t-il aujourd'hui?
Où soupe-t-il? quels seront les convives?
Quel bal nouveau prépare-t-on pour lui?
De son esprit qu'est-ce que l'on raconte?

Quelle femme lui plaît, quel jeu le divertit ?
Faut-il l'appeler sire, ou bien le nommer comte ?
  Jamais on n'a tout dit.
  Bien sensible à tout notre bruit,
Ce monarque a daigné sourire à nos caprices,
A nos douces vertus, à nos aimables vices ;
N'a sifflé qu'*in petto* nos petits grands-seigneurs ;
 A bien vanté les rois de nos coulisses,
  Et les minois de nos actrices,
  Et les jarrets de nos danseurs.
Quoique jeune et monarque, il réfléchit et pense :
  On l'a surpris plus d'une fois,
   Observant en silence
 Ce peuple amoureux de ses rois ;
Plein de vivacité, comme de patience,
Assez bien gouverné par de mauvaises lois :
 Sur ses malheurs rempli d'indifférence,
  S'extasiant sur des chansons,
Périssant de misère au milieu des moissons,
Faisant d'excellent vin dont l'étranger s'enivre ;
Et qui vivroit heureux, s'il avoit de quoi vivre.
Enfin ce prince a fui de ce Paris charmant,
 En convenant, pour l'honneur de la France,
  Qu'on ne pouvoit assurément
  Se ruiner plus galamment,
 Ni s'ennuyer avec plus de décence.
  Mais, hélas ! depuis son absence,
Les esprits et les cœurs, qu'il avoit occupés,

Retombent dans l'indifférence ;
Les bals, les opéras, les fêtes, les soupés,
L'importance des étiquettes,
L'exacte rigueur des toilettes,
Tout commence à dégénérer ;
Et son départ laisse enfin respirer
Nos cuisiniers et nos poëtes.

A MADEMOISELLE DE B***.

1769.

Toi, dont j'ai vu couler les premiers pleurs,
 Et naître le premier sourire,
Je vais sur ton berceau répandre quelques fleurs.
 Pour prix du zèle qui m'inspire,
Que dans ces vers un jour papa t'apprenne à lire,
 Et c'est trop m'en récompenser.
 Je sais qu'en un âge aussi tendre,
 Tu ne peux encor les comprendre;
Mais moi, j'ai du plaisir à te les adresser :
Même avant de sentir, tu sais intéresser.
 Mes vers au moins n'ont rien dont je rougisse.
Que d'autres, célébrant des mortels corrompus,
 Encensent, dans de vieux Crésus,
 La décrépitude du vice ;
Je célèbre dans toi l'enfance des vertus.
L'enfance est si touchante! Eh! quelle ame si dure
N'éprouve en sa faveur le plus tendre intérêt?
Tous les êtres naissants ont un charme secret :
 Telle est la loi de la nature.

Ces ormeaux orgueilleux, leur verte chevelure,

M'intéressent bien moins que ces jeunes boutons
    Dont je vois poindre la verdure;
    Ou que les tendres rejetons
Qui doivent du bocage être un jour la parure.
  Le doux éclat de ce soleil naissant
Flatte bien plus mes yeux que ces flots de lumière,
    Qu'au plus haut point de sa carrière
  Verse son char éblouissant.

    L'été, si fier de ses richesses,
L'automne, qui nous fait de si riches présents,
    Me plaisent moins que le printemps,
    Qui ne nous fait que des promesses.

    Ciel! retranche aux jours nébuleux
      De la lente vieillesse;
    Abrége les jours orageux
    De l'impétueuse jeunesse;
    Mais prolonge les jours heureux
Et des ris innocents et des folâtres jeux!
  Le vrai plaisir semble fait pour cet âge :
L'épanouissement d'un cœur encor nouveau,
  Du sentiment le doux apprentissage;
L'univers par degrés déployant son tableau,
    Ce sang si pur qui coule dans les veines,
    Des plaisirs vifs et de légères peines,
L'esprit sans préjugés, le cœur sans passions;
  De l'avenir l'heureuse insouciance,

Pour tout palais, des châteaux de cartons,
Et pour richesses, des bonbons :
Voilà le destin de l'enfance.
Ah! la saison de l'innocence
Est la plus belle des saisons!

VERS

A MADAME LA COMTESSE DE B**,

SUR SON JARDIN D'A**.

1774.

J'ai parcouru ce jardin enchanté,
Modeste en sa richesse, et simple en sa beauté.
Qu'on vante ces jardins tristement magnifiques,
    Où l'art, de ses mains symétriques,
Mutile avec le fer les tendres arbrisseaux;
Où des berceaux pareils répondent aux berceaux,
Où le sable jaunit les terres nivelées;
Où l'ennuyeux cordeau dirigea les allées,
Où l'œil devine tout, et prompt à tout saisir,
    D'un seul regard dévore son plaisir!
Oh! que j'aime bien mieux l'énergique franchise
Et la variété de ces libres jardins,
    Où le dédale des chemins
M'égare doucement de surprise en surprise;
Ces bouquets d'arbres verts négligemment épars,
Et cet heureux désordre, et ces savants hasards!
    En contemplant cette heureuse imposture,
Ces naïves beautés, dont Plutus est jaloux,

J'ai dit de vos jardins ce que l'on dit de vous :
    C'est l'art conduit par la nature.
    Cet asile délicieux,
Peuplé de bois, tapissé de prairies,
Inspire, dites-vous, de doctes rêveries :
Mais celle qui l'habite inspire beaucoup mieux ;
Et, malgré les attraits de ces simples retraites,
    Ce n'est pas la beauté des lieux
  Qui fait rêver dans les lieux où vous êtes.

IMITATION DE SAPHO*.

Heureux celui qui près de toi soupire ;
Qui sur lui seul attire ces beaux yeux,
Ce doux accent et ce tendre sourire !
    Il est égal aux dieux.

De veine en veine, une subtile flamme
Court dans mon sein, sitôt que je te vois ;
Et, dans le trouble où s'égare mon ame,
    Je demeure sans voix.

Je n'entends plus ; un voile est sur ma vue ;
Je rêve, et tombe en de douces langueurs ;
Et sans haleine, interdite, éperdue,
    Je tremble, je me meurs.

* Ces vers furent composés à la sollicitation de M. l'abbé Barthelemy, qui pria l'auteur de suivre, dans cette traduction, la mesure des vers saphiques. — Voyez le *Voyage d'Anacharsis*, chap. III, et la note 11.

LE RUISSEAU DE LA MALMAISON,

VERS POUR LA FÊTE DE MADAME DU MOLÉ.

(C'est le dieu du ruisseau qui parle.)

Parmi les jeux que pour vous on apprête,
Permettez, belle Églé, que le dieu du ruisseau,
Qui, charmé de baigner votre heureuse retraite,
Vous voit rêver souvent au doux bruit de son eau,
   Vienne s'unir à cette aimable fête.
C'est à vous que je dois le destin le plus beau :
Mes ondes, avant vous, foibles, déshonorées,
Sur un limon fangeux se traînoient ignorées ;
C'est vous de qui les soins, par des trésors nouveaux,
   Ont augmenté les trésors de ma source ;
     C'est vous qui, dans leur course,
   Sans les gêner, avez guidé mes eaux.
   Vous, de Marly (¹) Naïades orgueilleuses,
   Qu'au haut des monts vos eaux ambitieuses
S'élèvent avec peine, et fassent gémir l'air
   Du bruit affreux de leurs chaînes de fer ;
    Moi, dans ma course vagabonde,
   A son penchant j'abandonne mon onde.
    Que, dans de pompeuses prisons,

(¹) La Malmaison est près de Marly.

Le marbre des bassins tienne vos eaux captives :
    Entre des fleurs et des gazons
  Je laisse errer mes ondes fugitives.
Allez baigner des rois le séjour enchanté ;
Moi, j'arrose les lieux où se plaît la beauté.
Là, prenant tour-à-tour vingt formes différentes,
Mes flots se font un jeu d'exprimer dans leur cours
De la charmante Églé les qualités brillantes,
Et savent toujours plaire en l'imitant toujours.
    La pureté de ces eaux transparentes,
D'un cœur plus pur encor peint la naïveté ;
   Le jet brillant de ces eaux bondissantes,
   De son esprit peint la vivacité.
   Voit-on mes flots, au gré de la nature,
     Suivre négligemment leur cours ?
     C'est l'image de ses discours,
    Qui nous plaisent sans imposture.
    J'aime à répéter dans mes eaux
  L'azur des cieux, les fleurs de mon rivage,
    Et la verdure des berceaux ;
Mais j'aime cent fois mieux réfléchir son image.

AD CHRISTINAM

SUECORUM REGINAM,

NOMINE CROMWELLI.

Bellipotens virgo, septem regina trionum,
    Christina, Arctoi lucida stella poli!
Cernis, quas merui dura sub casside, rugas,
    Utque senex, armis impiger, ora fero :
Invia fatorum dum per vestigia nitor,
    Exsequor et populi fortia jussa manu.
Ast tibi submittit frontem reverentior umbra :
    Nec sunt hi vultus regibus usque truces.

CROMWEL A CHRISTINE,

REINE DE SUÈDE,

EN LUI ENVOYANT SON PORTRAIT.

(Traduit de Milton.)

Astre brillant du Nord, intrépide amazone,
L'exemple de ton sexe et la gloire du trône!
Tu vois comme ce casque, au déclin de mes ans,
D'un front déja ridé couvre les cheveux blancs.
A travers cent périls, dans des routes sans trace,
Les destins triomphants ont conduit mon audace.
Un peuple entier remit ses droits entre mes mains,
Jaloux d'exécuter ses ordres souverains,
C'est pour lui que j'ai pris, que je garde les armes;
Mais rassure ton cœur : l'auteur de tant d'alarmes,
Cromwel, dans ce tableau, se soumet à tes lois :
Ce front n'est pas toujours l'épouvante des rois [1].

[1] Ce dernier vers est de Voltaire, qui avoit traduit ainsi la fin de cette épigramme.

> Les armes à la main j'ai défendu les lois;
> D'un peuple audacieux j'ai vengé la querelle.
> Regardez sans frémir cette image fidéle :
> Mon front n'est pas toujours l'épouvante des rois.

VERS A MADAME ROUX,

Qui avoit envoyé à l'auteur une couronne de myrte et de laurier.

La nature en riant t'a cédé son empire.
Jadis, écoutant trop un indiscret délire,
    Je voulus du peuple des fleurs
Exprimer les beautés, les formes, les couleurs;
    Mais, comparée à tes doigts enchanteurs,
      Hélas! que peut ma foible lyre?
    Ta main créa: je n'ai fait que décrire.
      Dans ton ingénieux travail,
A tes aimables fleurs que manque-t-il encore?
      Du plus éblouissant émail
Leur riche vêtement à ton gré se décore;
    Je pense voir sur leurs habits
La brillante rosée épancher ses rubis:
Je crois voir du zéphyr l'haleine caressante
Balancer dans tes mains leur tige obéissante;
Et sur leurs frais boutons d'azur, de pourpre et d'or,
L'abeille, de son miel recueillir le trésor.
Je cherche, en les voyant, à quelle chevelure
    Doit s'enlacer leur riante parure.
Non: jamais de Zeuxis le pinceau si vanté
N'unit tant d'artifice à tant de vérité.

J'ai vu ces arsenaux où l'airain qui bouillonne
Représente à nos yeux, ombragés de lauriers,
  Les poëtes et les guerriers;
J'ai vu ces ateliers où la guerre façonne
  De nos héros les glaives destructeurs.
   Sans m'effrayer, ton art m'étonne,
  Et je préfère aux forges de Bellone,
  Où Mars, assis sur le bronze qui tonne,
Court arroser la terre et de sang et de pleurs,
Ce paisible atelier, brillant de cent couleurs,
  Qui, pour moi, pour mon Antigone,
Enfante des lauriers, des myrtes et des fleurs.
Que ces festons charmants ont le droit de me plaire!
  Mais, en dépit de ma témérité,
  Je le sens trop, je n'ai point mérité
  Un prix si doux, un si brillant salaire.
Alcibiade seul, dans Athène autrefois,
  Beau, jeune, brave, et servant à-la-fois
La Minerve des arts, la Minerve guerrière,
Pour prix de ses talents et de ses grands exploits,
Eut le droit d'obtenir une fleur de Glycère.
Charmante Églé! les fleurs ne t'abandonnent pas;
De leurs fraîches couleurs ta bouche se décore;
  Je les vois naître sous tes pas;
Je les vois s'animer sous tes doigts délicats;
  Ton haleine est celle de Flore;
De la blancheur du lis ton teint nous éblouit;
  Comme une fleur s'épanouit,

Je vois ton doux sourire éclore ;
Tu dis un mot : c'est une fleur encore ;
Et par-tout sur tes pas le printemps nous sourit.
Quand l'Éternel d'un mot créa nos paysages,
Il s'admira lui-même en ses ouvrages :
Toi, dont la main les reproduit pour nous,
Ton cœur doit jouir davantage.
Créer le monde est beau, l'imiter est plus doux.
Tu montres à-la-fois le modèle et l'image ;
Et moi, portant à tes genoux
Mon tendre et légitime hommage,
Je dis : « Comment cette jeune beauté,
Dont l'aimable simplicité,
Comme la fleur des champs, est ingénue et pure,
A-t-elle su, trompant le toucher, le regard,
Mettre à côté de la nature
Le doux mensonge de son art ?
Cet aimable prestige est sa seule imposture.
Jadis des fleurs je chéris la culture ;
De leur agréable parure,
Je bordois mes ruisseaux, je parois mes bosquets ;
Au souffle des vents indiscrets,
Sous l'abri transparent d'un verre,
Je les cachois dans le fond d'une serre :
Mais les vents, la critique, ont flétri mes Jardins ;
Et je donnerois mon parterre
Pour la moindre des fleurs qui tombent de tes mains.

VERS

POUR LE PORTRAIT DE M. CARRON,

PRÊTRE FRANÇAIS*.

Des Français exilés seconde Providence,
Dans leur secret asile il cherche les malheurs;

* Extrait du poëme de *la Pitié*, ch. II.

> Salut, ô Sommerstow, abri cher à la France!
> Là, le malheur encor bénit la Providence;
> Là, nos fiers vétérans retrouvent le repos,
> Et le héros instruit les enfants des héros;
> Là, près d'un Dieu sévère éclate un Dieu propice.
> Quel riche bienfaisant a fondé cet hospice!
> A la voix de Carron le luxe s'attendrit;
> Sa vertu les soutient, et son nom les nourrit;
> Par lui, pour l'indigent la douce bienfaisance
> Trouve le superflu, même dans l'indigence;
> Et, parmi les bannis, ses pieuses moissons
> De l'avare opulence ont surpassé les dons.

On sait que cet estimable ecclésiastique, forcé de s'éloigner du théâtre de la persécution, se réfugia en Angleterre; mais on ignore peut-être que M. Carron avoit à peine mis le pied sur cette terre étrangère, qu'il s'occupa de réunir autour de lui les enfants des émigrés et des catholiques résidants en Angleterre. Cet établissement ne fut que le premier essai de la philanthropie chrétienne de ce pieux fondateur. Bientôt il s'éleva, par ses soins, un asile pour les pauvres de l'un et l'autre sexe, des hospices pour les malades et les infirmes. On demandera sans doute comment

Il soigne la vieillesse, il cultive l'enfance,
Il instruit par sa vie, il prêche par ses mœurs;

un pauvre prêtre, exilé de sa patrie, sans autre moyen que son zèle, sans autre ressource que la charité, a su procurer à l'enfance, à l'indigence, au malheur, tant de secours, de si utiles consolations. C'est dans les derniers sacrifices que purent faire encore les émigrés, c'est dans l'humanité des Anglais, que cet autre Vincent de Paule a trouvé les encouragements qui l'ont mis à portée de créer ces prodiges de bienfaisance qui ont étonné tous les voyageurs, et confondu les observateurs les plus incrédules.

Lorsque le sénatus-consulte, qui ouvrit les portes de la patrie à tant de Français que la terreur en avoit éloignés, fut connu à Londres, on voulut engager le respectable Carron à retourner dans son diocèse, où il avoit laissé des monuments de son active sollicitude. « Non, je n'abandon-
« nerai pas, dit-il, ce que la Providence m'a aidé à former,
« ce que la confiance me met en état de soutenir; cette
« jeunesse a besoin de mes soins; ces malheureux n'espè-
« rent qu'en ma surveillance. » Ainsi, ce héros de la charité chrétienne se sépare d'une patrie qu'il regrette, pour se consacrer entièrement aux bonnes œuvres qu'il chérit. On ne peut douter de ses sentiments français, lorsqu'on lit, dans ses *Pensées chrétiennes*, ces paroles touchantes:
« O France! ô ma patrie! toi qui m'as tant fait pleurer; toi
« qui, durant un long exil enduré pour la foi, n'es pas un
« seul jour, un seul instant, sortie de mon cœur et de ma
« mémoire; lieux sacrés, où reposent les cendres de mes
« pères, de mes proches, de mes amis; doux sol de ma
« naissance, où je n'ai vu, où je n'ai compté et ne compterai
« jamais que des frères, des seconds moi-même; ô patrie!

Et, quand sa main ne peut secourir l'indigence,
Il lui donne ses vœux, sa prière et ses pleurs.

« que je suis loin de vouloir aigrir des plaies qui saignent
« encore! Disparoissent à jamais la discorde, le ressenti-
« ment, la noire et cruelle vengeance, toutes les passions
« haineuses, les plus cruels ennemis de l'homme et de son
« bonheur! » Après cette profession du plus vrai patriotisme, on doit juger ce qu'il en dut coûter à M. Carron pour satisfaire à ce qu'il se devoit à lui-même, à ce que des établissements, qui pouvoient périr sans lui, sembloient exiger de son intarissable charité. M. Carron a publié plusieurs ouvrages où l'on remarque cette onction qui semble caractériser toutes les actions de sa vie. Ses *Pensées chrétiennes*, pour tous les jours de l'année, contiennent tout ce que la morale évangélique a de plus pur et de plus consolant. On y trouve par-tout le ton pathétique de Fénélon, réuni à la sublime doctrine des Pères de l'église. Cet ouvrage, qui a eu un grand succès hors de France, a ensuite été réimprimé à Paris avec le même succès.

A M. DE BOUFFLERS.

Honneur des chevaliers, la fleur des troubadours,
Ornement du beau monde, et délices des cours!
Tu veux donc, dans le sein de ton champêtre asile,
   Vivre oublié? la chose est difficile
Pour toi que le bon goût recherchera toujours.
    En vain, dans un réduit agreste,
Le campagnard mondain, le poëte modeste,
L'aimable paresseux veut être enseveli :
   Toujours pour toi coulera le Permesse,
    Et jamais le fleuve d'Oubli.

    Ces vers pleins de délicatesse,
Où ta Muse présente au lecteur enchanté
La grace et la raison, l'esprit et la bonté,
    La bonhomie et la finesse,
    L'élégance avec la justesse,
  La profondeur et la légèreté ;
    Souvent, avec un art extrême,
Prête au bon sens l'accent de la gaieté,
    Et se calomnie elle-même
    Par un air de frivolité :
    Ces titres heureux de ta gloire
Seront toujours présents à la mémoire.

Digne à-la-fois des palais et des champs,
Ton Aline toujours aura ces traits charmants
   Qu'elle reçut de ta Muse facile,
     Lorsque ton pinceau séducteur,
     Toujours brillant, toujours fertile,
Gai comme ton esprit, et pur comme ton cœur,
    Entre le dais et la coudrette,
    Entre le sceptre et la houlette,
    Nous peint cet objet enchanteur,
   Moitié princesse et moitié bergerette.
Malgré toi tout Paris répétera tes chants;
Et toujours tu joindras, dans ton aimable style,
    A la simplicité des champs,
    Toutes les graces de la ville.
Puis, quand il seroit vrai que tes modestes vœux
Pussent s'accommoder de ces rustiques lieux,
   Pourrois-tu bien, au fond d'une campagne,
   Contre les vœux des Graces, des Amours,
    Enterrer l'aimable compagne
    A qui nous devons tes beaux jours?
Si tu n'avois de ton doux hyménée
Reçu pour dot qu'un immense trésor,
   Je te dirois : « Va dans la solitude
Cacher tes jours, et ta femme et ton or,
Et d'un triste richard l'avare inquiétude. »
Mais l'esprit, la beauté, sont faits pour le grand jour;
La ville est leur empire, et le monde leur cour :
   Le sage créateur du monde

Ensevelit les métaux corrupteurs
    Au sein d'une mine profonde;
Il cache l'or, et nous montre les fleurs.
Si toutefois, dans ton humeur austère,
    Las du monde et de ses travers,
    Tu veux, dans le fond des déserts
    Cacher ton loisir solitaire,
Avec tes goûts nouveaux permets-nous de traiter :
    Prenons un temps pour nous quitter ;
    Attends que tu cesses de plaire,
    Et tes vers de nous enchanter.
Alors, puisqu'il le faut, sois agricole, range
    Tes fruits nouveaux dans tes celliers,
    Tes blés battus dans tes greniers,
    Tes blés en gerbes dans ta grange,
Dans tes caveaux tes choux rouges ou verts.
    Mais que m'importe ta vendange,
A moi qui m'enivrai du nectar de tes vers,
    Et quelquefois de ta louange?
Plus d'un contrefacteur du vin le plus parfait,
Des pressoirs de Pomard et des cuves du Rhône,
Des crus de Jurançon, de Tavel et de Beaune,
    Sait assez bien imiter le fumet ;
Même d'un faux Aï la mousse mensongère,
    En petillant dans la fougère,
    Trompe souvent plus d'un gourmet :
    Mais tes écrits ont un bouquet
    Que nul art ne peut contrefaire.

A MADAME LA COMTESSE POTOCKA,

NÉE MICHELSKA.

Eh bien ! puisque l'impatience
    De revoir vos climats chéris,
Ainsi qu'à l'amitié vous ravit à la France;
    Partez : les nobles Potockis,
Dans l'aimable Français, digne sang de ses pères,
    Comme les mœurs héréditaires
De tous ces vieux héros au champ d'honneur instruits,
De vos sages leçons reconnoîtront les fruits,
    Et dans le modéle des fils
Verront l'ouvrage heureux du modéle des mères.
Pour nous, qui des vertus connoissons tout le prix,
    (J'en jure ici par la reconnoissance),
L'Imagination, dont j'ai peint la puissance,
Saura bien vous atteindre aux plus lointains climats.
    Pour nous rendre votre présence,
    Elle va voler sur vos pas;
L'amitié franchit tout ; le temps ni la distance
Des objets de ses vœux ne la sépare pas,
Et le doux souvenir ne connoît point l'absence.

VERS

POUR LE JARDIN DE MADAME D'HOUDETOT.

O combien j'aime mieux vos riants paysages
Que ces parcs, de Plutus dispendieux ouvrages,
Où venoient à grand bruit se cacher autrefois,
Et les ennuis des grands, et les chagrins des rois !
Je trouve l'innocence et le bonheur champêtre,
Dans ces lieux que vos mains ont pris soin d'embellir.
L'oiseau, de vous charmer semble s'enorgueillir,
  Les roses s'empressent d'y naître,
  Et le chêne veut y vieillir.
J'aime de vos gazons les nappes verdoyantes ;
Vos élégants bosquets, vos bois majestueux,
Tout plaît à mes regards : vos routes ondoyantes
Ne me tourmentent point de replis tortueux,
Et l'on y peut marcher, y rêver deux à deux.
 A ces beaux lieux, que le bon goût décore,
Plus d'un doux monument vient ajouter encore :
  De tous ceux qui vous furent chers,
 Dont vous aimiez l'éloquence ou les vers,
Sous les abris sacrés de ces feuillages sombres,
On croit voir revenir et voltiger les ombres.

Votre art veut émouvoir, et non pas éblouir :
Pour vous, aimer c'est vivre, et rêver c'est jouir :
    La douleur rêveuse a son charme.
    Dès qu'on arrive à ce jardin charmant,
      Le cœur est sûr d'un sentiment,
      Et l'œil se promet une larme.
Tout ici se conforme à vos tendres douleurs ;
Pour vous, le noir cyprès rembrunit ses couleurs,
    L'onde plaintive attriste son murmure,
Un jour mélancolique éclaire l'ombre obscure,
Et le saule incliné joint son deuil à vos pleurs.
Eh ! qui peut près de vous demeurer impassible ?
Quels barbares échos peuvent rester muets ?
Les doux ressouvenirs habitent vos bosquets ;
La tristesse chérit leur silence paisible ;
    Et pour exprimer vos regrets,
La pierre même apprend à devenir sensible (¹).

(¹) C'est le cas de placer ici une lettre charmante et inédite de madame d'Houdetot à Delille, pour le remercier de son poëme de *l'Imagination*, qu'il lui avoit envoyé.

« Je ne puis, mon cher Delille, contenir ma reconnoissance et me taire sur le ravissement que j'ai éprouvé à la lecture de votre dernier ouvrage. Je dois tout encore à cette déesse que vous chantez si bien.

    Toi qui m'as rappelé les jours de ma jeunesse ;
    Tous ces rêves d'amour, de bonheur, de vertu,
    Par toi viennent encore enchanter ma vieillesse :
      Delille, tu m'as tout rendu !

Hélas ! je vis ici avec des souvenirs dont vous n'avez pu

VERS

SUR LE PORTRAIT DE MADEMOISELLE LA FAULOTTE.

La douce rêverie et la vivacité,
    La gaieté jointe à la décence,
    La finesse avec l'innocence,
Et la pudeur avec la volupté ;

trop vanter la puissance, et avec des ombres animées par la puissance de celle qui vous inspire, et qu'elle rend vivantes autour de moi. Pourquoi faut-il que je sois obligée de vous ranger au milieu d'elles? oh! si vous vouliez encore venir quelques instants les invoquer autour de moi, vous réaliseriez un moment de beaux songes à qui je dois encore tant de plaisirs. J'ai été tentée un moment d'être jalouse pour la mémoire de mon ancien ami (*), de tous les rayons de gloire qui vous environnent : mais je me suis dit qu'il en jouiroit s'il vivoit encore, et j'aime bien mieux m'associer à ses vertus. S'il est resté chez vous, mon cher Delille, quelque trace de ces moments délicieux que nous avons passés ensemble, réunis avec ce qui faisoit la gloire et les délices de notre temps, vous viendrez m'apporter ce que les dieux firent pour Énée, le rameau d'or nécessaire pour les aller retrouver dans l'Élysée. Songez que celle qui vous écrit a soixante-seize ans. »

(*) M. de Saint-Lambert, auteur du poëme *des Saisons*.

Voilà quel heureux assemblage
A dû composer votre image.
D'où vient qu'avec plaisir l'œil saisit chaque trait
De cette peinture fidèle?
C'est qu'on trouve dans le portrait
Ce qu'on chérit dans le modèle.
Que dis-je? Le pinceau ne parle ici qu'aux yeux:
Où sont ces chants délicieux,
Ces harmonieuses merveilles
Qui ravissent le cœur et flattent les oreilles?
J'écoute, et n'entends point les accents enchanteurs
De cette voix si légère et si tendre.
Heureusement pour la paix de nos cœurs,
L'art de Zeuxis ne peut les rendre.
Son image sur nous auroit trop de pouvoir,
Si le pinceau joignoit le bonheur de l'entendre
Au plaisir si doux de la voir.
Et si je pénétrois dans cette âme si pure,
Que dans un corps charmant enferma la nature,
Que de sentiments délicats!
Je voudrois bien les peindre; mais, hélas!
La vertueuse Annette à sa gloire s'oppose;
D'un vain renom évitant les éclats,
La modeste pudeur qui dans son cœur repose,
Voile à nos yeux ses innocents appas:
C'est le calice de la rose
Dont le parfum s'exhale et ne se montre pas.

VERS

A M. CHARLES DE LACRETELLE,
AUTEUR DU PRÉCIS HISTORIQUE DE LA RÉVOLUTION,

Au tour facile, à la phrase nombreuse
   De l'harmonieux Cicéron,
Vous unissez la touche vigoureuse
   De l'historien de Néron ;
Tout seconde vos vœux ; la Discorde elle-même,
Qui des serpents du Styx tressant son diadème,
Excitoit aux combats les peuples et les rois,
   Vous rend hommage en rentrant dans l'abîme,
     Et de ses dissonantes voix
   Forme pour vous un concert unanime :
     Vos inexorables pinceaux,
   Mieux que la hache et que les échafauds,
     Par un supplice légitime,
Même après leur trépas punissent nos bourreaux.
     J'aime à voir l'affreux Robespierre,
   Dont le nom seul effraie encor la terre,
Sur les degrés sanglants de son trône abattu,
De son code assassin devenir la victime ;
     Et je pense voir la Vertu
     Écrivant l'histoire du Crime.

A M. LE MARQUIS D'ÉTAMPES,

Qui annonçoit à l'auteur la nouvelle d'un accouchement.

Un grand papa, d'un style triomphant,
    M'écrit qu'un très aimable enfant
    Vient de naître dans sa famille :
    Est-ce un garçon, est-ce une fille ?
    Je n'en sais rien ; mais cette tendre fleur
Ne déparera point celles qui sont écloses ;
De sa tige natale elle sera l'honneur :
C'est un bouton de plus dans un bouquet de roses.

AU MÊME,

Qui m'avoit envoyé des vers.

Les Grecs, en courtois chevaliers,
Dans leurs combats, s'il en faut croire
Ce qu'ont dit la fable et l'histoire,
Changeoient entre eux de boucliers :
Ainsi de vers, d'estime et de louange,
Nos Muses à l'envi font un heureux échange.
Me défendre est bien noble, et vous louer bien doux ;
Mais quelle distance entre nous !
Contre la censure rigide,
Lorsqu'en rivaux unis nous élevons la voix,
Mon suffrage pour vous n'est qu'un foible pavois,
Et votre éloge est mon égide.
De votre jugement je tire vanité :
Oui, puisque je vous plais, je dois blesser l'envie,
Et si Virgile est sûr de l'immortalité,
Tous deux vous m'assurez quelques instants de vie.
Vous êtes mes garants ; car, enfin, c'est beaucoup
D'être inspiré par le génie,
Et d'être guidé par le goût.

VERS

A l'auteur des Amours épiques*.

Chantre aimable, sur plus d'un ton,
Sous vos habiles doigts votre lyre résonne;
Virgile, Homère, et le Tasse, et Milton,
De leurs lauriers détachent un feston
　　Pour composer votre couronne.
　　Autrefois du brave Memnon,
　　Fabuleux enfant de l'Aurore,
　　Le simulacre harmonieux,
　　Au gré de l'astre radieux
　　Par qui le monde se colore,
　　Rendoit un son mélodieux;
Vous, par un art plus merveilleux encore,
De six chantres divins, astres brillants des arts,
Poëtes de Roland, d'Achille et des Césars,
Dont le Pinde moderne, et le vieux temps s'honore,
　Vous rassemblez tous les rayons épars,
Et répétez les chants de leur lyre sonore.
　　Poursuivez, heureux Grandmaison!

* M. Parceval de Grandmaison, de l'académie française.

Vers la célébrité courez d'un vol agile.
Je m'en souviens, dans ma jeune saison,
Des amis indulgents, du surnom de Virgile,
Sur la trompeuse foi de la terminaison,
Grace à la consonnance, honorèrent Delille ;
Et j'étois fier alors de la comparaison.
Le charme est dissipé : ce sobriquet sublime,
Je vous le rends ; je le dus à la rime,
Vous le devez à la raison.

A M. LE COMTE BELOZOSKI.

Est-il bien vrai qu'au séjour des hivers
De si brillantes fleurs sous vos mains sont écloses?
L'esprit fait les climats, l'esprit dicta vos vers;
   Dans nos jardins vous répandez des roses.
Brillant comme l'été, doux comme le printemps,
   Des chevaliers vous vantez le courage,
Vous chantez la beauté, les exploits éclatants;
    Et, sage historien du temps,
Vous mesurez sa course et bravez son outrage.

A M. DANLOUX,

PEINTRE*.

Graces à ces couleurs dont Zeuxis eût fait choix,
Mon aimable Antigone existe donc deux fois;
Dans un même tableau vit notre double image!
    Reçois donc notre double hommage,
  Hardi, correct, sage et brillant Danloux,
Qui sans rivaux, mais non pas sans jaloux,
De tous les goûts as conquis le suffrage.
    Ainsi l'astre dont les rayons
      Dirigent tes crayons,
    Quand il a percé le nuage,
Par ses vives splendeurs plaît à tous les climats;
Du Maure est adoré sur son brûlant rivage,
    Dore les sommets de l'Atlas,
  Du froid Caucase empourpre les frimas,
Pénétre dans la terre, étincelle sur l'onde,
Est l'ame, le foyer, et le peintre du monde.
A cet art enchanteur qu'honore ton pinceau,
Et qu'enrichit encor ce chef-d'œuvre nouveau,
    Mal à propos je servis de modèle:
      Je le sais bien; mais si j'en croi
        Mes sentiments pour toi,
  J'en puis servir à l'amitié fidèle.

* Au sujet du portrait en pied de M. et de madame Delille, fidèlement reproduit dans une très belle gravure, qui orne le cabinet de tous les amateurs.

A UN AIMABLE GOUTTEUX.

Cher d'Aigremont, d'où te vient, à ton âge,
   Ce mal effréné, dont la rage
  Au grand galop suit ton rapide essieu,
Et pour qui, t'éloignant de ton doux parentage,
    Tu te mets en pèlerinage
    Pour je ne sais quel triste lieu,
  Où l'eau du cru sera ton seul breuvage?
Est-ce le dieu du vin, est-ce l'aveugle dieu?
Le buvois-tu mousseux? la trouvois-tu jolie?
Ou bien est-ce à-la-fois l'une et l'autre folie?
(Car de l'une et de l'autre on te soupçonne un peu);
  A ton retour tu nous en dois l'aveu.
En attendant, hélas! la goutte est du voyage;
    Mais tu la souffres comme un sage,
    Et la chantes comme Chaulieu.

OTHELLO,

THE MOOR OF VENICE.

Act I. Scene VIII.

Her father lov'd me, oft invited me;
Still question'd me the story of my life,
From year to year; the battles, sieges, fortunes,
That I have past.
I ran it through, ev'n from my boyish days,
To the very moment that he bade me tell it:
Wherein I spoke of most disastrous chances,
Of moving accidents by flood and field;
Of hair-breadth 'scapes i' th' imminent deadly breach;
Of being taken by the insolent foe,
And sold to slavery; of my redemption thence,
And with it all my travel's history.

. . . .

TRADUCTION

D'un morceau de la tragédie d'Othello, de Shakespeare.

Son père m'estimoit; par la publique voix
Il savoit dès long-temps mes malheurs, mes exploits :
Ils lui donnoient pour moi l'intérêt le plus tendre ;
Mais de ma propre bouche il vouloit les entendre ;
Et moi, pour satisfaire à ses vœux empressés,
Je lui contois mes maux et mes périls passés,
Quel fut mon sort obscur, comment par mon courage
Je sortis de la foule et devins mon ouvrage ;
Quel revers me plongea dans la captivité ;
Quel ami généreux paya ma liberté ;
Ce tissu varié d'espérance et d'alarmes ;
Ma jeunesse affrontant le tumulte des armes ;
Quels prodiges cent fois m'ont sauvé du trépas ;
Des milliers d'ennemis moissonnés par mon bras,
Malheureux qu'à regret immoloit ma victoire,
Et sur qui je pleurois au milieu de ma gloire.
Tantôt c'étoit un siége et ses longues horreurs :
L'assaillant au-dehors déployant ses fureurs ;
Au-dedans tous les maux d'une ville affamée,
Et la contagion dévorant mon armée.

It was my hint to speak. All these to hear,
Would Desdemona seriously incline :
But still the house-affairs would draw her thence,
Which ever as she could with haste dispatch,
She'd come again, and with a greedy ear
Devour up my discourse : which I observing,
Took once a pliant hour, and found good means
To draw from her a prayer of earnest heart,
That I would all my pilgrimage dilate,
Whereof by parcels she had something heard,
But not distinctively : I did consent,
And often did beguile her of her tears,
When I did speak of some distressful stroke
That my youth suffer'd. My story being done,
She gave me for my pains a world of sighs :
She swore in faith, 'twas strange! 'twas passing strange!
'Twas pitiful! 'twas wondrous pitiful!—
She wish'd she had not heard it—yet she wish'd
That heaven had made her such a man. —She thank'd me,
And bade me, if I had a friend that lov'd her,
I should but teach him how to tell my story,
And that would woo her. On this hint I spake,

Desdémona pensive écoutoit ce discours ;
Ou, si de mon histoire interrompant le cours,
Quelque soin domestique exigeoit sa présence,
Bientôt, pour réparer ces courts moments d'absence,
Elle accouroit vers nous, et son cœur transporté,
Écoutant mon récit avec avidité,
Partageoit mon destin heureux ou misérable.
Je le vis, je saisis un instant favorable,
Et surpris à son cœur sensible et généreux
Une douce prière, objet de tous mes vœux :
C'étoit de répéter, de répéter encore
Ces traits qu'elle admira, ces maux qu'elle déplore.
Mon récit trop modeste en taisoit la moitié ;
C'étoit trahir ma gloire et trahir l'amitié ;
Depuis les premiers jours de ma première enfance
Jusqu'au dernier péril qu'affronta ma vaillance,
On vouloit tout savoir ; et tandis que ma voix
Reprenoit ce récit redemandé vingt fois,
Mes courses, mes combats sur la terre et les ondes,
Dans les sables déserts, dans les forêts profondes,
Mon coursier tout sanglant se débattant sous moi ;
Mon œil dans tous ses traits voyoit courir l'effroi.
J'entendois ses soupirs, je surprenois ses larmes,
Et jouissois tout bas de ses tendres alarmes.
Un jour, enfin, d'un ton mélancolique et doux :
« Quel mortel, me dit-elle, a souffert plus que vous ?
Entre tous vos amis s'il en est un qui m'aime,
A conter vos malheurs instruisez-le vous-même,

She lov'd me for the dangers I had past,
And I lov'd her, that she did pity them.
This only is the witchcraft I have us'd.

Et je ne quitte plus ce touchant entretien. »
Ces mots partis du cœur avertirent le mien ;
Elle avoit révélé le secret de sa flamme,
Et l'aveu de la mienne échappa de mon ame.
Sans refuser mes vœux et sans les recevoir,
Sa touchante rougeur confirma mon espoir ;
Elle aimoit mes malheurs, et moi j'aimai ses larmes.
L'amour et la pitié confondirent leurs charmes,
Et firent deux époux de deux tendres amants :
Voilà mon sortilége et mes enchantements. (¹)

(¹) Voyez l'OTHELLO de Ducis, acte I, scène v.

COUPLETS

Demandés par des jeunes gens de Saint-Dié, qui donnoient une fête aux jeunes personnes de la ville.

Le printemps vient, que tout s'empresse
A fêter l'âge des amours :
Peut-on mieux chanter la jeunesse,
Que dans la saison des beaux jours ?

Tout s'embellit par la jeunesse ;
Pour nous le fer arme ses mains ;
Elle eut ses fêtes dans la Gréce,
Elle eut ses jeux chez les Romains.

Toi-même, à la tête des Graces,
Vieillesse, parois à ton tour ;
Comme l'hiver, chauffe tes glaces
Aux rayons naissants d'un beau jour.

O toi, jeunesse séduisante,
Ne refuse pas son doux prix
Au poëte heureux qui te chante !
Tu peux le payer d'un souris.

Si la vieillesse obtient pour elle
Quelque jour les mêmes faveurs,
Pour rendre la fête plus belle,
Jeunesse, fais-en les honneurs.

Alors si j'y parois moi-même,
Honore-moi d'un doux accueil ;
Et que le chantre heureux qui t'aime
Soit favorisé d'un coup d'œil.

Ainsi la complaisante Aurore,
Au front jeune, au regard serein,
Permet que le soir se colore
De quelques rayons du matin.

Mais, qu'entends-je ? une voix chérie
Prête à mes vers ses sons touchants ;
Ce lieu charmant est sa patrie,
Il a double droit à mes chants.

PARALLÈLE

DE LA BIENFAISANCE ET DE LA RECONNOISSANCE,

ÉPITRE

Présentée par la sœur de madame Delille, à madàme la comtesse Potocka, dont elle avoit reçu une paire de bracelets.

Deux déités, qui de leur main féconde
Versent la paix et le bonheur au monde,
Servant dans ses desseins le Dieu de l'univers,
Joignent d'un double nœud tous les êtres divers.
  C'est toi, divine Bienfaisance !
C'est toi, sa digne sœur, tendre Reconnoissance !
  Grace à ces deux divinités,
De services rendus, de bienfaits acquittés,
  L'esprit social se compose :
  Tout se tient dans le monde entier.
Voyez cet arbrisseau, dont le suc nourricier
Court abreuver la fleur nouvellement éclose ;
Le rosier de sa séve alimente la rose,
Et la rose à son tour embaume le rosier.
  Ainsi l'aimable Bienfaisance
  Répand ses dons consolateurs ;

Ainsi le doux encens de la Reconnoissance
    Rend hommage à ses bienfaiteurs.
Le cœur se plaît à comparer entre elles
Ces deux sœurs, qui devroient, compagnes éternelles,
    Pour consoler le genre humain,
Marcher toujours ensemble en se donnant la main,
Et qui souvent, hélas! l'une à l'autre infidèle,
    Brisent leur chaîne mutuelle,
    Et se séparent en chemin.
    Toutes deux ont leur caractère,
    Et leur penchant, et leur pouvoir;
    L'une de l'autre est tributaire;
L'une aspire à donner, et l'autre aime à devoir;
L'une offre avec bonté, l'autre accepte sans honte.
    Par un instinct doux et puissant,
    La Reconnoissance remonte,
    Et la Bienfaisance descend:
    L'une appartient à la foiblesse,
    L'autre au pouvoir; l'une de la richesse
Verse le superflu sur l'indigence en pleurs;
    L'autre, à sa sœur, pour récompense,
    Portant les hommages des cœurs,
    Sur la douce correspondance
    Des obligés, des bienfaiteurs,
    Des besoins et de l'abondance,
    Fonde l'utile dépendance
    Des protégés, des protecteurs,
    Du savoir et de l'ignorance,

Des grands et des petits, et du peuple et du roi ;
L'une suit le bienfait, et l'autre le devance ;
  Et, pour mieux peindre encor leur différence,
    L'une c'est vous, l'autre c'est moi.
Mais quelques traits encor manquent au parallèle :
    De toutes deux la grâce naturelle
    Sait nous plaire et nous attacher ;
Mais l'une aime à paroître, et l'autre à se cacher.
    L'oubli sied à la Bienfaisance ;
    Créancière sans défiance,
    Jamais, envers son débiteur,
    Sa généreuse insouciance,
    D'un impitoyable exacteur
  Ne se permit l'avide impatience ;
    Au lieu d'arracher à nos cœurs
    Le prix forcé de ses faveurs,
De son noble abandon l'oublieuse indulgence
    Laisse à d'orgueilleux protecteurs,
    De leur tyrannie obligeante
    Les officieuses hauteurs,
    Et de leur mémoire exigeante
    Les souvenirs persécuteurs.
  Mais si l'oubli sied à la Bienfaisance,
Le souvenir convient à la Reconnoissance :
Il exerce sur elle un pouvoir souverain ;
Elle retient des dons l'image impérissable ;
Par elle les bienfaits sont gravés sur l'airain,
    Et les injures sur le sable ;

Par elle, notre cœur s'acquitte à peu de frais.
Ces liens qu'à mon bras votre main entrelace,
    A vous m'enchaînent à jamais :
Reconnoître les dons et donner avec grace,
    Voilà le code des bienfaits,
    Qui depuis long-temps est le nôtre.
A tous les cœurs bien nés l'un et l'autre est commun :
    Votre ame vient d'éprouver l'un,
    La mienne jouira de l'autre.
Ainsi des nœuds bien chers se forment entre nous.
Bien faire c'est jouir, et bien sentir c'est rendre ;
L'un marque une ame noble, et l'autre une ame tendre.
Votre rôle est plus beau, mais le mien est plus doux.
    Voyez combien de délices rassemble
        Ma juste sensibilité !
    Vous chérir, c'est aimer ensemble
    L'esprit, la grace, et la bonté.

ÉNIGME

TRADUITE DE L'ANGLAIS.

Dans maint écrit, dans maint tableau,
   A l'envi l'on me défigure.
Depuis que je suis né, vainement je murmure
   Contre la plume et le pinceau :
L'un me peint l'air flétri, courbé, ridé par l'âge ;
Mais, de par tous les dieux, c'est trop me faire outrage.
    Je m'emporte ; mais, sur ma foi,
Par la malignité de cette humaine engeance,
  Aucun ne fut maltraité comme moi.
Je pourrois l'en punir ; mais, pour toute vengeance,
   Je prétends ici trait pour trait,
  En bien, en mal, dessiner mon portrait.
D'abord, du beau côté, s'il faut que je me peigne,
   Celui qui sert, celui qui règne,
   Également sont soumis à ma loi ;
  Mais tout mortel est fatigué de moi ;
Passé, chacun me pleure, et présent, me dédaigne.
   Le souvenir, la curiosité,
  Tout s'intéresse à ma famille entière :
  L'un, rejetant ses regards en arrière,

S'en va de mes aïeux chercher l'antiquité ;
L'autre, de l'avenir franchissant la barrière,
  Vole au-devant de ma postérité.
En cercle sur mes pas le destin me ramène ;
Long au gré de l'ennui, mais court pour le plaisir,
  Tantôt je vole, et tantôt je me traîne ;
    Et le dégoût et le desir,
Par d'insipides jeux, par un babil frivole,
Chacun impunément l'un et l'autre me vole :
    C'est un commerce de larcins.
Victime à tout instant des caprices humains,
En public, en secret, au théâtre, aux festins,
  A m'immoler tout homme s'évertue.
Au fond d'un cabinet un lourd savant me tue,
Un fat au Ranelagh ; mais plaignez mes destins :
Il n'est point de Tyburn contre mes assassins.
Tout ressent mon pouvoir : le voyageur l'admire
Sur les débris d'Athène, aux sables de Palmyre ;
Je fais, mieux que Johnson, justice des auteurs,
Scandale du bon goût et fléau des lecteurs.
Tout empire me doit sa grandeur et sa chute.
    Bien ou mal traité dans mon cours,
  L'un me chérit et l'autre me rebute ;
    L'un est prodigue de mes jours,
    L'autre avare d'une minute.
L'homme de loi vend cher au plaideur malheureux
    Chaque point de mon existence,
  Et le marchand pèse dans sa balance

Jusqu'au moindre de mes cheveux.
De moi le riche à grands frais se délivre ;
Le criminel qui va cesser de vivre
Me prie en vain de ralentir mes pas ;
Tandis qu'en un jour de naissance,
Excédé d'étiquette et de magnificence,
Le beau monde se plaint que je ne finis pas.
Les malheureux m'appellent à leur aide ;
Eh ! quel autre que moi sait guérir tous les maux,
Et sans salaire et sans remède ?
Lorsque son imprudent regard,
D'un miroir trop fidéle interroge la glace,
La beauté sur son teint voit à regret ma trace ;
Mais moi-même, en secret, réparant sa disgrace,
Je mûris lentement ce fard,
Dont les mains forment avec art
La blancheur de ses lis, l'incarnat de ses roses,
Sous des pinceaux flatteurs chaque matin écloses.
Ah ! calmez donc un injuste dépit ;
Belles, cessez d'accuser mon ravage ;
Belles, je rends à votre esprit
Ce que j'ôte à votre visage.
Mais c'est trop babiller, lecteur, repose-toi ;
Car tu me perds en t'occupant de moi.

A M. DE C***,

POLONAIS.

Dans votre poétique et doux pèlerinage,
Au tombeau glorieux du chantre des Romains,
   Objet sacré de plus d'un grand voyage
Des enfants d'Albion, des Français, des Germains,
Vous n'avez donc pas fait une course inutile !
Ornement éternel du tombeau de Virgile,
Cette feuille sacrée est tombée en vos mains ;
   Vous méritiez de l'avoir en partage,
Vous qui savez chérir son sublime langage.
Cet arbre le plus vieux, le plus beau des lauriers
Qu'épargna la tempête et que respecte l'âge,
Depuis qu'il reverdit, jamais si volontiers
   A l'étranger ne céda son feuillage,
Qu'au poëte envieroient les plus fameux guerriers.
Des voyageurs obscurs la main lui fait outrage ;
Leur larcin est un vol : le vôtre est un hommage.
A ce poëte aimable, et cher au monde entier,
   Mon cœur se plaît à vous associer.
   Pour vous louer, que n'ai-je son langage ?
L'un à l'autre jadis vous eussiez été chers ;

Vous auriez admiré ses vers,
Il eût chanté votre courage.
Tant que des ans le cours l'épargnera,
De ses honneurs conservez bien ce gage ;
Vous croirez voir en lui le noble témoignage
De l'admiration que Virgile inspira,
L'arbre qu'un vieux respect à son nom consacra,
Le mont qui l'embellit, le tombeau qui l'ombrage ;
Pour moi, ce cher débris m'inspire un vœu pour vous,
C'est que de vos beaux jours, si précieux pour nous,
Ce laurier immortel soit la fidèle image.

A LA PRINCESSE

AUGUSTA DE BRUNSWICK.

Proscrit, errant, sans foyer, sans patrie,
Cet enfant nouveau-né d'une épouse chérie (¹),
Même en nous consolant, ajoutoit à nos maux ;
Mais des infortunés la généreuse amie
Lui daigne ouvrir ses bras et son ame attendrie !
    Sous des auspices aussi beaux,
  Ah ! qu'il est doux d'arriver à la vie !
    Tel ce bouton frais et vermeil,
      Qui dans l'hiver n'osoit éclore,
N'attendoit, pour s'ouvrir, qu'un rayon du soleil,
      Ou qu'une larme de l'Aurore.
Heureux enfant ! du céleste flambeau
Apprends-nous donc enfin à bénir la lumière ;
Mêle ton doux souris aux larmes de ta mère,
    Et puisse, jusques au tombeau,
    T'accompagner dans ta carrière,
Ce rayon de bonheur tombé sur ton berceau !

(¹) La princesse avoit tenu sur les fonts de baptême l'enfant d'un Français qui lui adressoit ces vers.

A MADAME LA PRINCESSE

JABLONOWSKA.

Belle Jablonowska, de mon champêtre ouvrage
Daignez d'un doux souris favoriser l'hommage.
    La campagne inspira mes chants ;
  Là sont unis l'agréable et l'utile ;
Vos agréments sont faits pour enchanter la ville ;
  Mais vos goûts purs vous ramènent aux champs.
Je ne puis vous offrir des sceptres, des couronnes,
Des temples fastueux, de superbes colonnes ;
Mais les divinités, d'un regard complaisant,
  Daignent sourire au plus simple présent;
    Ainsi la vive Hamadryade,
Ou la Nymphe des bois, ou la jeune Oréade,
    Chez la pieuse antiquité,
Dans un temple entouré d'une pompeuse arcade,
    Ou d'une riche colonnade,
Par les grands et les rois voyoit son nom fêté ;
Puis rentroit dans son arbre, et sous son frais ombrage,
Oubliant et son temple et les palais du ciel,
    Se contentoit de l'humble hommage

De quelque fleur, ou d'un rayon de miel.
Peut-être un jour m'élançant sur vos traces,
 Dans mon essor audacieux
 Je chanterai vos vertus et vos graces,
  L'antique sang de vos aïeux,
Cette noble fierté qui n'a rien de farouche,
  Qu'aucun titre n'enorgueillit;
Ces entretiens charmants dont la grace nous touche,
  Et la bonté qui s'embellit
  En s'exprimant par votre bouche.
Alors de mon succès je ne douterai plus;
Votre nom du public me vaudra le suffrage;
 Avec plaisir mes vers seront reçus,
 Et le sujet consacrera l'ouvrage.
Avec bonté, dit-on, mes poëmes sont lus
 Par votre aimable et vertueuse fille;
 Pour moi c'est un titre de plus :
L'indulgence chez vous est un goût de famille;
 Même l'on dit que ses heureux essais
Daignent de mes tableaux copier quelques traits([1]):
Si ses vers sont polis, doux, élégants comme elle,
Alors, grace à sa main noblement infidèle,
 Les miens me sembleront parfaits;
Alors, dans mes Jardins et plus verts et plus frais,
Pour couronner mon front je choisis l'immortelle.

([1]) La jeune fille de la princesse s'occupoit alors à traduire quelques morceaux du poëme des *Jardins*.

Dans ses Jardins, où plus d'un connoisseur
    Goûta la grace naturelle
    De la Muse pleine d'appas
    Qui prit la mienne pour modéle,
    Les yeux ne rencontreront pas
Une fleur aussi fraîche, aussi charmante qu'elle.
A polir mes tableaux j'ai passé bien des ans;
Mais la grace n'est pas un ouvrage du temps;
Son maintien élégant, sa forme enchanteresse
    Appartiennent à la jeunesse.
Souvent l'été flétrit les filles du printemps;
    Sur ce rosier, que de ses pleurs arrose
        La jeune amante de Tithon,
        Voyez ce tendre rejeton
    Montrer la fleur nouvellement éclose
    De son modeste et timide bouton :
Du plus brillant émail sa robe se colore,
En célestes parfums son souffle s'évapore;
    Du coloris le plus éblouissant
        Son teint varié se compose ;
Le papillon léger lui-même s'y repose,
L'abeille y prend ses sucs, le zéphyr caressant
D'un murmure flatteur la courtise en passant,
    Et le bouton fait envie à la rose :
Voilà mon sort; mon vers (c'est cette vieille tige)
    Perd chaque jour de son prestige;
    L'aimable fleur qui l'embellit,
    C'est le talent de votre fille,

Où la sagesse à l'agrément s'unit;
Par lui mon vers se rajeunit,
Et de ce frais bouton où la jeunesse brille,
Le vieux rosier s'enorgueillit.

A M. L'OEILLART-D'AVRIGNY,

AUTEUR D'UN POÈME SUR LAPEYROUSE.

Le poëte immortel d'Achille et d'Andromaque,
  Jadis d'un ton harmonieux
Chanta le prince errant de la petite Ithaque;
  Grace à tes vers ingénieux
L'Ulysse des Français nous attache encor mieux.
A travers les écueils, sur les gouffres de l'onde,
Nous demandons aux mers sa poupe vagabonde;
  Et, tremblant pour ses jours chéris,
Craignons, en la cherchant, de trouver ses débris.
Sa Pénélope, hélas! dans le royaume sombre,
Peut-être maintenant accompagne son ombre;
L'impatient desir de retrouver l'époux
Qu'à ses embrassements ravit le sort jaloux,
Lui fit voir sans terreur les voûtes infernales,
  Et du Styx les ondes fatales,
  Qui, mieux que ses remparts de fer,
Défendent en grondant la porte de l'enfer.
Aujourd'hui, dans les bois des Champs Élysiens,
  Dont les paisibles citoyens
Bravent le triple cri des gueules de Cerbère,
Le couple heureux entend les vers du grand Homère,
  Et se console en relisant les tiens.

A Mme ET Mlle VAILLANT DE BRULE.

Grand merci, belle Caroline,
Grand merci, charmante Claudine,
De ces riches tissus travaillés par vos mains ;
Les rois mêmes en seroient vains.
Ces mailles, de Vulcain ingénieux ouvrage,
Qui, sur Mars et Vénus expiant son outrage,
Dans le même filet les surprirent tous deux,
Et de leur embarras amusèrent les dieux ;
Pallas, dont l'aiguille savante
Marioit les couleurs sur la toile vivante ;
Arachné, que perdit un défi périlleux,
Et dont le changement funeste
De la tapissière céleste
Vengea le dépit orgueilleux ;
Enfin tous ces arts merveilleux,
Jadis si vantés dans la Grèce,
Auroient cédé la palme à votre heureuse adresse.
Plus clairvoyant je l'admirerois mieux ;
Privé de la douce lumière,
De l'ingénieuse ouvrière
A peine j'entrevois le travail précieux,
Mais mon cœur en jouit au défaut de mes yeux.

INSCRIPTION EN VERS

POUR MOULIN-JOLI*.

Je suis le talisman de ces lieux de féeries :
　　Malheur à qui me détruira ;
　　Bonheur à qui conservera
Les droits de la nature et ces rives chéries !

　Un bon meunier autrefois me plaça
　　Sur le cours de cette onde pure ;
　　Un vieux curé me conserva ;
　Un couple heureux, ami de la nature,
　　Me prit en gré, me respecta,
　　Et dit, lorsqu'il me répara :

« Deviens le talisman de ces lieux de féeries :
　　Malheur à qui te détruira ;
　　Bonheur à qui conservera
Les droits de la nature et ces rives chéries ! »
　Il dit encore : « Ah ! crains que quelque jour
Le faste destructeur, l'ignorance hardie,

---

* Cette maison de campagne appartenoit à M. Watelet, de l'Académie française, qui y avoit fait placer ces vers.

Pénétrant en ces lieux, n'usurpe ce séjour.
>> L'ignorance, avec industrie,
>> D'un air capable enlaidira
>> Ce que sans art, sans symétrie,

La nature, en riant, de ses mains décora.
Les détours ondoyants de ces rives fleuries,
>> Le faste les redressera ;

Ces arbres, de leurs bras couronnant les prairies,
>> Le faux goût les mutilera ;

Ces réduits ombragés, propres aux rêveries,
>> Un cœur faux les profanera ;

Et par-tout la nature, insultée et flétrie,
>> En détestant la barbarie,
>> De ce séjour disparoîtra.

Ah ! sois le talisman de ces lieux de féeries :
>> Malheur à qui te détruira ;
>> Bonheur à qui conservera

Les droits de la nature et ces rives chéries ! »

EPISTLE

TO D.ʳ ARBUTHNOT.

Shut, shut the door, good John! fatigued I said,
Tye up the knocker, say I'm sick, I'm dead.
The dog-star rages! nay 'tis past a doubt,
All Bedlam, or Parnassus, is let out:
Fire in each eye, and papers in each hand,
They rave, recite, and madden round the land.

What walls can guard me, or what shades can hide?
They pierce my thickets, through my grot they glide;
By land, by water they renew the charge:
They stop the chariot, and they board the barge.
No place is sacred, not the church is free,
Ev'n Sunday shines no Sabbath-day to me:
Then from the Mint walks forth the man of rhyme,
Happy! to catch me just at dinner-time.

Is there a parson, much bemused in beer,
A maudlin poetess, a rhyming peer,

TRADUCTION
DE L'ÉPITRE DE POPE
AU DOCTEUR ARBUTHNOT.

Jean, qu'on ferme la porte, et qu'on la barricade ;
Qu'on mette les verrous ; dis que je suis malade,
Dis que je suis mourant, que je suis mort !... ô cieux !
Quels torrents de rimeurs répandus en ces lieux !
Mon œil épouvanté croit voir sur cette place
Tout l'hôpital des fous, ou bien tout le Parnasse.
Les vois-tu, récitant, courant en furieux,
Un papier dans les mains, et le feu dans les yeux ?
Contre ce vil essaim qui fourmille sans cesse,
Quel rempart assez sûr, quelle ombre assez épaisse ?
Il m'attaque par terre, il m'assiège par eau,
Se glisse dans ma grotte, investit mon berceau,
Inonde mes bosquets, borde mon avenue,
Me poursuit dans l'église, et m'atteint dans la rue ;
Ou, pressé par la faim, pour mieux m'assassiner,
M'aborde... justement à l'heure du dîner.
 Est-il un vil rimeur, dont la verve grossière
Exhale en plats écrits les vapeurs de la bière ;

A clerk, foredoom'd his father's soul to cross,
Who pens a stanza when he should engross?
Is there, who, lock'd from ink and paper, scrawls
With desperate charcoal round his darken'd walls?
All fly to Twit'nam, and in humble strain
Apply to me, to keep them mad or vain.
Arthur, whose giddy son neglects the laws,
Imputes to me and my damn'd works the cause:
Poor Cornus sees his frantic wife elope,
And curses wit, and poetry, and Pope.

Friend to my life! (which did not you prolong,
The world had wanted many an idle song.)
What *drop* or *nostrum* can this plague remove?
Or which must end me, a fool's wrath or love?
A dire dilemma! either way I'm sped,
If foes, they write: if friends, they read me dead.
Seiz'd and ty'd down to judge, how wretched I!
Who can't be silent, and who will not lie:
To laugh, were want of goodness and of grace;
And to be grave, exceeds all pow'r of face.
I sit with sad civility; I read
With honest anguish, and an aching head;

Est-il un grand seigneur, auteur de petits vers,
Un poëte en jupon, qui rime de travers;
Un clerc encor poudreux, qui, déserteur du code,
Sache, au lieu d'un contrat, me griffonner une ode;
Un fou, qui, renfermé sans encre et sans papier,
Ait charbonné de vers les murs de son grenier?
Tous viennent m'assaillir, dans leurs fureurs étranges,
Outrés de ma critique, ou fiers de mes louanges.
Arthur voit-il ses fils négliger le barreau?
Ce sont mes maudits vers qui troublent leur cerveau.
Et le pauvre Cornus, trahi par ce qu'il aime,
S'en prend aux beaux esprits, à ma Muse, à moi-même!

Toi qui sauvas mes jours, toi sans qui l'univers
Et pour et contre moi n'eût point vu tant de vers,
Quel remède contre eux? Comment fuir cette peste?
Parle: lequel pour moi crois-tu le plus funeste,
De la haine des sots ou de leur amitié?
D'un et d'autre côté, que mon sort fait pitié!
Amis, je crains leurs vers; ennemis, leurs libelles;
D'une part, de l'ennui; de l'autre, des querelles.
On frappe: c'est Codrus! Je suis mort. Le bourreau,
Pour me lire ses vers, me tient sous le couteau.
Forcé de les juger, conçois-tu ma misère?
Moi, qui n'ose mentir, et qui ne puis me taire,
Rire aux yeux de l'auteur seroit trop inhumain:
Écouter de sang-froid, je l'essaierois en vain.
Quel tourment! Je m'assieds, composant mon visage,
Poliment je m'ennuie; en silence j'enrage,

And drop at last, but in unwilling ears,
This saving counsel, « Keep your piece nine years. »
  —Nine years! cries he, who high in Drury-lane,
Lull'd by soft zephyrs thro' the broken pane,
Rhymes ere he wakes, and prints beforet erm ends,
Oblig'd by hunger and request of friends:
« The piece, you think, is incorrect? why take it,
I'm all submission; what you'd have it, make it. »
  Three things another's modest wishes bound,
My friendship, and a prologue, and ten pound.

  Pitholeon sends to me: You know his grace:
I want a patron; ask him for a place.
Pitholeon libell'd me—but here's a letter
Informs you, sir, 'twas when he knew no better.
Dare you refuse him? Curl invites to dine,
He'll write a *Journal,* or he'll turn divine.
Bless me! a packet.—'Tis a stranger sues,
A virgin tragedy, an orphan Muse.
If I dislike it, furies, death, and rage!
If I approve, « Commend it to the stage. »
There (thank my stars) my whole commission ends,
The play'rs and I are, luckily, no friends.
Fir'd that the house reject him,—'Sdeath! I'll print it,
And shame the fools—your int'rest, sir, with Lintot.
Lintot, dull rogue! will think your price too much:

Et lâche enfin ces mots très peu satisfaisants :
« M'en croirez-vous ? Gardez votre pièce neuf ans. »
— « Neuf ans ! » crie un auteur forcé de faire un livre,
Et par besoin d'écrire, et par besoin de vivre,
Qui, dès le point du jour, rime entre deux rideaux,
Dont le tendre zéphyr caresse les lambeaux.
« Vous blâmez donc mes vers ? Je vais vous les remettre :
Ajoutez, retranchez ; vous m'y verrez soumettre.

Deux graces seulement, dit l'autre, et rien de plus :
Votre amitié d'abord. — Et puis quoi ? — Cent écus.

Monsieur, lisez ces mots que Damon vous adresse :
Vous connoissez le duc ; parlez à son altesse.
— Mais ce Damon, monsieur, m'a cent fois outragé.
— Ah ! par son repentir vous êtes bien vengé ;
Ne le refusez pas : sa haine est redoutable.
Il écrit un journal ; Curl(¹) l'invite à sa table. »
Bon ! d'où vient ce paquet ? J'ouvre, et je lis ces mots :
« C'est un drame, monsieur, nouvellement éclos.
L'auteur veut se cacher, attendant qu'il prospère ;
A ce pauvre orphelin daignez servir de père ! »
Si je dis qu'il est mal, Dieu sait quelles fureurs !
Si je dis qu'il est bien. — « Parlez-en aux acteurs. »
Je respire à ces mots. Grace à certaines rimes,
Nos histrions et moi ne sommes pas intimes.
La pièce est refusée. Outré de désespoir :
« Morbleu ! dit-il, je veux l'imprimer dès ce soir,

(¹) Libraire de Londres.

Not, sir, if you revise it, and retouch.
All my demurs but double his attacks:
At last he whispers, « Do; and we go snacks. »
Glad of a quarrel, straight I clap the door,
Sir, let me see your works and you no more.

  'Tis sung, when Midas' ears began to spring,
(Midas, a sacred person and a king.)
His very minister, who spied them first,
(Some say his queen,) was forced to speak, or burst.
And is not mine, my friend, a sorer case,
When ev'ry coxcomb perks them in my face?
A. Good friend, forbear! you deal in dangerous things,
I'd never name queens, ministers, or kings;
Keep close to ears, and those let asses prick,
'Tis nothing—
              P. Nothing? if they bite and kick?
Out with it, Dunciad! let the secret pass,
That secret to each fool, that he's an ass:
The truth once told (and wherefore should we lie?)
The queen of Midas slept, and so may I.

  You think this cruel? take it for a rule,
No creature smarts so little as a fool.
Let peals of laughter, Codrus! round thee break,
Thou unconcern'd canst hear the mighty crack:

Parlez-en à Lintot. — Lui! ce fat de libraire,
En l'imprimant *gratis*, croira déja trop faire.
« — Eh bien, retouchez-la. « Je suis bien importun;
Mais, me dit-il tout bas, le gain sera commun. »
A ces mots, je le chasse; et, lui rouvrant la porte :
« Vous et vos vers, monsieur, de grace, que l'on sorte. »

Quand du plus opulent et du plus sot des rois
L'oreille s'alongea pour la première fois,
Son ministre indiscret (d'autres disent sa femme),
Plutôt que de se taire, eût cent fois rendu l'ame.
Le secret fut trahi : le garderai-je mieux,
Moi, qui vois tant de sots en porter à mes yeux?
« Modérez-vous; souvent l'indiscréte parole
A des échos tout prêts : le mot léger s'envole,
Et les mots échappés ne reviennent jamais.
Laissons l'âne montrer ses oreilles en paix.
Quel mal peut-il vous faire, et quel si grand désordre...
— Quel mal il peut me faire! il peut ruer et mordre.
Ces sots sont des méchants : pour trahir leurs secrets,
Je n'irai point les dire aux roseaux indiscrets.
Moi-même, à haute voix, j'en instruirai la terre :
Un sot ne reste en paix que lorsqu'il craint la guerre.

Je vous parois cruel; retenez bien ce mot :
De tous les animaux le plus dur est un sot. »

Intrépide Codrus, les loges, le parterre,
Par d'affreux sifflements te déclarent la guerre;
Un rire inextinguible, un rire universel,
Éclate autour de toi, comme autrefois au ciel,

Pit, box, and gall'ry, in convulsions hurl'd,
Thou stand'st unshook amidst a bursting world.
Who shames a scribbler? Break one cobweb thro',
He spins the slight, self-pleasing thread anew:
Destroy his fib or sophistry, in vain,
The creature's at his dirty work again,
Thron'd in the centre of his thin designs,
Proud of a vast extent of flimsy lines!
Whom have I hurt? has poet yet, or peer,
Lost the arch'd eyebrow, or Parnassian sneer?
And has not Colly still his lord, and whore?
His butchers Henley? his free-masons Moore?
Does not one table Bavius still admit?
Still to one bishop Philips seem a wit?
Still Sappho...
   A. Hold! for God's sake—you'll offend,
No names—be calm—learn prudence of a friend:
I too could write, and I am twice as tall;
But foes like these...
    P. One flatt'rer's worse than all.
Of all mad creatures, if the learn'd are right,
It is the slaver kills, and not the bite.
A fool quite angry is quite innocent:
Alas! 'tis ten times worse when they *repent*.
 One dedicates in high heroic prose,
And ridicules beyond a hundred foes:
One from all Grub-street will my fame defend,
And more abusive, calls himself my friend.

Quand Vulcain, tout froissé de sa chute funeste,
Traînoit un pied boiteux devant la cour céleste :
Ton drame aussi succombe, et ta pièce est à bas.
Quel tumulte, grands dieux! quel horrible fracas!
Inutile tempête! en vain l'orage gronde;
Codrus, sans s'ébranler, verroit crouler le monde :
Son cœur, depuis long-temps s'endurcit aux revers.
C'est le sage qu'Horace a décrit dans ses vers.
Vois filer dans un coin cet animal infame;
Que l'on brise sa toile, il renouera sa trame.
Confondez les discours de ce vil rimailleur :
Il revient à l'ouvrage, avide écrivailleur;
Et, fier d'un vain tissu, qui d'un souffle s'envole,
L'insecte admire en paix son ouvrage frivole.
Mais quels sont donc mes torts? Qu'ont perdu tous ces fous?
Ce poëte a-t-il moins son sourire jaloux?
Milord, ce fier sourcil où son orgueil éclate?
Cibber, sa courtisane et ce seigneur qu'il flatte?
Henley, de sa canaille est-il moins l'orateur?
Moor, de ses francs-maçons le zélé sectateur?
Bavius n'est-il plus admis à cette table?
Ce prélat trouve-t-il Philis moins admirable?
Sapho... — Bon Dieu, paix donc! De pareils ennemis...
— Ah! je crains plus encor de semblables amis.
Alors qu'il vous outrage, un sot n'est pas à craindre;
C'est lors qu'il se repent, qu'on est le plus à plaindre.
L'un me dédie un tome, et son ton empesé,
Plus que cent ennemis, m'a ridiculisé;

This prints my letters, that expects a bribe,
And others roar aloud, Subscribe, subscribe!
 There are, who to my person pay their court:
I cough like Horace, and, tho' lean, am short,
Ammon's great son one shoulder had too high,
Such Ovid's nose, and, Sir! you have an eye—.
Go on, obliging creatures, make me see
All that disgraced my betters, met in me.
Say for my comfort, languishing in bed,
«Just so immortal Maro held his head:»
And when I die, be sure you let me know
Great Homer dy'd three thousand years ago.
 Why did I write? what sin to me unknown
Dipp'd me in ink, my parents', or my own?
As yet a child, nor yet a fool to fame,
I lisp'd in numbers, for the numbers came:
I left no calling for this idle trade,
No duty broke, no father disobey'd.
The Muse but serv'd to ease some friend, not wife;
To help me thro' this long disease, my life;
To second, Arbuthnot! thy art and care,
And teach, the being you preserv'd, to bear.
 But why then publish? Granville the polite,
And knowing Walsh, would tell me I could write;
Well-natured Garth inflam'd with early praise,
And Congreve lov'd, and Swift endur'd my lays;
The courtly Talbot, Somers, Sheffield read,
Ev'n mitred Rochester would nod the head,

L'autre, la plume en main, chevalier de ma gloire,
Pour moi, contre un journal, dispute la victoire.
L'autre vend mes écrits lâchement enlevés ;
L'autre crie après moi : « Souscrivez, souscrivez ! »
  Plusieurs, de mon corps même admirent la disgrace.
« Ovide eut votre nez ; vous toussez comme Horace ;
Alexandre portoit l'épaule comme vous ;
Vos yeux... » Bon : mes amis, cet éloge est bien doux ;
Ainsi, de ces mortels, fameux par leur mérite,
Ce sont précisément des défauts que j'hérite.
Quand je languis au lit, dites-moi poliment :
« Virgile reposoit comme vous justement ; »
Et quand j'expirerai, contez-moi, pour me plaire,
Qu'autrefois, comme moi, mourut le grand Homère.
  Ciel ! quel fâcheux démon m'a mis la plume en main ?
Que de papier perdu dans un métier si vain ?
Dès le berceau (combien la nature est puissante !)
Je bégayois des vers d'une voix innocente.
Age heureux, où l'on sent des plaisirs sans douleurs,
Où, sans craindre d'épine, on recueille des fleurs !
Mais du moins, en rimant, j'ai suivi mon génie ;
Je n'ai point de mon père empoisonné la vie :
Ma Muse ne m'apprit qu'à chanter la vertu ;
Qu'à surmonter les maux dont je suis combattu ;
Qu'à bénir tes bienfaits, tendre ami que j'honore ;
Qu'à supporter ces jours que tu soutiens encore.
Mais, pourquoi, dira-t-on, vous imprimer ? Pourquoi ?
Eh ! qui n'auroit été séduit ainsi que moi ?

And St John's self (great Dryden's friend before)
With open arms received one poet more.
Happy my studies, when by these approv'd!
Happier their author, when by these belov'd!
From these the world will judge of men and books,
Not from the Burnets, Oldmixons, and Cooks.

  Soft were my numbers: who could take offence
While pure description held the place of sense?
Like gentle Fanny's was my flow'ry theme,
A painted mistress, or a purling stream.
Yet then did Gildon draw his venal quill;
I wish'd the man a dinner, and sat still.
Yet then did Dennis rave in furious fret;
I never answer'd, I was not in debt.
If want provok'd, or madness made them print,
I wag'd no war with Bedlam or the Mint.

  Did some more sober critic come abroad;
If wrong, I smil'd; if right, I kiss'd the rod.
Pains, reading, study, are their just pretence,
And all they want is spirit, taste, and sense.
Commas and points they set exactly right,
And 'twere a sin to rob them of their mite.
Yet ne'er one sprig of laurel grac'd these ribalds,
From flashing Bentley down to piddling Tibalds.
Each wight, who reads not, and but scans and spells,

Walsh, ce fin connoisseur, le délicat Grandville,
M'ont dit : « Vous charmerez et la cour et la ville. »
Garth, le généreux Garth, daignoit guider mes pas ;
Congrève me louoit, Swift ne me blâmoit pas ;
Sheffield, Talbot, Somers, consentoient à me lire ;
Le grave Atterbury m'accordoit un sourire ;
Et Bolinbroke, ami de Dryden vieillissant,
Embrassoit avec joie un poëte naissant.
Heureux mes vers, de plaire à leur esprit sublime !
Mais plus heureux l'auteur, de gagner leur estime !
Par eux, on jugera mon cœur et mon esprit.
Eh ! que m'importe après, ce que Burnet écrit ?

   Rappelle-toi l'essor de ma Muse novice.
Elle n'osoit encor livrer la guerre au vice ;
Elle peignoit des fleurs, des vergers, des ruisseaux.
Qui pouvoit s'offenser de ces riants tableaux ?
Gildon pourtant, dès-lors, outragea ma personne.
« Il veut dîner, me dis-je, hélas ! je lui pardonne. »

   Qu'un censeur, moins fougueux, critique mes écrits :
S'il dit vrai, j'en profite ; et s'il a tort, j'en ris.
Mais je connois trop bien nos graves Aristarques ;
Stériles en génie, et féconds en remarques ;
Le zèle, le travail, la mémoire, ils ont tout,
Excepté du bon sens, de l'esprit et du goût.
Ils savent à propos placer une virgule ;
Pas un accent n'échappe à leur docte scrupule ;
Un mot, une syllabe épuise leurs efforts ;
Ils jugent les vivants, ils commentent les morts ;

Each word-catcher, that lives on syllables,
E'en such small critics some regard may claim,
Preserv'd in Milton's or in Shakespeare's name.
Pretty! in amber to observe the forms
Of hairs, or straws, or dirt, or grubs, or worms!
The things, we know, are neither rich nor rare,
But wonder how the devil they got there.

Were others angry: I excused them too;
Well might they rage, I gave them but their due.
A man's true merit 'tis not hard to find;
But each man's secret standard in his mind,
That casting-weight pride adds to emptiness,
This, who can gratify? for who can guess?
The bard whom pilfer'd pastorals renown,
Who turns a Persian tale for half a crown,
Just writes to make his barrenness appear,
And strains from hard-bound brains, eight lines a-year;
He, who still wanting, tho' he lives on theft,
Steals much, spends little, yet has nothing left:
And he, who now to sense, now nonsense leaning,
Means not, but blunders round about a meaning;
And he, whose fustian's so sublimely bad,
It is not poetry, but prose run mad:
All these, my modest satire bad translate,
And own'd that nine such poets made a Tate.
How did they fume, and stamp, and roar, and chafe,
And swear, not Addison himself was safe!

Peace to all such! but were there one whose fires

Et, par l'éclat d'autrui dissipant leurs ténèbres,
Joignent leurs noms obscurs aux noms les plus célèbres.
Tel le chêne soutient l'arbuste dans les airs;
Tel l'ambre offre à nos yeux de la paille et des vers.
  Mais que d'auteurs choqués! J'approuve leur murmure:
Je les appréciai; c'est sans doute une injure.
Damon, que j'ai loué, n'est pas content de moi:
Hélas! c'est que Damon est trop content de soi.
Pour louer un auteur, il nous faudroit connoître
Non pas tout ce qu'il est, mais tout ce qu'il croit être;
Les beaux-esprits, ainsi que les vieilles beautés,
Trouvent leurs portraits faux, s'ils ne sont pas flattés.
L'un, en un faux sublime égare sa pensée,
Et nomme poésie une prose insensée;
L'autre, faux bel-esprit, tient mon esprit tendu,
Veut être deviné, mais jamais entendu;
L'autre des vers d'autrui s'est enrichi sans honte,
Traduit, pour un écu, quelque insipide conte;
De son étroit cerveau tire vingt vers par an,
N'écrit que pour prouver qu'il étoit sans talent;
Revêt de cent tableaux une Muse postiche,
Pille, dépense peu, mais n'en est pas plus riche.
Cependant si ma Muse, à ces minces auteurs,
Veut bien donner le nom d'heureux compilateurs,
Quels cris! « Oui, disent-ils, dans sa fureur extrême,
Il lancera ses traits contre Addison lui-même. »
Eh bien, qu'ils meurent donc dans leur obscurité.
  Mais, représentez-vous un écrivain vanté,

True genius kindles, and fair fame inspires;
Bless'd with each talent and each art to please,
And born to write, converse, and live with ease:
Should such a man, too fond to rule alone,
Bear, like the Turk, no brother near the throne,
View whim with scornful, yet with jealous eyes,
And hate for arts that caus'd himself to rise;
Damn with faint praise, assent with civil leer,
And without sneering, teach the rest to sneer;
Willing to wound, and yet afraid to strike,
Just hint a fault, and hesitate dislike;
Alike reserv'd to blame, or to commend,
A timorous foe, and a suspicious friend;
Dreading e'en fools, by flatterers besieg'd,
And so obliging, that he ne'er oblig'd;
Like Cato give his little senate laws,
And sit attentive to his own applause;
While wits and Templars ev'ry sentence raise,
And wonder with a foolish face of praise—
Who but must laugh, if such a man there be?
Who would not weep, if Atticus were he!

What tho' my name stood rubric on the walls,
Or plaster'd posts, with claps, in capitals?
Or smoking forth, a hundred hawkers load,
On wings of winds came flying all abroad?

Plein de grace et d'esprit, sachant penser et vivre ;
Charmant dans ses discours, sublime dans un livre ;
Partisan du bon goût, amoureux de l'honneur,
Fait pour un nom célèbre, et né pour le bonheur ;
Mais qui, comme ces rois que l'Orient révère,
Pense ne bien régner qu'en étranglant son frère ;
Concurrent dédaigneux, et cependant jaloux,
Qui, devant tout aux arts, les persécute en vous ;
Blâmant d'un air poli, louant d'un ton perfide ;
Cherchant à vous blesser, mais d'une main timide ;
Flatté par mille sots, et redoutant leurs traits ;
Tellement obligeant, qu'il n'oblige jamais ;
Dont la haine caresse, et le souris menace ;
Bel-esprit à la cour, et ministre au Parnasse ;
Faisant d'une critique une affaire d'état ;
Ainsi que son héros (¹), dans son petit sénat,
Réglant le peuple auteur, tandis qu'en son extase,
Tout le cercle ébahi se pâme à chaque phrase....
Parle, qui ne riroit de ce portrait sans nom ?
Mais qui ne pleureroit, si c'étoit Addison !
Et qui n'auroit pitié du contraste bizarre
D'une ame si commune et d'un talent si rare ?

 Mes écrits, je l'avoue, affichés en cent lieux,
Étalent sur nos murs leurs titres orgueilleux ;
Et deux cents colporteurs, au lecteur qui s'empresse,
Les vendent tout mouillés au sortir de la presse.

(¹) Allusion à la tragédie de *Caton d'Utique*, d'Addison.

I sought no homage from the race that write;
I kept, like Asian monarchs, from their sight:
Poems I heeded (now be-rhymed so long)
No more than thou, great George! a birthday song.
I ne'er with wits or witlings pass'd my days,
To spread about the itch of verse and praise;
Nor like a puppy, daggled thro' the town,
To fetch and carry sing-song up and down;
Nor at rehearsals sweat, and mouth'd, and cry'd,
With handkerchief and orange at my side;
But sick of fops, and poetry, and prate,
To Bufo left the whole Castalian state.

Proud as Apollo on his forked hill,
Sat full-blown Bufo, puff'd by ev'ry quill;
Fed with soft dedication all day long,
Horace and he went hand in hand in song.
His library (where busts of poets dead,
And a true Pindar stood without a head)
Receiv'd of wits an undistinguish'd race,
Who first his judgment ask'd, and then a place:
Much they extoll'd his pictures, much his seat,
And flatter'd ev'ry day, and some days eat;
Till grown more frugal in his riper days,
He paid some bards with port, and some with praise;
To some a dry rehearsal was assign'd,
And others (harder still) he paid in kind.
Dryden alone (what wonder!) came not nigh;

Mais, me voit-on, bouffi d'une folle hauteur,
Vouloir, en souverain, régir le peuple auteur?
A ce peuple importun, encor plus que risible,
Tel qu'un sultan altier, je me rends invisible.
Après les vers nouveaux je ne vais point courir :
Sans savoir s'ils sont nés, je les laisse mourir.
Je ne vais point, trottant au travers de la ville,
Colporter des couplets, répandre un vaudeville,
Remettre à l'imprimeur un écrit clandestin,
Des drames nouveau-nés décider le destin,
Une orange à la main soulever le parterre,
Dans l'ombre d'un café réformer l'Angleterre;
Las de prose, de vers, des Muses, d'Apollon,
J'abandonne à Bardus tout le sacré vallon.

 Tel qu'Apollon assis sur la double colline,
L'épais Bardus s'étale avec sa lourde mine;
Trente rimeurs gagés le parfument d'encens;
Mécène et lui déja vont de pair dans leurs chants.
Son cabinet, orné d'un Pindare sans tête,
S'ouvre indifféremment à tout mauvais poëte.
Chaque auteur, de son goût vient recevoir la loi,
Demande ses avis, et sur-tout un emploi;
Admire ses tableaux et sa magnificence;
Et, pour dîner un jour, pendant un mois l'encense.
Mais, hélas! il commence à devenir frugal :
Les uns, d'un froid éloge ont le maigre régal;
D'autres ont pour leurs vers quelque froide louange;
D'autres, plus maltraités, ont les siens en échange.

Dryden alone escap'd this judging eye:
But still the great have kindness in reserve,
He help'd to bury whom he help'd to starve.
    May some choice patron bless each gray-goose quill!
May ev'ry Bavius have his Bufo still!
So when a statesman wants a day's defence,
Or envy holds a whole week's war with sense,
Or simple pride for flatt'ry makes demands,
May dunce by dunce be whistled off my hands!
Bless'd be the great! for those they take away,
And those they left me—for they left me Gay:
Left me to see neglected genius bloom,
Neglected die, and tell it on his tomb:
Of all thy blameless life the sole return
My verse, and Queensberry weeping o'er thy urn!
    Oh let me live my own, and die so too!
(To live and die is all I have to do:)
Maintain a poet's dignity and ease,
And see what friends, and read what books I please:
Above a patron, tho' I condescend
Sometimes to call a minister my friend,
I was not born for courts or great affairs:
I pay my debts, believe, and say my prayers;
Can sleep without a poem in my head,
Nor know if Dennis be alive or dead.
    Why am I ask'd what next shall see the light?
Heavens! was I born for nothing but to write?
Has life no joys for me? or (to be grave)

A ses yeux, que toujours le vrai talent frappa,
Dryden, qui le croiroit ! Dryden seul échappa.
Mais un grand, éclairé, tôt ou tard se détrompe :
Si Dryden meurt de faim, on l'enterre avec pompe.
  Oh ! puissent désormais tous ces vils protecteurs
Grossir leur triste cour de tous ces vils auteurs !
Que tout rimeur à gage ait une maison prête !
Que tout patron stupide ait un client plus bête !
Ainsi, tandis qu'un sot pour un fat rimera,
Tandis que la bassesse à l'orgueil se vendra,
Tous ces fous, loin de moi, fuiront l'un après l'autre.
O grands ! mon intérêt s'accorde avec le vôtre ;
Je hais la flatterie, et vous la bonne foi ;
Cibber rampe chez vous, et Gay vécut chez moi.
Ciel, fais-moi, comme Gay, vivre et mourir sans maître !
Savoir vivre et mourir, c'est le seul art peut-être.
Puissé-je, indépendant de l'univers entier,
Paroître noblement dans un noble métier,
Vivant pour mes amis, existant pour moi-même,
Lisant ce qui me plaît, et voyant ceux que j'aime ;
Du faquin qui protége implacable ennemi,
Mais aux grands quelquefois donnant le nom d'ami !
Non, je n'étois point né pour les grandes affaires :
Je crains Dieu, ne dois rien, récite mes prières ;
Je dors, graces au ciel, sans rimer en rêvant ;
Eh ! sais-je si Dennis est ou mort ou vivant ?
« Qu'allez-vous imprimer ? » Vient-on souvent me dire ?
Ciel ! n'étois-je donc fait que pour toujours écrire !

Have I no friend to serve, no soul to save?
«I found him close with Swift.—Indeed? no doubt,
Cries prating Balbus, something will come out.»
'Tis all in vain, deny it as I will.
«No, such a genius never can lie still.»
And then for mine obligingly mistakes
The first lampoon sir Will or Bubo makes.
Poor, guiltless I! and can I choose but smile,
When ev'ry coxcomb knows me by my style?

 Curs'd be the verse, how well soe'er it flow,
That tends to make one worthy man my foe,
Give virtue scandal, innocence a fear,
Or from the soft-eyed virgin steal a tear!
But he who hurts a harmless neighbour's peace,
Insults fall'n worth, or beauty in distress,
Who loves a lie, lame slander helps about,
Who writes a libel, or who copies out;
That fop, whose pride affects a patron's name,
Yet absent, wounds an author's honest fame:
Who can your merit selfishly approve,
And show the sense of it without the love;
Who has the vanity to call you friend,
Yet wants the honour, injur'd, to defend;
Who tells whate'er you think, whate'er you say,
And, if he lie not, must at least betray;
Who to the *Dean*, and *silver bell* can swear,
And sees at *Cannons* what was never there;
Who reads, but with a lust to misapply,

Insensé! n'ai-je donc rien de mieux à songer,
Point d'amis à servir, de pauvre à soulager?
« J'ai trouvé Pope et Swift enfermés tête à tête,
Dit l'indiscret Balbus; quelque chose s'apprête. »
J'ai beau lui protester. « Eh! non, je vous connois;
« Votre verve, dit-il, ne s'épuise jamais. »
Et la première horreur qu'un méchant distribue,
Ce connoisseur profond d'abord me l'attribue.
Hélas! malheur au vers le plus harmonieux,
Qui blesse l'innocent d'un trait calomnieux;
Dont la pudeur rougit, dont la vertu s'alarme;
Qui peut de deux beaux yeux arracher une larme!
Me confonde le ciel, si l'on voit mes discours
Des jours d'un honnête homme empoisonner le cours!
Mais ce méchant, fléau des vertus les plus belles,
Qui compose dans l'ombre, ou répand des libelles;
Qui déchire avec art, mais avec cruauté,
Le talent malheureux, l'indigente beauté;
Ce grand qui, près des rois, adulateur servile,
Sous un ruban d'azur me cache une ame vile;
Ce fat qui me protége avec un air si vain,
Qui, vantant mes écrits, néglige l'écrivain;
Qui, n'osant me défendre alors que l'on me blesse,
Me voit par vanité, me trahit par foiblesse;
Qui, s'il n'est pas méchant, est du moins indiscret;
Qui donne un ridicule, ou révèle un secret;
Qui, prêtant à mes vers des tournures malignes,
Va dire aux grands: C'est vous que l'on peint dans ces lignes.

Makes satire a lampoon, and fiction lie:
A lash like mine no honest man shall dread,
But all such babbling blockheads in his stead.

Let Sporus tremble—
            A. What? that thing of silk,
Sporus, that mere white curd of ass's milk?
Satire of sense, alas! can Sporus feel,
Who breaks a butterfly upon a wheel?

P. Yet let me flap this bug with gilded wings,
This painted child of dirt, that stinks and stings;
Whose buzz the witty and the fair annoys,
Yet wit ne'er tastes, and beauty ne'er enjoys:
So well-bred spaniels civilly delight
In mumbling of the game they dare not bite.
Eternal smiles his emptiness betray,
As shallow streams run dimpling all the way.
Whether in florid impotence he speaks,
And, as the prompter breathes, the puppet squeaks;
Or at the ear of Eve, familiar toad,
Half froth, half venom, spits himself abroad,
In puns, or politics, or tales, or lies,
Or spite, or smut, or rhymes, or blasphemies:
His wit all see-saw, between that and this,
Now high, now low, now master up, now miss,
And he himself one vile antithesis.

FUGITIVES.

Voilà ceux qu'à mes pieds je veux voir abattus :
Je suis l'effroi du vice, et l'appui des vertus.

Que Sporus tremble! — Qui? cette chétive espèce,
Automate de soie, extrait de lait d'ânesse;
Chenille, que colore un brillant vermillon?
Quoi ! faut-il dans la mer noyer un papillon?
— Du moins, écrasez donc cet orgueilleux insecte,
Ce ver aux ailes d'or, qui me pique et m'infecte;
Qui, formé dans la fange, et fier de ses couleurs,
De la société flétrit toutes les fleurs;
Parcourt, en bourdonnant, le Pinde et les ruelles,
Mais sans goûter les arts, mais sans jouir des belles :
Ainsi, dans le gibier, qu'il mordille en grondant,
L'épagneul bien dressé n'ose imprimer la dent.
Son sourire éternel annonce une ame aride :
D'un ruisseau peu profond ainsi l'onde se ride.
Mannequin animé par le souffle d'autrui,
Il ne pense, il ne sent, ne juge point par lui;
Dans chaque pas qu'il fait, chaque mot qu'il profère,
On reconnoît le fil et la main du compère.
Aux discours des savants mêle-t-il son caquet?
Parmi l'or des moissons on croit voir un bluet.
Voyez de mille excès ce bizarre assemblage :
Sérieusement fou, ridiculement sage,
Par des moyens obscurs courant après l'éclat,
Qui put n'être qu'un sot, et voulut être un fat;
Courtisan pédantesque, et pédant petit-maître,
Dégradant ce qu'il est par tout ce qu'il veut être;

Amphibious thing! that, acting either part,
The trifling head, or the corrupted heart;
Fop at the toilet, flatterer at the board,
Now trips a lady, and now struts a lord.
Eve's tempter thus the rabbins have express'd,
A cherub's face, a reptile all the rest;
Beauty that shocks you, parts that none will trust,
Wit that can creep, and pride that licks the dust.

Not fortune's worshipper, nor fashion's fool,
Not lucre's madman, nor ambition's tool,
Not proud, nor servile; be one poet's praise,
That, if he pleased, he pleased by manly ways;
That flattery, e'en to kings, he held a shame,
And thought a lie in verse or prose the same,
That not in fancy's maze he wander'd long,
But stoop'd to truth, and moralized his song;
That not for fame, but virtue's better end,
He stood the furious foe, the timid friend,

De la société brillant caméléon,
Socrate le matin, le soir Anacréon;
A force d'agrément parvenant à déplaire,
Ayant toujours un rôle, et pas un caractère.

. . . .

Sa gravité déplaît, sa légèreté pèse,
Lui-même est une plate et risible antithèse;
Une espèce amphibie, équivoque animal,
Avantageux et bas, doucereux et brutal;
Tour-à-tour grand seigneur ou petite-maîtresse,
Mignard comme une fille, ou fier comme une altesse;
Frivole par l'esprit, infame par le cœur;
Fat auprès d'une femme, auprès des rois, flatteur.
Belle Ève, ainsi l'on peint ton séducteur funeste,
Ange par la figure, et serpent par le reste:
C'est un être choquant, même par sa beauté;
Affable par orgueil, rampant par vanité.

Libre d'ambition, insensible aux richesses,
Courageux sans hauteur, complaisant sans bassesses,
Voilà le vrai poëte: il plaît, mais noblement;
De l'orgueil d'un ministre il n'est pas l'instrument.
Flatter, même les rois, à ses yeux est coupable;
De mentir, même en vers, sa bouche est incapable.
Chez lui la poésie est plus que de vains sons;
La sublime morale ennoblit ses chansons;
Il fait briller le vrai dans la fiction même:
Ce n'est point un vain nom, c'est la vertu qu'il aime.

The damning critic, half-approving wit,
The coxcomb hit, or fearing to be hit;
Laugh'd at the loss of friends he never had,
The dull, the proud, the wicked, and the mad;
The distant threats of vengeance on his head,
The blow unfelt, the tear he never shed;
The tale revived, the lie so oft o'erthrown,
The imputed trash, and dulness not his own;
The morals blacken'd when the writings 'scape,
The libell'd person, and the pictured shape;
Abuse, on all he loved, or loved him, spread,
A friend in exile, or a father dead;
The whisper, that, to greatness still too near,
Perhaps yet vibrates on his sovereign's ear—
Welcome for thee, fair virtue! all the past:
For thee, fair virtue! welcome e'en the last!

A. But why insult the poor, affront the great?
P. A knave's a knave, to me, in every state;
Alike my scorn, if he succeed or fail,
Sporus at court, or Japhet in a jail;
A hireling scribbler, or a hireling peer,
Knight of the post corrupt, or of the shire;
If on a pillory, or near a throne,
He gain his prince's ear, or lose his own.

Il respecte les grands, et ne les flatte pas;
Il dompte ses rivaux, sans livrer de combats;
Il voit avec mépris le louangeur stupide,
L'agresseur furieux, le défenseur timide,
Le critique implacable et qui mord sans pitié,
Le bel esprit jaloux, et qui loue à moitié,
Tant de coups sans effet, tant de traits sans blessure,
Et la haine impuissante, et l'amitié peu sûre.
Qu'on réchauffe cent fois des contes pleins d'ennui;
Que l'on charge son nom des sottises d'autrui;
Qu'un méchant affamé défigure, pour vivre,
Ses traits dans une estampe, et ses mœurs dans un livre;
Qu'on l'outrage dans ceux qui lui sont les plus chers;
Qu'on blâme sa morale, au défaut de ses vers;
Que l'on poursuive encor, par une lâche envie,
Ses amis dans l'exil, et son père sans vie;
Qu'enfin, jusqu'à son roi, les vils échos des cours
Fassent de ces méchants retentir les discours :
*Adorable vertu, c'est à vous qu'il s'immole!
C'est pour vous qu'il souffrit, par vous il se console!
— Mais j'insulte le pauvre, et je brave les grands.
— Oui, pour moi, l'homme vil est vil dans tous les rangs;
Je le hais sous le froc, ainsi que sous la mitre;
Chevalier d'industrie, ou chevalier en titre;
Écrivain mercenaire, ou courtisan vénal;
Assis sur la sellette, ou sur le tribunal;
Triomphant dans un char, ou rampant dans la boue;
Admis auprès du trône, ou conduit à la roue.

Yet soft by nature, more a dupe than wit,
Sappho can tell you how this man was bit:
This dreaded satirist Dennis will confess
Foe to his pride, but friend to his distress!
So humble, he has knock'd at Tibbald's door,
Has drunk with Cibber, nay, has rhymed for Moore.
Full ten years slander'd, did he once reply?
Three thousand suns went down on Welsted's lie.
To please his mistress one aspersed his life;
He lash'd him not, but let her be his wife:
Let Budgel charge low Grub-street on his quill,
And write whate'er he pleased, except his will;
Let the two Curls of town and court abuse
His father, mother, body, soul, and muse.
Yet why? that father held it for a rule,
It was a sin to call our neighbour fool:
That harmless mother thought no wife a whore
Hear this and spare his family, James Moore!
Unspotted names, and memorable long!
If there be force in virtue or in song.

  Of gentle blood (part shed in honour's cause,
While yet in Britain honour had applause)
Each parent sprung—

           A. What fortune, pray?—

                        P. Their own,
And better got than Bestia's from the throne.
Born to no pride, inheriting no strife,
Nor marrying discord in a noble wife,

Cependant cet auteur, si terrible et si craint,
Sapho sait qu'il n'est pas aussi noir qu'on le peint.
Dennis même avouera, s'il veut être sincère,
Qu'en méprisant ses vers, il aida sa misère.
On l'accusa d'orgueil : il étoit si peu fier,
Qu'il visita Tibald, et but avec Cibber.
Un prêtre, contre lui vomit un gros volume.
L'a-t-on vu, pour répondre, user en vain sa plume?
Pour plaire à sa maîtresse, un fat l'ose outrager:
Ah ! qu'elle soit sa femme, et c'est trop le venger!
Que Pope soit l'objet d'une satire amère :
Mais pourquoi dénigrer et son père et sa mère?
Sa mère a-t-elle, hélas! médit de son prochain?
Vit-on jamais son père outrager son voisin?
Lâches, écoutez-moi ; respectez sa famille,
Et ne ternissez plus l'éclat dont elle brille :
Son nom sera sacré, tant que cet univers
Chérira les vertus, et lira les beaux vers.

 Ceux dont il tient le jour, et l'époux et la femme,
Étoient nobles de nom comme ils l'étoient par l'ame.
Leurs aïeux, pour l'honneur, combattirent cent fois,
Quand de l'honneur encor nous connoissions les lois.
—Mais qu'étoient leur fortune et leurs biens?—Légitimes.
Ils laissèrent Crassus s'engraisser par des crimes.
Ce bon père, aujourd'hui l'objet de ses regrets,
Gentilhomme sans morgue, héritier sans procès,
Citoyen sans cabale, époux sans jalousie,
Traversa doucement l'espace de la vie.

Stranger to civil and religious rage,
The good man walk'd innoxious through his age:
No courts he saw, no suits would ever try,
Nor dared an oath, nor hazarded a lie.
Unlearn'd, he knew no schoolman's subtle art,
No language but the language of the heart.
By nature honest, by experience wise;
Healthy by temperance and by exercise;
His life, though long, to sickness pass'd unknown,
His death was instant, and without a groan.
O grant me thus to live, and thus to die!
Who sprung from kings shall know less joy than I.

 O friend! may each domestic bliss be thine!
Be no unpleasing melancholy mine;
Me, let the tender office long engage,
To rock the cradle of reposing age,
With lenient arts extend a mother's breath,
Make languor smile, and smooth the bed of death;
Explore the thought, explain the asking eye,
And keep awhile one parent from the sky!
On cares like these if length of days attend,
May Heaven, to bless those days, preserve my friend!
Preserve him social, cheerful, and serene,
And just as rich as when he served a queen!

 A. Whether that blessing be denied or given,
Thus far was right; the rest belongs to Heaven.

Jamais il ne parut au tribunal des lois,
Jamais d'un faux serment n'appuya de vains droits.
Il n'étoit point enflé d'une vaine science :
Le langage du cœur fut sa seule éloquence.
Éclairé par l'usage, et poli par bonté,
Sain par la vie active et la sobriété,
Ses vénérables jours furent longs, sans souffrance ;
Son paisible trépas fut court, sans violence.
Ciel ! accorde à son fils et sa vie et sa mort,
Et les enfants des rois vont envier mon sort !

  Ami, jouis toujours de ta douce folie :
Pour moi, mon cœur se plaît dans sa mélancolie :
Puissé-je encor long-temps, par de pieux secours,
Conserver une mère, et prolonger ses jours ;
Sur le bord du cercueil soutenir sa foiblesse ;
Égayer ses langueurs, et bercer sa vieillesse ;
Prévenir ses besoins, les lire dans ses yeux,
Et retarder encor son départ pour les cieux (¹) !

(¹) Cette traduction fut une des piéces lues à l'académie française par l'abbé Delille, le 17 avril 1778, en présence de Voltaire qui assistoit à cette séance : pendant la lecture, le vieux malade se rappeloit les vers de Pope, les comparoit à ceux du traducteur, et donnoit souvent la préférence à ceux-ci.

VARIANTES.

PAGE 139, VERS 3.

Dis que je suis mourant; dis que je ne suis plus!
Dieux! quels flots de rimeurs, près d'ici répandus!

IBID., VERS 15.

Ou, chassé par la faim de son noir galetas,
M'aborde.... justement à l'heure du repas.

PAGE 145, VERS 13.

Modérez-vous; craignez des accidents sinistres,
Et ne nommez ni rois, ni reines, ni ministres.
— Je méprise les sots et n'en parle jamais.
Laissons l'âne montrer ses oreilles en paix.

IBID., VERS 19.

Lâchons-le, je le veux,
Ce secret qui n'est plus un secret que pour eux.
La reine, pour dormir, sema cette nouvelle:
Pour sommeiller en paix, publions-la comme elle.

PAGE 147, VERS 5.

Quel tumulte! quels cris! inutiles revers!
Codrus verroit en paix s'écrouler l'univers.

PAGE 157, VERS 27.

D'autres un rendez-vous pour réciter leurs pièces:
Quelques-uns sont payés en simples politesses.

VARIANTES.

PAGE 159, VERS 7.

Que tout rimeur vénal trouve un grand qui l'achète.

PAGE 163, VERS 17.

Voyez cette poupée, au teint pétri de fard,
S'exprimer par ressort, gesticuler par art.
Il siffle ou calomnie, il chansonne ou blasphème;
Il lance une épigramme, ou discute un système.
Être indéfinissable, équivoque animal, etc.

RÉPONSE

A UNE LETTRE DE M. D'ESTAMPES.

Le ciel a donc pour vous exaucé tous mes vœux !
Vous faites mon bonheur en vous disant heureux.
    Sagement gai, jeunement sage,
Loin de la grande ville, infernal paradis,
Où viennent se damner nos jeunes étourdis,
Loin de l'urne, où du sort l'éternel ballottage
    Tire au hasard tant de différents lots,
Les malheurs du génie et les succès des sots ;
Possesseur fortuné d'un riant paysage,
    Entre l'étude et le loisir,
    Moitié travail, moitié plaisir,
Vous savez de la vie assurer le voyage.
Pour vous tout gîte est bon, tout ciel est sans nuage.
D'utiles passe-temps, d'agréables labeurs,
Des contes et des vers, vos enfants et vos fleurs ;
    Un espalier où la culture
    Aide à corriger la nature ;
    Dans la maison point de micmac ;

Le paisible échiquier, et le bruyant trictrac,
Et l'ivoire arrondi qui va chercher la blouse ;
De la gaieté sans bruit, de l'esprit sans efforts ;
A table autour de vous des esprits assez forts
    Pour être treize, au lieu de douze ;
Un cercle peu nombreux, moins brillant qu'amical ;
Quelques gouttes d'Aï dans le tonneau du mal ;
    Bons amis et bon voisinage ;
La foire du canton, la fête du village ;
    Quelques perdreaux tirés au vol ;
    Bien sans procès, Normands sans dol ;
    Des ouvriers qui vous conçoivent ;
    Des fermiers payant ce qu'ils doivent ;
Le bon curé, passant en bonheur tous prélats,
    Qui, dans sa charité féconde,
Après avoir en chaire exercé sa faconde,
    Béni l'hymen, la vie, et le trépas,
    Chez les pauvres finit sa ronde ;
    Sait, en venant de l'autre monde,
Causer tout bonnement des choses d'ici-bas ;
    De temps en temps un bal, où les musettes
Font sauter en cadence et garçons et fillettes ;
    Le journal et le bulletin,
Avec le chocolat servis chaque matin ;
La lecture du soir, la douce causerie,
Beaucoup de promenade, un peu de rêverie,
    Quelques écrits intéressants,
    Quelques billets à des amis absents,

Les beaux-arts à Paris, aux champs le jardinage,
  Parfois un joyeux badinage,
Vous sauvent de l'ennui, triste enfant du dégoût :
  Bénissez donc votre partage :
L'homme heureux est celui qui sait l'être par-tout.

ÉPITRE

A LA CÉLÈBRE MADEMOISELLE ***.

Lorsque du haut des voûtes éternelles
Le roi des dieux venoit aux demeures mortelles
Chercher ou l'homme juste, ou la jeune beauté,
　　Sa modeste immortalité
N'alloit point, dédaignant le repos des cabanes,
　　Demander aux palais profanes
　　La pompeuse hospitalité.
　Hôte indulgent, à son banquet céleste
Où jamais ne siégea la douce égalité,
　　Il préféroit d'un gîte agreste
　　L'innocente frugalité.
Là, dans l'incognito de la grandeur suprême,
Oubliant pour un jour l'étiquette des cieux,
Chez l'homme hospitalier, pauvre et religieux,
Le chaume pour lambris, des fleurs pour diadème,
Du miel pour ambroisie et du lait pour nectar,
　　En attendant que des chaumières
　　Le doux sommeil vînt fermer ses paupières,
Jupiter dételoit les aigles de son char;
　　Et sans projets, et sans tonnerre,

Laissant aller le monde et rouler le Destin,
  En simple habitant de la terre,
Du pauvre laboureur partageoit le festin ;
Mais au départ (Baucis en offre un grand exemple),
Le voyageur sacré, de ce rustique lieu.
Changeoit l'obscur asile en un superbe temple,
  Et payoit son écot en dieu.
Vous êtes plus puissante encore et plus modeste ;
  Et mon poétique taudis,
Grace à vos traits divins, à votre voix céleste,
  Devient pour moi le paradis.

ÉPITRE A M. DE BRULE.

 Perdreaux exquis, vers pleins de grace,
Les fruits de votre veine et ceux de votre chasse
Dans notre humble logis arrivent à-la-fois.
 Ainsi le dieu qui d'un heureux délire
 Dans mes beaux ans m'animoit quelquefois,
  Partage avec vous son empire :
  Poëte, vous touchez sa lyre ;
  Chasseur, vous portez son carquois.
Pour moi qui, sur les monts, dans les plaines riantes,
Sous la fraîche épaisseur des forêts ondoyantes,
  Promenant mes rêves chéris,
 Poursuis des vers, et non pas des perdrix ;
 Qui dans les airs laissant l'oiseau rapide,
Le liévre dans son gîte, et le cerf dans ses bois ;
Qui, chasseur paresseux et rimeur intrépide,
 Chaque soir reviens sous mes toits
Mon portefeuille plein, ma gibecière vide,
Entre vos deux talents s'il falloit faire un choix,
Au lieu de dépeupler ces terres giboyeuses,
 De vos festins à la gaieté si chers
  Inépuisables pourvoyeuses,

Fidéle au dieu du chant que dès long-temps je sers,
　Je l'avouerai, pour ma Muse indigente,
　　A vos poétiques concerts
J'aimerois mieux voler quelqu'un des jolis airs
　　Que votre Muse négligente
　　Adresse à l'écho des déserts :
Gardez donc votre chasse, et laissez-moi vos vers.

DITHYRAMBE

SUR

L'IMMORTALITÉ DE L'AME(¹).

1794.

D'où me vient de mon cœur l'ardente inquiétude ?
    En vain je proméne mes jours
Du loisir au travail, du repos à l'étude :
Rien n'en sauroit fixer la vague incertitude,
Et les tristes dégoûts me poursuivent toujours.
   Des voluptés essayons le délire ;
Couronnez-moi de fleurs, apportez-moi ma lyre ;
Graces, Plaisirs, Amours, Jeux, Ris, accourez tous.
       Que le vin coule,
       Que mon pied foule
    Les parfums les plus doux.

   Mais quoi ! déja la rose pâlissante
   Perd son éclat, les parfums leur odeur !
   Ma lyre échappe à ma main languissante,
Et les tristes ennuis sont rentrés dans mon cœur.

   Volons aux plaines de Bellone ;

(¹) Voyez la Notice, page xxvij.

Peut-être son brillant laurier
A mon cœur va faire oublier
Le noir chagrin qui l'environne.
Marchons : déja la charge sonne,
Le fer brille, la foudre tonne ;
J'entends hennir le fier coursier ;
L'acier retentit sur l'acier ;
L'Olympe épouvanté résonne
Des cris du vaincu, du vainqueur ;
Autour de moi le sang bouillonne :
A ces tableaux mon cœur frissonne,
Et la Pitié plaintive a crié dans mon cœur.

D'un air moins turbulent l'Ambition m'appelle,
Sublime quelquefois, et trop souvent cruelle :
   Pour commander, j'obéis à sa loi.
Puissant dominateur de la terre et de l'onde,
   Je dispose à mon gré du monde,
   Et ne puis disposer de moi.
   Ainsi, d'espérances nouvelles
   Toujours avide et toujours dégoûté,
   Vers une autre félicité
   Mon ame ardente étend ses ailes ;
Et rien ne peut calmer, dans les choses mortelles,
Cette indomptable soif de l'immortalité.

   Lorsqu'en mourant le sage cède
Au décret éternel dont tout subit la loi,

Un Dieu lui dit : « J'ai réservé pour moi
  L'Éternité qui te précède ;
L'Éternité qui s'avance est à toi. »
Ah ! que dis-je ? écartons ce profane langage !
  L'Éternité n'admet point de partage :
Tout entière en toi seul Dieu sut la réunir ;
Dans lui ton existence à jamais fut tracée,
  Et déja ton être à venir
  Étoit présent à sa vaste pensée.

  Sois donc digne de ton auteur ;
  Ne ravale point la hauteur
  De cette origine immortelle !
  Eh ! qui peut mieux t'enseigner qu'elle
A braver des faux biens l'éclat ambitieux ?
Que la terre est petite à qui la voit des cieux !
Que semble à ses regards l'Ambition superbe ?
C'est dans ces vers rampants, dans leur humble cité,
Vils tyrans des gazons, conquérants d'un brin d'herbe,
  L'invisible rivalité.
  Tous ces objets qu'agrandit l'ignorance,
    Que colore la vanité,
Que sont-ils, aperçus dans un lointain immense,
Des célestes hauteurs de l'Immortalité ?

C'est cette perspective, en grands pensers féconde ;
C'est ce noble avenir qui, bien mieux que ces lois
Qu'inventa de l'orgueil l'ignorance profonde,

Rétablit en secret l'équilibre du monde;
Aux yeux de l'Éternel égale tous les droits,
Nos rires passagers, nos passagères larmes;
Ote aux mots leur tristesse, aux voluptés leurs charmes;
De l'homme vers le ciel élance tous les vœux.
Absent de cet atome, et présent dans les cieux,
Voit-il, daigne-t-il voir s'il existe une terre,
S'il y brille un soleil, s'il y gronde un tonnerre;
S'il est là des héros, des grands, des potentats,
Si l'on y fait la paix, si l'on y fait la guerre,
Si le sort y ravit ou donne des états?

  Eh! qui, du sommet d'un coteau
Voyant le Nil au loin rouler ses eaux pompeuses,
Détourneroit les yeux de ce riche tableau
  Et de ces eaux majestueuses,
Pour entendre à ses pieds murmurer un ruisseau?

Silence, êtres mortels! vaines grandeurs, silence!
L'obscurité, l'éclat, le savoir, l'ignorance,
  La force, la fragilité,
 Tout, excepté le crime et l'innocence,
 Et le respect d'une juste puissance,
Près du vaste avenir, courte et frêle existence,
Aux yeux désenchanteurs de la réalité,
  Descend de sa haute importance
  Dans l'éternelle Égalité.

Tel, le vaste Apennin, de sa cime hautaine,

Confondant à nos yeux et montagne et vallon,
D'un monde entier ne forme qu'une plaine,
Et rassemble en un point un immense horizon.
Ah! si ce noble instinct, par qui du grand Homère,
Par qui des Scipions l'esprit fut enfanté,
N'étoit qu'une vaine chimère,
Qu'un vain roman par l'orgueil inventé ;
Aux limites de sa carrière,
D'où vient que l'homme épouvanté,
A l'aspect du néant, se rejette en arrière?
Pourquoi, dans l'instabilité
De cette demeure inconstante,
Nourrit-il cette longue attente
De l'immuable Éternité?

Non, ce n'est point un vain système,
C'est un instinct profond vainement combattu ;
Et, sans doute, l'Être suprême
Dans nos cœurs le grava lui-même,
Pour combattre le vice et servir la vertu.

Dans sa demeure inébranlable,
Assise sur l'Éternité,
La tranquille Immortalité,
Propice au bon, et terrible au coupable,
Du temps, qui sous ses yeux marche à pas de géant,
Défend l'ami de la justice,
Et ravit à l'espoir du vice

L'asile horrible du néant.

Oui : vous, qui de l'Olympe usurpant le tonnerre,
Des éternelles lois renversez les autels ;
    Lâches oppresseurs de la terre,
    Tremblez, vous êtes immortels !

Et vous, vous, du malheur victimes passagères,
Sur qui veillent d'un Dieu les regards paternels,
Voyageurs d'un moment aux terres étrangères,
    Consolez-vous, vous êtes immortels !

Eh ! quel cœur ne se livre à ce besoin suprême ?
    L'homme, agité d'espérance et d'effroi,
Apporte ce besoin d'exister après soi.
    Dans l'asile du trépas même,
Un sépulcre à ses pieds, et le front dans les cieux,
    La pyramide qui s'élance,
Jusqu'au trône éternel va porter l'espérance
    De ce cadavre ambitieux.
Sur l'airain périssable il grave sa mémoire,
    Hélas ! et sa fragilité ;
Et sur ces monuments, témoins de sa victoire,
    Trop frêles garants de sa gloire,
Fait un essai mortel de l'Immortalité.

    Vous seuls, qu'on admire et qu'on aime,
Vous seuls, ô mes rivaux ! par un pouvoir suprême,

Dressez des monuments qui ne sont point mortels ;
Doublement investis des honneurs éternels,
Du talent vertueux vous tressez la couronne ;
Votre front la reçoit, et votre main la donne :
Homère de ses dieux partagea les autels.
  Si quelquefois la flatterie
  A déshonoré vos chansons,
  Plus souvent vos sublimes sons
Font respecter les lois, font chérir la patrie.
Le Barde belliqueux couroit de rangs en rangs
Échauffer la jeunesse aux combats élancée :
Tyrtée embrasoit Mars de feux plus dévorants ;
  Et les vers foudroyants d'Alcée
  Menacent encor les tyrans.

Que je hais les tyrans ! Combien, dès mon enfance,
Mes imprécations ont poursuivi leur char !
Ma foiblesse superbe insulte à leur puissance :
J'aurois chanté Caton à l'aspect de César.

  Et pourquoi craindre la furie
  D'un injuste dominateur ?
  N'est-il pas une autre patrie
  Dans l'avenir consolateur ?
Ainsi, quand tout fléchit dans l'empire du monde,
  Hors la grande ame de Caton,
Immobile, il entend la tempête qui gronde ;
Et tient, en méditant l'Éternité profonde,

Un poignard d'une main, et de l'autre Platon.
Par eux, bravant les fers, les tyrans et l'envie,
   Il reste seul arbitre de son sort :
     A ses vœux, l'un promet la mort,
    Et l'autre une éternelle vie.

Que tout tombe aux genoux de l'oppresseur du Tibre,
Sa grande ame affranchie a son refuge au ciel.
    Il dit au tyran : Je suis libre ;
     Au trépas : Je suis immortel.
   Allez, portez dans l'urne sépulcrale
    Où l'attendoient ses immortels aïeux,
     Portez ce reste glorieux,
Vainqueur, tout mort qu'il est, du vainqueur de Pharsale.
     En vain César victorieux
    Poursuit sa marche triomphale :
    Autour de la tombe fatale,
Libre encore un moment, le peuple est accouru ;
Du plus grand des Romains il pleure la mémoire ;
Le cercueil rend jaloux le char de la victoire :
Caton triomphe seul, César a disparu.

Que dis-je ? enfants bannis d'une terre chérie,
Français, que vos vertus triomphent mieux du sort !
   Sans biens, sans foyers, sans patrie,
    Votre malheur n'appelle point la mort :
   Plus courageux, vous supportez la vie.
Qui peut donc soutenir votre cœur généreux ?

Ah! la foi vous promet le fruit de tant de peines;
Au sein de l'infortune elle vous rend heureux,
Riches dans l'indigence, et libres dans les chaînes;
Et du fond des cachots vous habitez les cieux.
Loin donc, de l'homme impie exécrable maxime,
Qui sur ses deux appuis ébranle le devoir:
« Il faut un prix au juste, il faut un frein au crime! »
L'homme sans crainte est aussi sans espoir.

    Ainsi, par un accord sublime,
    La céleste Immortalité
    S'élance d'un vol unanime,
Avec sa sœur, la sage liberté.

    Et vous, vous que mon cœur adore,
  Faudra-t-il donc vous perdre sans retour?
Non, si d'un jour plus beau cette vie est l'aurore,
Nous nous retrouverons dans un autre séjour:
    O mes amis! nous nous verrons encore!

Qu'en nous reconnoissant, nous serons attendris!
    Du haut des célestes lambris,
  Sur ce séjour de douleur et d'alarmes
    Nous jetterons un regard de pitié,
Et nos yeux n'auront plus à répandre de larmes,
Que les pleurs de la joie et ceux de l'amitié.

Cependant, exilés dans ce séjour profane,

Cultivez les arts enchanteurs ;
Ils calmeront les maux où le ciel vous condamne ;
Ils mêleront quelque charme à vos pleurs.

Mais ne profanez point le feu qui vous anime ;
Laissez là des plaisirs les chants voluptueux,
    Et leur lyre pusillanime.
    Célébrez l'homme magnanime,
    Célébrez l'homme vertueux ;
    Et que vos sons majestueux
Soient sur la terre un prélude sublime
    Des hymnes chantés dans les cieux.

Dans sa demeure inébranlable,
Assise sur l'Éternité,
La tranquille Immortalité,
Propice au bon, et terrible
au coupable,

Du temps, qui sous ses yeux
marche à pas de géant,
Défend l'ami de la justice,
Et ravit à l'espoir du vice
L'asile horrible du néant.

ÉPITRE

A MADAME LA DUCHESSE DE DEVONSHIRE.

De vos riches tableaux que j'aime les images,
    Quand vous peignez ces monts sauvages,
Noir séjour des frimas, d'où tombent ces torrents,
Où gronde le tonnerre, où mugissent les vents,
Sillonnés de ravins, entrecoupés d'abîmes !
Lorsqu'avec tant de grace, à leurs horreurs sublimes
    Vous opposez leurs tranquilles abris,
    Leurs doux ruisseaux et leurs vallons fleuris,
    Le vrai bonheur, loin d'un luxe profane,
    A leurs rochers confiant sa cabane,
Toujours la vérité dirige vos pinceaux ;
    Vous unissez la force à la mollesse :
        Le cours des fleuves, des ruisseaux,
        Embrasse avec moins de souplesse
Le terrain varié que parcourent leurs eaux.
De la variété le mérite est si rare !
Toujours pour leurs Phaons soupirent nos Saphos ;
Deshoulières m'endort aux chants des pastoureaux.
Prodigue des grands traits dont sa Muse est avare,
Mieux qu'elle vous savez varier votre ton ;

Je crois voir, à côté de l'aigle de Pindare,
    La colombe d'Anacréon.
Ainsi des saints devoirs et d'épouse et de mère,
    Des Muses l'entretien charmant
   Vient quelquefois doucement vous distraire :
   A la raison vous joignez l'agrément,
Le talent de bien dire au bonheur de bien faire :
Telles naissent les fleurs au milieu des moissons.
Mais c'étoit peu pour vous de briller et de plaire :
  A vos enfants vous transmettez vos dons.
De l'amour maternel tel est le caractère ;
    C'est dans ses tendres rejetons
    Qu'est sa volupté la plus chère ;
C'est dans eux qu'il jouit, c'est pour eux qu'il espère ;
    Au milieu de ses nourrissons,
   Ainsi la rose, déja mère,
Que les zéphyrs trop tôt cèdent aux aquilons,
Ne pouvant retenir sa beauté passagère,
  Met son espoir dans ses jeunes boutons ;
Leur lègue ses parfums, sa grace héréditaire,
Sa couronne de pourpre et ses riches festons.
De vous, de vos enfants c'est l'image fidèle ;
L'aimable Cavendish, graces à vos leçons,
Est le portrait charmant du plus parfait modèle ;
Comme vous elle plaît, vous vous plaisez dans elle.
Jouissez, reprenez vos aimables concerts :
    Vos chants servent d'exemple aux nôtres ;
Et le plus dur censeur eût fait grace à mes vers,

Si j'eusse été plus tôt le confident des vôtres.
C'est peu de les aimer; encouragez les arts,
Belle GEORGIANA ! c'est vous dont les regards,
  La mémoire encor m'en est chère,
 Ont les premiers, à ma Muse étrangère,
D'un accueil caressant accordé la faveur,
Et dissipé la crainte attachée au malheur.
Dans les champs paternels, jadis simple bergère,
 Elle chantoit aux montagnes, aux bois ;
Les bois lui répondoient; et même quelquefois,
 Il m'en souvient, sa chanson bocagère
Sut se faire écouter dans le palais des rois.
 Ce temps n'est plus : fugitive, exilée,
Sur les bords où chantoient les Popes, les Thompsons,
 Sa voix tremblante essaya quelques sons :
Albion lui sourit, elle fut consolée.
Tel un frêle arbrisseau qu'un orage soudain
  Enlève et transporte sur l'onde,
Contraint de s'exiler sur quelque bord lointain,
 Suit au hasard sa course vagabonde,
 Rencontre, aborde une terre féconde ;
  Là, par Zéphire transplanté,
  Bientôt l'arbuste acclimaté
Se croit dans son berceau : les enfants du bocage
 Lui font accueil ; il partage avec eux
Et la douce rosée et les rayons des cieux ;
De sa fleur étrangère embellit ce rivage,
 Bénit son sort, et pardonne à l'orage.

A M. DELILLE,

En lui envoyant le poëme du Saint-Gothard.

Vous dont la lyre enchanteresse
Unit la force à la douceur,
De la nature amant flatteur,
Vous qui l'embellissez sans cesse,
J'ose vous offrir, en tremblant,
De l'humble pré la *fleur nouvelle;*
Je la voudrois une *immortelle,*
Si vous acceptez le présent.
Georgine Devonshire.

ENVOI.

En retour de vos vers purs, nobles et faciles,
Devonshire, accueillez l'humble tribut des miens.
   Les dieux sur nous épanchent tous les biens,
   Les fruits, les fleurs et les moissons fertiles :
   Pour s'acquitter, nos vœux sont impuissants ;
Mais les dieux sont trop grands pour être difficiles :
   Tout est payé d'un simple grain d'encens.
J. Delille.

PASSAGE
DU SAINT-GOTHARD,

POÈME

PAR MADAME LA DUCHESSE DE DEVONSHIRE,

TRADUIT

PAR JACQUES DELILLE.

PASSAGE
OF SAINT-GOTHARD.[*]

TO MY CHILDREN.

Ye plains, where three-fold harvests press the ground,
    Ye climes, where genial gales incessant swell,
Where art and nature shed profusely round
    Their rival wonders—Italy, farewell!

Still may thy year in fullest splendor shine!
    Its icy darts in vain may winter throw!
To thee, a parent, sister, I consign;
    And wing'd with health, I woo thy gales to blow.

Yet, pleas'd Helvetia's rugged brows I see,
    And thro' their craggy steeps delighted roam;

(*) Georgina Cavendish, duchesse de Devonshire, auteur de ces belles stances, fut célèbre par sa beauté, par les agréments de son esprit, et la noblesse de son caractère. « Peu de femmes, disent ses biographes, ont joui d'une

PASSAGE
DU SAINT-GOTHARD.

A MES ENFANTS.

Beaux lieux où la moisson dore trois fois les plaines,
Que des tièdes zéphyrs fécondent les haleines,
Que la nature et l'art, et les hommes et Dieu,
Ornèrent à l'envi, belle Italie, adieu!

Je te laisse, ma sœur; vents, soyez-lui fidéles;
Doux zéphyrs, portez-lui la santé sur vos ailes;
Pour elle, froids hivers, tempérez vos frimas,
Et que vos durs glaçons s'émoussent sous ses pas!

Salut, mâle Helvétie, et vous, pompeuses cimes,
Dont l'œil avec plaisir voit les horreurs sublimes!

aussi belle destinée : sa vie fut tissue de succès, d'hommages, et de plaisirs; comme auteur, elle occupe un rang honorable parmi les femmes poëtes de son pays. » Elle est morte en mai 1806.

Pleas'd with a people, honest, brave and free,
    Whilst every step conducts me nearer home.

I wander where Tesino madly flows,
    From cliff to cliff in foaming eddies tost;
On the rude mountain's barren breast he rose,
    In Po's broad wave now hurries to be lost.

His shores, neat huts and verdant pastures fill,
    And hills where woods of pine the storm defy;
While, scorning vegetation, higher still
    Rise the bare rocks coeval with the sky.

Upon his banks a favor'd spot I found,
    Where shade and beauty tempted to repose;
Within a grove, by mountains circled round,
    By rocks o'er-hung, my rustic seat I chose.

Advancing thence, by gentle pace and slow,
    Unconscious of the way my footsteps prest,
Sudden, supported by the hills below,
    SAINT-GOTHARD's summits rose above the rest.

'Midst tow'ring cliffs and tracts of endless cold
    Th' industrious path pervades the rugged stone,
And seems—Helvetia let thy toils be told—
    A granite girdle o'er the mountain thrown.

Mon pays me rappelle, et, malgré son attrait,
D'un peuple libre et fier je m'éloigne à regret.

Le voilà ce Tésin, dont les eaux bondissantes,
De rochers en rochers au loin rejaillissantes,
Courent vers l'Éridan, et, lassant les échos,
Lui portent, en grondant, le tribut de leurs flots.

Fougueux enfant des monts, il voit sur ses rivages
De modestes hameaux, de riches pâturages :
Des rochers nus levant leur front chauve et hideux ;
Des pins battent leur pied, leur tête est dans les cieux.

Dans un cercle de monts aussi vieux que le monde,
Un heureux coin de terre, arrosé de son onde,
M'offre un abri paisible ; et j'y goûte à-la-fois
Le charme des rochers, et des eaux, et des bois.

Je pars : de ces beaux lieux je m'éloigne en silence,
Par des sentiers tournants à pas lents je m'avance.
Soudain, de monts en monts s'élançant vers les cieux,
Le pompeux Saint-Gothard apparoît à mes yeux.

Là, des chemins hardis ont dompté la nature ;
Un ruban de granit, de sa longue ceinture
Traverse, en serpentant, ces éternels frimas,
Et le rocher vaincu s'aplanit sous mes pas.

No haunt of man the weary traveller greets,
    No vegetation smiles upon the moor,
Save where the flow'ret breathes uncultur'd sweets,
    Save where the patient monk receives the poor.

Yet let not these rude paths be coldly trac'd,
    Let not these wilds with listless steps be trod;
Here fragrance scorns not to perfume the waste,
    Here charity uplifts the mind to God.

His humble board the holy man prepares,
    And simple food, and wholesome lore bestows,
Extols the treasures that his mountain bears,
    And paints the perils of impending snows.

For, whilst bleak Winter numbs with chilling hand,
    Where frequent crosses mark the traveller's fate;
In slow procession moves the merchant band,
    And silent bends where tottering ruins wait.

Yet 'midst those ridges, 'midst that drifted snow,
    Can nature deign her wonders to display;
Here Adularia shines with vivid glow,
    And gems of crystal sparkle to the day.

Here too, the hoary mountain's brow to grace,
    Five silver lakes, in tranquil state are seen;

Là, pas un arbrisseau, pas une trace humaine ;
Quelques sauvages fleurs s'y hasardent à peine ;
Et des reclus pieux, aux voyageurs si chers,
L'hospice consolant peuple seul ces déserts.

Toutefois en ces lieux l'horreur même a ses charmes,
Les plantes leurs parfums, l'humanité ses larmes ;
Et, sans cesse brûlant d'un charitable feu,
La pitié bienfaisante élève l'ame à Dieu.

J'aime ce bon ermite ; avec nous il partage
Son toit, ses simples mets, ses fruits et son laitage,
Nous peint tous nos dangers, et du passant surpris
La terrible avalange écrasant les débris.

Le voyageur transi va, poursuivant sa route,
Où des croix ont marqué le malheur qu'il redoute ;
S'avance doucement, et de ces noirs frimas
Craint d'appeler sur lui l'épouvantable amas.

Pourtant, dans ces déserts, quelquefois la nature
Se plaît à déployer sa plus riche parure,
Colore les métaux, et forme le cristal,
Frère du diamant, et son brillant rival.

Quel spectacle pompeux ! D'ici s'offre à ma vue
De cinq lacs à-la-fois la tranquille étendue ;

While from their waters many a stream we trace,
   That, scap'd from bondage, rolls the rocks between.

Hence flows the Reuss to seek her wedded love,
   And with the Rhine, Germanic climes explore;
Her stream I mark'd, and saw her wildly move
   Down the bleak mountain, thro' her craggy shore.

My weary footsteps hop'd for rest in vain,
   For steep on steep, in rude confusion rose;
At length I paus'd above a fertile plain,
   That promis'd shelter and foretold repose.

Fair runs the streamlet o'er the pasture green,
   Its margin gay, with flocks and cattle spread;
Embowering trees the peaceful village screen,
   And guard from snow each dwelling's jutting shed.

Sweet vale! whose bosom wastes and cliffs surround,
   Let me a while thy friendly shelter share!
Emblem of life! where some bright hours are found
   Amidst the darkest, dreariest years of care.

Delv'd thro' the rock, the secret passage bends;
   And beauteous horror strikes the dazzled sight;
Beneath the pendent bridge the stream descends—
   Falls—till it tumbles o'er the frowning height.

Et, du sein paternel émancipant leurs eaux,
Bondissent sur des rocs mille jeunes ruisseaux.

Ici la Reuss, du Rhin impétueuse amante,
Bat ses bords rocailleux de son onde écumante,
Et, sans cesse agitée en son lit tortueux,
Poursuit vers son époux son cours impétueux.

Parmi tout ce fracas je cherche un lieu tranquille :
Le tumulte est sans fin, et la paix sans asile.
Une plaine au-dessus de ce bruyant chaos
Enfin m'offre un abri, me promet le repos.

Là, bordé de troupeaux, entouré de verdure,
Le torrent adouci plus mollement murmure ;
Et des frimas, pendants aux rochers d'alentour,
Des arbres protecteurs défendent ce séjour.

Agréable vallon, solitude secrète,
Ah! laisse-moi jouir de ta douce retraite ;
Tu me peins cette vie, où l'homme aime à saisir
Parmi de longs chagrins un moment de plaisir.

Entre des rocs, tout fiers de leur beauté sauvage,
Nous marchons : descendus par cet étroit passage,
Un pont reçoit nos pas ; et, long-temps calme et doux,
Le torrent irrité roule en grondant sous nous.

We view the fearful pass—we wind along
    The path that marks the terrors of our way—
'Midst beetling rocks, and hanging woods among,
    The torrent pours, and breathes its glitt'ring spray.

Weary at length, serener scenes we hail;
    More cultur'd groves o'ershade the grassy meads,
The neat, tho' wooden hamlets, deck the vale,
    And Altorf's spires recall heroic deeds.

But tho' no more amidst those scene I roam,
    My fancy long each image shall retain :
The flock returning to its welcome home,
    And the wild carol of the cowherd's strain.

Lucernia's lake its glassy surface shews,
    Whilst nature's varied beauties deck its side;
Here, rocks and woods its narrow waves inclose,
    And there, its spreading bosom opens wide.

And hail the chapel! hail the platform wild!
    Where Tell directed the avenging dart,
With well strung arm, that first preserv'd his child,
    Then wing'd the arrow to the tyrant's heart.

Across the lake, and deep embower'd in wood,
    Behold another hallow'd chapel stand,

Parmi de noirs rochers, sous des voûtes d'ombrage,
Dans toute sa terreur s'offre l'affreux passage,
Et du torrent fougueux, qui redouble l'effroi,
Les flots rejaillissants arrivent jusqu'à moi.

Enfin rit à la vue une scène plus douce;
Des prés, du mont stérile ont remplacé la mousse;
Au noir sapin succède un vert délicieux,
Et l'héroïque Altorf se découvre à nos yeux.

Je crois les voir encor, ces scènes délectables;
Je crois voir les troupeaux regagner leurs étables;
Et du pipeau rustique et des douces chansons
A mon oreille encor retentissent les sons.

Lucerne, de ton lac que j'aimois les rivages!
Tantôt entre des bois et des rochers sauvages
Il resserre ses eaux; tantôt en liberté
Mon regard le découvre en son immensité.

Salut! noble chapelle; et toi, lieu mémorable,
Où d'une main terrible, ensemble et secourable,
Tell fit voler deux traits, et d'un bras triomphant
Terrassa l'oppresseur, et sauva son enfant.

Voyez sur l'autre bord, sous un épais ombrage,
Cet autre monument : là, contre l'esclavage

Where three Swiss heroes, lawless force withstood,
  And stamp'd the freedom of their native land.

Their liberty requir'd no rites uncouth,
  No blood demanded, and no slaves enchain'd;
Her rule was gentle, and her voice was truth,
  By social order form'd, by laws restrain'd.

We quit the lake—and cultivation's toil,
  With nature's charms combin'd, adorns the way,
And well earn'd wealth improves the ready soil,
  And simple manners still maintain their sway.

Farewell, Helvetia! from whose lofty breast
  Proud Alps arise, and copious rivers flow;
Where, source of streams, eternal glaciers rest,
  And peaceful science gilds the plains below.

Oft on thy rocks the wondering eye shall gaze,
  Thy vallies oft the raptur'd bosom seek:
There, nature's hand her boldest work displays,
  Here, bliss domestic beams on every cheek.

Hope of my life! dear children of my heart!
  That anxious hear, to each fond feeling true,
To you still pants each pleasure to impart,
  And more, oh transport! reach its home and you.

S'armèrent trois héros, et leur sang indompté
D'un peuple généreux scella la liberté.

Non celle qui se perd en des paroles vaines,
Veut du sang pour offrande, et marche au bruit des chaînes ;
Sur le bonheur public elle fonde ses droits,
Prend la raison pour guide, et pour garde les lois.

Nous partons : nous voyons ces lieux où la culture
Par-tout nous montre l'art secondant la nature,
D'un profit légitime un emploi fructueux,
Et la simplicité d'un peuple vertueux.

Adieu, mâle Helvétie, où des Alpes altières
Les éternels frimas nourrissent tes rivières ;
Où l'étranger surpris voit des fleurs, des glaçons,
Sur tes monts la nature, et l'art dans tes vallons !

Souvent le voyageur, de tes roches hautaines,
Verra d'un œil charmé la beauté de tes plaines,
Tes prés fleuris, tes monts, leur sublime hauteur,
Et dans tous les regards la douce paix du cœur.

Et vous, objets chéris de l'ame la plus tendre,
Mes enfants, vous serez empressés de m'entendre !
Mes plaisirs partagés en deviendront plus doux ;
Ah! je vais donc revoir et ma patrie et vous.

VERS

Adressés à madame Lebrun, dans un moment où l'auteur sentoit sa vue affoiblie.

1784.

Quand de Milton, au bout de sa carrière,
Les yeux furent privés de la douce lumière,
    Il s'écrioit : « O regrets superflus !
    C'en est donc fait? je ne les verrai plus,
    Ce beau soleil, ces fleurs, cette verdure !
Et pour moi la nature est voilée à jamais ! »
Moi, je dis : « De Lebrun je ne vois plus les traits,
Ces traits que pour modéle eût choisis la peinture !
    De sa touche élégante et pure
    Je ne puis plus admirer les secrets :
Adorable Lebrun ! ce sont là mes regrets,
    Et c'est encor regretter la nature. »

ÉPITRE

A DEUX ENFANTS VOYAGEURS*.

1801.

Enfin vous l'allez voir ce continent si vaste.
>Vous partez dans vos jeunes ans,
>Quand vos esprits, vos organes naissants,
>Peuvent saisir chaque contraste.

Mais souffrez qu'un vieillard, sans rudesse et sans faste,
Par votre aimable accueil dès long-temps prévenu,
Et profitant pour vous de tout ce qu'il a vu,
>De loin vous montre sur la route
>Les dangers qu'il faut qu'on redoute,

L'ennui, l'orgueil, et la légèreté.

Dans chaque empire et dans chaque cité,
>De voyageurs une foule pullule;

---

* Les deux fils de M. Antrobus. Pendant son séjour en Angleterre, Delille avoit souvent admiré leur zèle, leurs succès, et sur-tout leur caractère de candeur et de docilité. Au moment de partir pour un long voyage, ces deux jeunes Anglais vinrent demander à notre poëte des conseils et des instructions. Il répondit à leurs vœux par cette épître.

Chacun a sa marotte et tous leur ridicule.
    L'un, à la suite d'un cartel,
  Qui veut du sang, pour un mot, pour un geste,
      Bien loin du séjour paternel,
      Victime d'un orgueil funeste,
S'en va mourir d'ennui sur les bords du Texel :
Un coup d'épée eût été moins mortel.

     L'autre, promeneur solitaire,
      Et voyageur apothicaire,
Va chercher sur les rocs, sur la cime des monts,
Dans le fond des forêts, dans le creux des vallons,
La plante du centaure, ou l'herbe vulnéraire,
      Ou le salubre capillaire :
Et, fier de son butin lentement recueilli,
Revient la tête vide, et son herbier rempli.

Cet autre, préférant les arts à la nature,
Va chercher la moderne ou vieille architecture.
    Il est heureux, s'il sait, à la rigueur,
      Combien Saint-Paul a de longueur,
      Combien tous les temples du monde
Le cèdent en hauteur à la grande rotonde
    Qui, s'élevant *eccessivamente*,
Va porter jusqu'aux cieux le nom de Bramanté.
En maçon très chrétien il a couru la terre,
Vu tous les patrons goths, grecs, gaulois, ou romains,
    Les temples celtes ou germains.

FUGITIVES. 211

Il part, revole en France, en Angleterre,
Il compte en masse, hélas! et souvent en détail,
La nef d'Amiens, de Reims le célèbre portail,
Et du chœur de Beauvais le superbe travail,
Et les vitraux de Tours, précieux à l'histoire,
Où plus d'une famille a retrouvé sa gloire;
Les forts de Valencienne et ceux de Luxembourg,
Et les rocs dentelés du clocher de Strasbourg;
L'Escurial, le Louvre, et Saint-Roch, et Saint-Pierre,
Leurs châsses, leurs cercueils, le mur qui les enserre,
   La grille dont ils sont enceints;
Enfin ses longs discours, ses récits, ses dessins,
Pleins d'autels, de tombeaux, et de marbre et de pierre,
   Même aux dévots font redouter les saints.

L'autre à bien festiner met sa philosophie;
Où l'on mange et boit bien est sa géographie;
Il voyage en gourmand; il compare en chemin
La truite de Genève et la carpe du Rhin:
   Les pleurs du Christ(¹) au cru de Chambertin,
     Le Calabrois, le Santorin,
   Dont un volcan féconda le terrain;
   Les vins pourris dans les fosses d'Espagne(²),
   Au vieux nectar qu'en plus d'une campagne

(¹) *Lacryma-Christi* : excellent vin qui se récolte sur le revers du Vésuve.

(²) Le *Rancio*, du latin *rancidus*, parcequ'il mûrit dans des fosses creusées pour le recevoir.

Nos grenadiers français buvoient, le sabre en main,
    Dans les foudres (¹) de l'Allemagne.
    Tantôt son savoir bien nourri
    S'en va, d'auberges en auberges,
Chercher dans quels climats, sous quel ciel favori,
    Les pois nouveaux et les asperges,
    Pour complaire à sa volonté,
Préviennent le printemps, survivent à l'été.
Aux champs de la Romagne, aux îles de l'Attique,
    Dans sa gourmandise classique,
Il demande en courant le Chio, le Massique,
    Qu'Anacréon et qu'Horace avoient bus,
    A qui leur verve poétique
    Paya de si justes tributs.
    Il veut savoir quel vin moderne
Remplace le Cécube, et tient lieu du Falerne.
Il ne s'étonne pas que les arts soient perdus,
    Depuis que ces vins ne sont plus.
Il goûte, il juge tout, passe de halte en halte
Des vergers de Montreuil aux oranges de Malte,
Du lièvre sans saveur et du fade lapin,
    Nourris des débris du jardin,
Aux gibiers du midi, dont la chair renommée
    Est de lavande et de thym parfumée;
Ou de la bartavelle à la rouge perdrix,
    Dont l'épagneul évente les esprits;
Parcourt tous les terroirs en oliviers fertiles,

(¹) Grands vaisseaux qui contiennent plusieurs muids de vin.

De Lucque et d'Aix va comparer les huiles,
Rapporte enfin chez lui des indigestions
De tous pays, de toutes nations.
Tantôt, peu satisfait de nos serres françaises,
Il s'arrête en chemin, charmé par un beau fruit
Dont le parfum et le goût le séduit,
Prend là ses repas et ses aises.
La saison finit-elle, il appelle à grand bruit
Ses gens, ses postillons, fait atteler ses chaises,
Et disparoît tout juste avec les fraises.

D'autres, de l'avenir, du présent peu frappés,
Infatigables antiquaires,
Du passé seul sont occupés ;
Dans les vallons, sur les monts escarpés
Vont déchiffrant des marbres funéraires,
Vont déterrant des urnes cinéraires,
Se pâment sur un mur bâti par Cicéron,
Ou sur un coin du jardin de Néron ;
D'écus grecs ou romains, ou d'antiques médailles,
Ils s'en vont ramassant des restes curieux ;
Ils appliquent la loupe, ils fatiguent leurs yeux
Sur le vert-de-gris précieux
De ces augustes antiquailles ;
Du vorace Vitellius
Cherchent les casernes royales,
Ou des Tibère, des Caïus,
Les cavernes prétoriales ;

Comblent de leurs débris des chars et des vaisseaux ;
    Puis fiers de ces rares morceaux,
  Pour embellir leurs scènes romantiques,
Ils vont de cet amas de décombres antiques,
De colonnes sans base et de vieux chapiteaux,
Attrister leurs jardins, encombrer leurs châteaux ;
    Doctes fouillis de la Grèce et de Rome,
Où logent cent consuls, et souvent pas un homme !
Antre nobiliaire, ambitieux donjon,
Où, comme les vivants, chez d'Hozier, chez Baujon,
    Les morts inscrits sur leurs regîtres
Présentent en entrant leurs dates et leurs titres.

Des cartons sous le bras, dans les mains des crayons,
L'autre s'en va chercher loin de nos régions
    Des ruines, des paysages ;
    Dessiner quelques monts sauvages,
  Quelques rochers bizarrement taillés,
Et d'arbrisseaux rampants richement habillés,
  De beaux lointains, et de riches ombrages.
Au fond d'un porte-feuille il dépose enterrés
  Des champs flétris, des monts décolorés.
Par-tout où s'est montré ce grand paysagiste,
    Chaque lieu semble triste
    De voir ainsi déshonorés
    Ses bois, ses ruisseaux, et ses prés,
   A qui le crayon des artistes
N'a pu laisser ce ciel pur et vermeil,

Ces beaux reflets, et ce soleil,
Le plus brillant des coloristes.
Lui cependant, tout fier de ces riches moissons,
Du grand art des Poussin récoltes poétiques,
Va bientôt dans d'autres cantons,
Pleins de grands souvenirs, fameux par de grands noms,
Autour des remparts historiques
Des Augustes et des Catons,
Reprendre ses courses classiques;
Passe des égoûts de Tarquin
A cette fontaine chérie
Du grand législateur confident d'Égérie;
A la tombe où dormoit Scipion l'Africain;
A la masse du Colisée,
Par un neveu papal depuis long-temps brisée;
Passe en revue et les champs et les monts;
Et, sa docte valise une fois bien remplie,
Il court en France apporter l'Italie,
Ses arcs triomphateurs, ses aquéducs, ses ponts,
Et ses temples, et leurs frontons;
Et dit, d'une ame enorgueillie :
Rome n'est plus dans Rome; elle est dans mes cartons.

Dans de plus longues promenades,
L'autre, badaud parisien,
Chez le peuple vénitien,
A Naples, va chercher des bals, des mascarades,
La bénédiction qu'on donne au Vatican;

Ailleurs, le spectacle d'un camp,
Des manœuvres, et des parades;
Ailleurs, un beau couronnement,
Grand et superbe événement
Où les étrangers accoururent,
Où trente puissances parurent.
Quel plaisir, de retour chez soi,
De conter à ses camarades
Quel hasard le plaça tout à côté du roi !
Les fêtes, les soupers, les danses, les aubades,
Les balustres et les arcades,
Les tribunes et les balcons,
Combien les Allemands vidèrent de flacons !
Du cérémonial de cette grande fête
Le fat vous étourdit la tête,
Redit chaque détail qui flatte son orgueil,
Les noms de tous les grands qui lui firent accueil;
Et même il a sur lui le ruban honorable
Que lui donna la cour dans ce jour mémorable.

Épris de plus nobles objets,
Des portiques, des colonnades,
Des danses et des sérénades
Ont pour vous de foibles attraits.
Le choix savant et des vins et des mets
N'est point entré dans vos projets,
Pour le beau seul vous êtes nés gourmets.
Des cathédrales et des temples

Votre pays vous offre assez d'exemples :
Et la belle nature aux plus savants pinceaux
Y peut fournir d'assez riches tableaux.
Jeunes encore, et vertueux, et sages,
Le désordre n'a point commandé vos voyages :
Ce travers n'est pour vous qu'un objet de pitié.
De plus nobles motifs vous ouvrent la carrière ;
Et, quand vos pas quitteront la barrière,
Vous ne laisserez en arrière
Que les regrets de l'amitié.
Laissez les ruines antiques
A ces amateurs fanatiques
Des temples, des palais, des urnes, des tombeaux,
Pour qui les plus anciens sont toujours les plus beaux,
Dont l'érudition profonde
Dans chaque souterrain et dans chaque caveau
Court interroger le vieux monde,
Sans s'inquiéter du nouveau.
Étudiez les peuples et les hommes ;
Oubliez ce qu'on fut pour voir ce que nous sommes.
Pour voyager avec succès
De l'habitude encore évitez les excès.
Il ne faut aimer trop, ni trop peu sa patrie ;
L'un seroit sacrilége, et l'autre idolâtrie.
Les uns, obstinés citoyens,
Ne trouvent que chez eux le vrai goût, les vrais biens,
Ne conçoivent pas qu'on puisse être
Autrement que l'on est au lieu qui les vit naître ;

Qu'on soit Irlandais à Dublin,
Perse dans Ispahan, Allemand à Berlin.
Ivres de leur terre natale,
Sur le talent, la vertu, la beauté,
Ils vont braquant de tout côté
La lunette nationale :
Et de tous les états, et de tous les pays,
Ils reviennent chagrins, haïssants, et haïs.

Pour désenfler ses hypocondres,
L'autre au sein de la France, au milieu de Paris,
Veut transporter les courses, les paris,
Et toutes les gaietés de Londres.
Pour se chauffer durant l'hiver,
Il commande un *grate* (1), un *fender* (2) ;
Pour sa fourniture complète
Ne manque pas de faire emplète
De l'infatigable *poker* (3),
Qui, des passe-temps le plus cher,
Près d'une cheminée au *spleen* un peu sujette,
Où siégent les vapeurs et la consomption,
L'étude en bonnet noir, la lecture en lunette,
La politique auprès d'une gazette,
Et l'avarice auprès de sa cassette,

---

(1) La cheminée dans laquelle on place le charbon.
(2) Espèce de garde-cendres.
(3) Tient lieu de pincettes.

Du mélancolique charbon
Faisant partir par amusette,
Quelquefois par distraction,
La rapide étincelle et la vive bluette,
Pour égayer la méditation,
Dans les jeux du foyer remplace la pincette.
Il ne sort pas sans un spencer,
Ne lit que Milton et Chaucer;
Pour n'en pas perdre l'habitude,
Du nom de *rout* il appelle nos bals,
Et du sort des Français n'a plus d'inquiétude
Depuis qu'ils ont adopté les wauxhalls;
A ce bel opéra, que le monde idolâtre,
Va de Covent-Garden regretter le théâtre;
Sollicite avant son départ
Le combat du taureau, la chasse du renard;
S'étonne seulement que la France ait fait grace
Aux loups, dont l'Angleterre extermina la race;
Se fait admettre au club, paie en livres sterlings
Sa soupe à la tortue, et ses chers *plum-puddings;*
Pour mieux s'habituer à la langue française,
Se rend exactement à la taverne anglaise,
Et, dans ses jeux chéris soigneux de s'exercer,
A nos Parisiens veut apprendre à boxer;
Par-tout de son pays conserve les coutumes,
Les usages et les costumes;
Enfin, rentrant chez lui comme il étoit sorti,
Y revient plus anglais qu'il n'en étoit parti.

D'autres, lassés du séjour de leurs pères,
Vont poursuivant de lointaines chimères,
Et, se dépaysant pour devenir meilleurs,
Dénigrent tout chez eux, adorent tout ailleurs.
Tout ce qu'ils n'avoient pas charme leurs goûts frivoles.
Ainsi les superstitions,
Chez les antiques nations,
Des cultes étrangers empruntoient les idoles.
Du joug de l'habitude ils marchent dégagés,
Et perdent leur sagesse avec leurs préjugés.
Ainsi du bon Français quand l'humeur vagabonde
Se mit à parcourir le monde,
Par-tout il moissonna les sottises d'autrui,
Et dans le monde entier ne méprisa que lui.
Il courut mendier aux terres étrangères
Ses usages, ses mœurs, et ses lois passagères.
Aux rochers de la Suisse, aux plaines d'Albion,
Il croyoit s'élancer vers la perfection.
Revenu, disoit-il, de ses erreurs premières,
Il délioit son joug, et brisoit ses lisières.
Qu'arriva-t-il? Au lieu de nouvelles lumières,
Il rapporta, pour prix de son instruction,
L'extravagance et la destruction.
En berline, en wiskis, en frac, en guêtre, en bottes,
En gilets écourtés, en longues redingotes,
La révolution, pour punir les Français,
A des goûts étrangers dut ses premiers succès.
De motions nos cafés résonnèrent;

De mots, de plans nouveaux, nos vieillards s'étonnèrent;
De jeunes fats et d'imberbes Catons
Dans nos tribunes dominèrent,
Ridiculement y prônèrent
La république des Platons.
Des bavards de tous les cantons
Nos jeunes dames raffolèrent;
Les Grâces, les Ris s'envolèrent.
Mille petits Catilinas
Inondèrent nos clubs, nos salons, nos sénats.
Le cœur se corrompit, les esprits se troublèrent.
Comme un torrent fougueux le désordre roula :
Plus de respect pour ses chefs, pour ses maîtres;
La licence à ses pieds foula
Les ouvrages de nos ancêtres;
Le mauvais goût eut de nombreux fauteurs.
Le tragique fit place à d'effroyables drames;
La terreur à l'honneur succéda dans les ames,
Et la pitié resta pour les auteurs.
La sensible amitié ne vit plus que des traîtres.
Dans ses vieux fondements l'empire chancela;
Les débris des autels écrasèrent les prêtres,
Et sur les courtisans le trône s'écroula.
Évitez ces excès; voyez la jeune abeille,
Qui, dès le retour du matin,
Sur le thym odorant, sur la rose vermeille,
Cueille la cire, et cherche son butin.
Dans sa loge natale, ou dans d'autres cellules,

Ses partialités, ses dégoûts ridicules
Ne vont point s'informer comment se fait le miel ;
Elle suit son instinct, la nature et le ciel.
   Imitez-la ; repoussez tout système :
   Vous le savez, et du bien et du mal
Le ciel à tous les lieux fit un partage égal.
   Avant l'étude, avant l'expérience,
     N'avons-nous pas la conscience ?
C'est à ses lois que l'on doit obéir.
   Sur les objets qu'on doit haïr,
     Sur ceux qu'il faut qu'on aime,
   Chacun est son juge à soi-même.
De l'imitation le danger est extrême.
Observez avec soin, choisissez à loisir.
L'art de bien voyager, c'est l'art de bien choisir.
Mais ne vous bornez pas aux plus prochains rivages ;
   Examinez d'un regard pénétrant
     D'autres pays, d'autres usages,
Et sur les bords lointains, policés ou sauvages,
Comme votre pensée, étendez vos voyages.
Vous êtes bien petits, et le monde est bien grand !
Quel que soit le climat qu'aborde votre audace,
   N'espérez point trouver les lieux
   Tels que les virent nos aïeux.
Le temps, qui forme tout, et par qui tout s'efface,
   Du monde entier change la face,
Les peuples, les climats, l'eau, la terre, et les cieux.
Vous chercheriez en vain Tyr, Carthage, Ecbatane ;

Un volcan engloutit et Lisbonne et Catane ;
   Sur son terrain, par le temps exhaussé,
     Le Capitole est abaissé ;
Où reposoit la famille des Jules,
   Des capucins ont leurs cellules.
   Observez d'un regard soigneux
Les changements des lois, des hommes, et des lieux :
Vous êtes bien enfants, et le monde est bien vieux !
   Sachez aussi, dans votre course,
Des peuples dispersés chercher l'antique source.
L'un est né des Gaulois, et l'autre des Germains ;
L'un est enfant des Grecs, et l'autre des Romains.
   Cet autre, fier de son vieil âge,
Fils de l'Égyptien, ou du Scythe sauvage,
   Changea cent fois de mœurs et d'esclavage.
Que de peuples divers, nés du même berceau,
Prennent des traits, un goût, un langage nouveau,
   Et des habitudes contraires,
Dépendant du vainqueur, du siècle, et des climats !
Dans le monde habité tous les peuples sont frères ;
Et tous, ainsi que vous, ne se ressemblent pas.
Mais en vain vous offrez dans votre aimable enfance
   Cette conformité de traits ;
Il est entre vous deux des rapports plus parfaits :
Même docilité, même reconnoissance
Pour l'homme vertueux de qui l'expérience
   A vos yeux charmés dévoila
   Tous les secrets de la science ;

Même amour pour les lieux où vous prîtes naissance,
  Pour Dieu, pour votre roi : voilà
  Votre plus noble ressemblance.
La fable vainement nous entretient encor
  Et de Pollux et de Castor,
Infortunés jumeaux que le destin bizarre
Plaçoit l'un dans l'enfer et l'autre dans les cieux :
  Par un sort plus doux et plus rare,
Même félicité vous réunit tous deux ;
  Même soin forma votre enfance.
  Du jeune âge oubliant les jeux,
  Dans un voyage courageux
  Allez cueillir la récompense
  De votre loisir studieux.
  Mieux instruits, vous jouirez mieux ;
Les états, les cités, les peuples et les lieux
  Ne disent rien à l'ignorance ;
Son regard n'en saisit que la vaine apparence,
  L'ignorant voit, le savant pense.
  Jadis, la veille des combats,
Des grands événements, et des lointains voyages,
  Les princes et les potentats
Interrogeoient le ciel, et consultoient les mages.
Pour moi, sans me placer au nombre des devins,
  Déja sur vos futurs destins
  J'ai des augures plus certains,
  J'ai de plus assurés présages.
Une beauté forma vos esprits enfantins,

Une beauté qui joint à la gaieté française
La bonté germanique et la douceur anglaise.
Un sage, ami des lois, des beaux-arts, et des dieux,
Connu par son talent, connu par sa sagesse,
    Des écrits de Rome et de Grèce,
  Vous déroula les trésors précieux;
    Ce qu'a de plus délicieux,
    De plus sublime, de plus sage,
Le bon peuple qui vit l'aurore de votre âge.
Jugez d'après son goût, voyez d'après ses yeux.
Du sensible Antrobus, dont le cœur généreux
    Des bons Français a mérité l'hommage,
    Payez l'amour, et remplissez les vœux :
  C'en est assez; je réponds du voyage.
Mais quand par le succès il sera couronné,
Parmi ces écrivains, vos compagnons fidèles,
    N'oubliez point votre Cicéroné,
Et laissez le disciple auprès de ses modèles.
Mes jardins, pleins de fleurs, que dans nos parcs français
Ma Muse transplanta de vos jardins anglais,
Parmi tous ces écrits, charme de votre route,
Grace à votre amitié, vont vous suivre, sans doute;
Et, si j'en crois ce Gibbs, qui d'un si joli ton,
    Dans son élégante lecture,
    Récite avec affection
  Ces vers sans art, dictés par la nature,
    Je le dis sans présomption,
Le succès assuré de votre heureux voyage

Passera mon ambition,
Et je prévois plus d'un suffrage
Pour ma petite édition (¹).
Encore un mot. Dans votre excursion
Vous n'oublierez pas cette France,
Qui par le nombre et la vaillance,
Son inépuisable opulence,
D'audacieux exploits, d'illustres attentats,
A pesé sur tous les États.
Là, vous verrez encor l'idole de la France,
....

L'honneur, cette brillante et trompeuse monnoie,
Qu'au bien public un esprit sage emploie,
Qui court de main en main, du noble au roturier,
Des princes aux sujets, du poëte au guerrier.
C'est l'honneur qui créa des ordres, des chapitres,
Mesure les égards sur les rangs, sur les titres ;
Veut des plaisirs ou bruyants ou coûteux,
Du silence seul est honteux ;
Moins empressé, moins ambitieux d'être,
Que jaloux de paroître,
Fait de l'orgueil la base du devoir ;
Par des distinctions, des richesses se venge ;
Commerce de respect, trafique de louange,
Les donne pour les recevoir ;
Préfère aux vrais besoins, l'or, le jaspe, et l'albâtre ;

(¹) L'édition de poche (pocket) du poëme des *Jardins*.

Cherche des spectateurs et demande un théâtre;
Se montre pour briller, brille pour éblouir,
Et jouit en effet, s'il a l'air de jouir;
 Flétri d'un rien, heureux de peu de chose,
 Il marche fier des chaînes qu'il s'impose;
  Pour lui, le plus superbe don
Est un coup d'œil du prince, un sourire, un cordon.
Même avant ses quartiers, il compte ses services,
  Se pare de ses cicatrices.
Un brancard, décoré de ses sanglants lambeaux,
. . . .
Un trophée ennemi conquis dans les batailles,
Des grenadiers en pleurs suivant ses funérailles
 Le flattent plus qu'un fastueux cercueil,
Les pompes de la mort et le luxe du deuil;
Il aime l'héroïsme, abhorre la bassesse;
 En vain Plutus, entouré de trésors,
  Au dieu d'hymen ouvre ses coffres-forts;
 Il veut pour dot, au lieu de la richesse,
 Un nom sans tache, un rang, et la sagesse;
Il est souvent l'espoir des peuples abattus,
L'aiguillon des talents et l'ame des vertus.
Mais aussi qu'un grand choc ébranle un grand empire,
 L'honneur lui-même à sa perte conspire.
 L'opinion, simulacre du jour,
 L'opinion, divinité frivole,
 Entend sa voix; il commande: elle vole
De l'église au barreau, de la ville à la cour;

Poursuit delà les mers sa course vagabonde ;
Nègres et blancs s'arment en un clin d'œil ;
Le sang rougit la terre et l'onde ;
Les champs, les cités sont en deuil :
On est brouillon par mode et méchant par orgueil.
Malgré les changements qu'a subis ce théâtre,
Sur ce terrain mouvant, sous ce ciel orageux,
Vos yeux surpris verront la jeunesse folâtre
Et l'alégresse opiniâtre
Recommencer ses bals, ses danses, et ses jeux,
Que sa longue enfance idolâtre.

Tel le voyageur curieux
Qui d'un volcan horrible
Vient observer l'explosion terrible,
Sur les bords du cratère, interroge en tremblant
Les cavités de l'abîme brûlant ;
Les points d'où partit l'incendie,
Où la lave s'est refroidie ;
Mais, parmi ces monts menaçants,
Où dans les tourbillons de ces feux étouffants
Le gouffre ensevelit les mânes
De leurs femmes, de leurs enfants ;
Bientôt il voit les bergers triomphants
Rétablir en chantant leurs antiques cabanes ;
Y reconduire leurs troupeaux,
Reprendre leurs joyeux pipeaux ;
Sur la terre encor mugissante,

Les gazons refleuris, la moisson renaissante,
 L'industrie appelant les arts,
Les superbes cités relevant leurs remparts,
Les églises leurs tours, et les arbres leur faîte,
Et la nature en deuil, et la nature en fête.
Ainsi, d'un œil surpris, et des biens et des maux
 Vous contemplerez les tableaux.
 Par un moins bizarre assemblage,
 Quelque pinceau capricieux
 Sur un même visage,
 Pour amuser nos yeux,
 Aux traits du rieur Démocrite
 Uniroit ceux du pleureur Héraclite ;
 Et sur ces murs Voltaire auroit écrit :
 C'est Jean qui pleure, et Jean qui rit.
Sans cesse menacé par l'océan qu'il brave,
Tel vous ne verrez point l'industrieux Batave :
Le travail, la sagesse, et toutes les vertus,
 Entre leurs mains fidèles,
Tiennent chez lui la clef du temple de Plutus.
Il respecte les lois et les mœurs paternelles ;
Dans son terrain, conquis sur l'abîme des flots,
Doublement enrichi par la terre et les eaux,
 Il est frugal au sein de l'abondance ;
Hardi spéculateur, guidé par la prudence,
 Son industrie est son trésor,
 Son crédit est l'économie ;
Dans l'avenir il rejette la vie ;

Seul il règne au milieu de ce monde amphibie,
Commande aux éléments, mais obéit à l'or.
Fier de sa propreté, de sa simple élégance,
  Son luxe est sans extravagance;
La seule utilité dirige ses projets;
 Pour lui les prés ne sont que des pâtures,
Les chênes des sabords, et les pins des mâtures !
  Les vents ne sont que des soufflets,
La mer un grand chemin, les vaisseaux des voitures.

Adieu, chers nourissons de la riche Angleterre !
Je vous ai transportés de votre heureuse terre,
  Du séjour chéri de vos rois,
De leurs simples palais, de leurs bosquets champêtres,
Ornés par les vertus de leurs augustes maîtres,
  Où le pouvoir siége à côté des lois,
Au Louvre, où de Louis régnèrent les ancêtres;
  A ces jardins célébrés tant de fois,
Embellis par les arts, dessinés par Le Nôtre,
  Beaux lieux tout-à-coup envahis
Par un peuple qui fit son malheur et le nôtre.
  Quand vous aurez visité mon pays,
Revenez promptement être heureux dans le vôtre.
  Là, tout doit charmer les regards :
   Ce pays est celui des arts,
   Des vertus, des lois protectrices,
Qui d'un bonheur égal font jouir tout l'état,
  Du roi, du peuple, et du sénat,

Inexorables bienfaitrices.
Revenez donc dans cet heureux séjour,
Présent à votre esprit et cher à votre amour.
Plus on parcourt le reste de la terre,
Plus on apprend à chérir l'Angleterre.
Vers ces beaux lieux hâtez votre retour.
Ainsi la vagabonde et frileuse hirondelle,
Que loin des noirs frimas
Un printemps étranger appelle
En de moins rigoureux climats,
Revient, aime à revoir, se plaît à reconnoître
Le champ qui la nourrit, le ciel qui la vit naître,
Et ces murs paternels, et ces fragiles toits
Que son vol rasa tant de fois
D'une aile familière,
Et la solive hospitalière
Qui soutenoit son nid. Là, de son doux berceau,
Le duvet la reçut ; là de sa tendre mère
Le bec, pour son repas, lui portoit un morceau
Ou de mouche, ou de vermisseau.
Là, sa diligence attentive
Dirigea son vol foible encor,
Enhardit son aile craintive
A prendre son premier essor ;
Ce lieu, de son enfance ancien dépositaire,
Sera de ses neveux l'empire héréditaire ;
Pères, mères, enfants, au printemps réunis,
Y viendront faire encore et l'amour et leurs nids.

Revenu de ses incartades,
Le pélerin ailé fait à ses camarades
Des récits curieux, utiles, ou nouveaux :
Où sont les plus beaux grains et les plus belles eaux,
  Où chantent le mieux les oiseaux,
  Où sont les plus douces peuplades,
Où l'horrible vautour, où l'avide épervier
 Troubla le moins ses douces promenades.
  Ce toit qui le vit essayer,
Et son instinct novice et sa plume nouvelle,
 Qui jeune encor l'entendit bégayer
   La chanson paternelle ;
Où la douce habitude en secret le rappelle,
 Seul peut lui plaire, et seul peut l'égayer ;
  Et la plus riante charmille,
  Où, par la verdure séduit,
  Le peuple des oiseaux fourmille,
Plaît moins à ses regards que cet humble réduit,
Et ces toits enfumés, berceau de sa famille.
  Aussi le zéphyr printanier
  En vain revient le convier
  A quitter sa poutre chérie ;
Si long fut son exil ! si douce est sa patrie !
Il partit vagabond, il revient casanier.
Ainsi le voyageur, que loin de son foyer
  Un instinct curieux exile,
  Avec transport retrouve son asile ;
  C'est là qu'il veut vivre et mourir. Pourquoi

Chercheroit-il encor les terres étrangères,
Chez d'autres nations et sous une autre loi?
  La défiance est mère de l'effroi.
Les changements de lieu ne nous profitent guères :
On peut s'instruire ailleurs; on ne vit que chez soi.

INSCRIPTION

Mise au bas de la statue de Louis XV, sur la place de Reims.

De l'amour des Français éternel monument,
  Instruisez à jamais la terre,
Que Louis en ces murs jura d'être leur père,
  Et fut fidèle à son serment.

VERS A M. TURGOT,

Sur ce qu'on reprochoit à l'auteur, qui travailloit à la traduction des *Géorgiques*, de n'avoir pas encore traduit le quatrième livre, sur les abeilles.

Oui, je les chanterai, ces aimables abeilles ;
  Mais je veux voir notre horizon
Semé par le printemps de couleurs plus vermeilles,
  Et les chanter dans leur saison.
L'hiver m'a rendu triste et paresseux comme elles :
  Ma Muse, ainsi que ces filles du ciel,
A besoin des beaux jours pour déployer ses ailes,
Pour recueillir ses fleurs, et composer son miel.

RÉPONSE IMPROMPTU

A CETTE QUESTION :

QUE FAUT-IL POUR ÊTRE HEUREUX ?

Pour être heureux, que faut-il ? De la vie
    Faire deux parts : une moitié
Est pour l'amour, l'autre pour l'amitié ;
Et toutes deux, je les donne à Sylvie.

VERS

Pour le portrait de M. Le comte de Tressans.

Savant illustre, intrépide guerrier,
    Poëte aimable, et galant romancier,
Le compas de Newton occupa sa jeunesse ;
Les chants des troubadours bercèrent sa vieillesse ;
De nos preux chevaliers il conta les tournois,
Imita leur vaillance, et chanta leurs exploits.

VERS SUR S. S. PIE VI.

Pontife révéré, souverain magnanime,
Noble et touchant spectacle et du monde et du ciel,
Il honore à-la-fois, par sa vertu sublime,
Le malheur, la vieillesse, et le trône, et l'autel.

VERS

A une jeune personne qui avoit quêté le matin à l'église, et qui dansoit le soir à un bal d'amis.

Pour l'indigent, quand vous allez en quête,
Vous obtenez pour lui d'abondantes faveurs;
Quand vous dansez dans une aimable fête,
Sans les quêter, vous gagnez tous les cœurs.

VERS

Pour deux jeunes personnes d'Amiens.

Si Cloris est charmante, Iris n'est pas moins belle :
Entre ces deux objets mon cœur reste flottant.
Ne m'en offrez qu'un seul, je vais être fidèle :
Offrez-les-moi tous deux, je vais être inconstant.

VERS

Pour le portrait de M. le comte de Buffon.

La nature, pour lui prodiguant sa richesse,
  Dans son génie et dans ses traits
  A mis la force et la noblesse :
En la peignant, il paya ses bienfaits.

VERS

Envoyés à M. Delille, à l'occasion de son poëme de l'*Imagination*.

L'Imagination est l'ouvrage d'un ange;
Ce poëme a le feu, la grace et la beauté,
Qui tous les trois en font une lettre-de-change
  Que vous tirez sur l'Immortalité.

    D'ÉTAMPES.

RÉPONSE.

 Je ne puis encor supputer
De quoi l'âge futur me sera redevable,
  Quand le temps viendra d'escompter;
Mais envers vous je demeure insolvable.

A MADAME LA COMTESSE POTOCKA,

NÉE MICHELSKA,

Qui avoit fait présent d'un collier à madame Delille.

De Cypris gardez la ceinture :
Moi, je conserverai cet aimable ornement.
Ce beau collier, donné si noblement,
Sera pour moi, mon respect vous le jure,
L'emblème de l'attachement ;
Pour moi son prix auroit été moins grand,
S'il n'eût été qu'une parure.

A MADAME LEBRUN.

Honneur à vos brillants pinceaux !
Charmante rivale d'Apelles,
Tous vos portraits sont des tableaux ;
Et tous vos tableaux des modèles.

VERS

Pour le portrait de M. et madame d'Étampes.

Plus d'un sot qui revit dans de sottes estampes,
Bientôt dans mes cartons est remis à l'écart :
    Mais je bénis l'artiste et l'art
    Dont le burin mit en regard
Ce couple révéré sous le nom de d'Étampes;
Et lorsqu'il se présente à mon œil enchanté,
Je dis : « C'est le bonheur regardant la bonté. »

A Mlle JOSÉPHINE SAUVAGE,

Qui avoit dessiné le portrait de la sœur de madame Delille.

Bénis soient tes crayons, ô toi, jeune beauté,
Qui, de nos Rosalba suivant déja les traces,
    A mes yeux consolés retraces
Avec tant d'élégance et de fidélité,
Celle qui m'adoucit ma triste cécité :
    C'est le portrait de la Bonté,
    Dessiné par la main des Graces.

A MADAME DE VANNOZ.

Jadis Orphée, aux rives sombres,
Faisoit, dit-on, pleurer les ombres ;
Vous faites mieux, et vos touchants accords
Enchantent les vivants, et consolent les morts.

A MADAME LA MARQUISE DE PYVANT,

Sur des chaussons qu'elle avoit faits pour M. Delille, pendant le séjour de l'auteur à Brunswick.

Voilà donc de votre art l'heureux apprentissage !
Je crains, en l'employant, d'avilir votre ouvrage ;
Et le plus malheureux des malheureux humains
N'ose mettre à ses pieds les œuvres de vos mains.

VERS

Faits dans le jardin de madame de P***.

Dans ce réduit, où l'Amour en silence
Aime à rêver en cessant de jouir,
Heureux qui vient avec une espérance,
Et s'en retourne avec un souvenir !

A M. LEBEL,

Qui avoit adressé des vers à l'auteur.

Vos vers sont purs ; le motif en est beau ;
Vous sentez comme Horace, et chantez comme Orphée ;
Et votre plus brillant trophée
S'élèvera sur un tombeau.

VERS

Pour le portrait de mademoiselle Dilette, sœur de madame Delille.

Son regard peint la bienveillance ;
Son charme est la bonté, sa grace est la décence ;
De notre humble ménage elle fait les douceurs,
　Par ses vertus nous rappelle sa mère,
Met sa félicité dans celle de ses sœurs,
Et s'embellit des pleurs qu'elle donne à son père.

INSCRIPTION

Pour le tombeau de M. de Latour-Dupin.

D'un sang cher aux Français rejeton glorieux,
Aimable dans la paix, intrépide à la guerre,
Philosophe chrétien, héros religieux,
　　Nous le chérîmes sur la terre,
　　Et nous l'invoquons dans les cieux.

IMITATION

De quelques vers du poëme des *Jardins*(¹), envoyée à M. Delille, avec un coffret de bonbons.

Hélas ! je n'ai point vu ce poëte enchanteur,
Qui charme mon esprit et qui ravit mon cœur ;
Mais j'en jure et Delille et sa brillante lyre,
Je verrai ce mortel que l'univers admire.

Par madame de St.....

RÉPONSE.

Quel contraste frappant votre épître rassemble !
Vos vers, mêlés aux miens, sont pour moi des leçons ;
Et le même quatrain nous offre, unis ensemble,
    Les chicotins et les bonbons.

(¹) Hélas ! je n'ai point vu ce séjour enchanté,
   Ces beaux lieux où Virgile a tant de fois chanté ;
   Mais j'en jure et Virgile et ses accords sublimes,
   J'irai : de l'Apennin je franchirai les cimes ;
   J'irai, plein de son nom, plein de ses vers sacrés,
   Les lire aux mêmes lieux qui les ont inspirés.

Jardins, ch. II.

VERS

Adressés à M. Delille, dans un dîner.

Ce n'est point des Jardins le chantre harmonieux,
Ce n'est point le rival des Miltons, des Virgiles,
Que je chante en ces vers, qu'on pourroit faire mieux,
Et qu'un peu plus de temps eût rendus plus faciles;
C'est le convive aimable et brillant de gaieté,
Qui semble embarrassé de sa célébrité;
C'est cet esprit léger qui s'échappe en saillie,
Qui captive toujours, et jamais n'humilie;
    Dont la douce simplicité,
Naturelle en sa bouche, ainsi que l'harmonie,
Forceroit l'envieux, de sa gloire irrité,
    A lui pardonner son génie.
Laissons donc là ses droits à l'immortalité :
    Oui, Delille, aux lieux où vous êtes,
Le plus charmant convive et le plus souhaité
Fait toujours oublier le plus grand des poëtes.

CORIOLIS.

A M. CORIOLIS.

Les virtuoses du Parnasse
A plus d'un titre ont un mauvais renom;
　Plus d'un écrivain meurt sans race,
　Plus d'un poëme est avorton.
Vous ne redoutez point cette mésaventure,
　Vos vers sont beaux, vos enfants sont jolis;
Et vivent, dira-t-on dans la race future,
　　Les œuvres de Coriolis!

A MADAME DE BOUFFLERS.

　Jadis j'ai chanté le jardin
Du bon Adam; je préfère le vôtre :
Tout fut perdu dans le premier Éden;
　Tout semble réparé dans l'autre.

A M. LESUEUR,

Auteur de l'opéra des *Bardes*, qui m'avoit annoncé l'heureux
accouchement de sa femme.

Quand du vautour et du milan vorace
L'hymen vient au printemps reproduire la race,
Avec horreur chaque oiseau voit leurs nids;
Mais tout se réjouit dans toute la nature,
Lorsqu'au retour de la verdure
Le rossignol fait ses petits.

INSCRIPTION

Pour le tombeau de Dureau de La Malle.

1807.

Il n'est point tout entier dans la sombre demeure :
Il renaît dans son fils : son épouse le pleure ;
Des devoirs les plus saints son cœur s'est acquitté.
Son talent rajeunit la docte antiquité ([1]) :
Il soigna le malheur, secourut l'indigence ;
Sa vertu pour lui seul ignora l'indulgence.
Le Parnasse lui dut ses plus chers nourrissons,
La morale un modèle, et le goût des leçons.
L'amitié le regrette, et la main du génie
A jeté sur sa tombe un rayon de la vie([2]).

([1]) Il a traduit Tacite, Salluste, et une grande partie de Tite-Live.
([2]) MM. Girodet et Percier ont donné le dessin du tombeau de Dureau de La Malle.

LES ADIEUX DU VIEILLARD,

Fragment récité à une séance publique de l'Institut,
le 9 avril 1812.

Ah! que n'ai-je un langage assez tendre, assez doux!
Je conterois comment un véritable sage
De la mort autrefois sut adoucir l'image.
Poëte philosophe, il avoit dans ses vers
Célébré la nature et chanté l'univers.
L'épouse qu'il aimoit, secondant son délire,
Joignoit ses sons touchants aux doux sons de sa lyre.
Mais pour durer toujours leur bonheur fut trop grand.
Elle, et quelques amis l'entouroient expirant :
Trop heureux que sa main lui fermât la paupière !
Sa voix lui confioit, à son heure dernière,
Non ces vœux des mourants, reçus par des ingrats,
Ces dons trop attendus, ces vains legs du trépas,
Écrits à la lueur des flambeaux funéraires,
De la nécessité tributs involontaires,
Mais les vœux de son cœur. Dieux ! par quel doux transport
Il prolongeoit la vie, et reculoit la mort !
Ce n'étoit point l'effroi de ce moment terrible ;
Du départ d'un ami c'étoit l'adieu paisible.

Viens là, viens, disoit-il, ô toi que j'aimois tant !
Né pauvre, je meurs pauvre, et j'ai vécu content.
Mais c'en est fait ; reçois de ma reconnoissance
Ce peu que notre amour changeoit en opulence,
Tout ce luxe indigent, qui, sous nos humbles toits,
Égaloit à nos yeux l'opulence des rois.
Vois ces vases sans art : leurs formes sont vulgaires ;
Mais nos chiffres unis te les rendront plus chères ;
Mais ils faisoient l'honneur de ce léger festin
Qui charmoit près de toi les heures du matin.
Hélas ! le ciel pour moi ne marquera plus d'heures !
Reçois donc, disoit-il, de l'ami que tu pleures,
Cette image du temps, dont tu trompois le cours.
Puisse-t-elle, après moi, te marquer d'heureux jours !
Cette boîte, en mon sein si doucement cachée,
Qui par le trépas seul pouvoit m'être arrachée,
Et qui, de ton absence adoucissant l'ennui,
Sentoit battre ce cœur, et reposoit sur lui ;
Détache-la ! je souffre à me séparer d'elle ;
Mais j'emporte en mon ame un portrait plus fidèle.
Le mien sera-t-il cher à tes tendres douleurs ?
Sera-t-il en secret mouillé de quelques pleurs ?
Ce fidèle animal, témoin de nos tendresses,
Qui long-temps entre nous partagea ses caresses,
Que j'ai vu si souvent, fier de me devancer,
Reconnoître ton seuil, bondir et m'annoncer,
Et qui, dans ce moment, les yeux gonflés de larmes,
Semble prévoir ma fin, et sentir tes alarmes,

Je le lègue à tes soins. Puisse de nos amours
Le doux ressouvenir protéger ses vieux jours!
Vois-tu cette tablette, où sans faste s'assemble
Ce peu d'auteurs choisis que nous lisions ensemble?
Mon crayon y marqua les traits goûtés par toi :
Tu ne les liras pas sans t'attendrir sur moi.
Tiens, reçois cet écrit, c'est mon plus cher ouvrage;
Tous ces portraits, de moi trop infidèle image,
Ne peignent que mes traits : celui-ci peint mon cœur.
J'y déposai mes vœux, mes plaisirs, ma douleur;
Ma défaillante main le fie à ta tendresse.
Dans cet écrit si cher, c'est moi que je te laisse,
C'est moi qui me survis : un sévère destin,
Hélas! avant le temps, l'arrache de ma main;
Mais il devra le jour à des mains que j'adore.

A M. ALISSAN DE CHAZET,

Qui avoit adressé des vers à M. Delille, le jour de sa fête.

1812.

Cette fleur, que va m'envier
La moins avide des abeilles,
Suffit, j'en conviens, pour payer
D'un rimeur, simple jardinier,
Les plus ambitieuses veilles.
Mais la plus noble part du trésor printanier
Dont Flore remplit ses corbeilles,
Ne vaut pas un brin du laurier
Dont vous ceignez le front de l'aîné des Corneilles (¹).

(¹) Allusion à *l'Éloge de P. Corneille*, par M. de Chazet.

FIN DES POÉSIES FUGITIVES.

TABLE

DES MATIÈRES

CONTENUS DANS CE VOLUME.

Notice biographique et littéraire sur Jacques Delille. Page	i
Discours sur l'éducation.	lxj
Discours de réception à l'académie française.	xciij
Lettre à l'abbé Barthélemy.	cxlix
Fragments d'une ode adressée à Lferanc de Pompignan.	1
Ode à M. le premier président Molé.	3
à la Bienfaisance.	9
Épitre sur les ressources qu'offre la culture des arts et des lettres.	16
— A M. Laurent.	23
— Sur l'utilité de la retraite pour les gens de lettres.	34
— Sur les voyages.	41
— Sur le luxe.	62
— Sur les vers de société.	71
A madame de ***, sur le gain d'un procès.	76
A M. Turgot.	77
A mademoiselle de B***.	80
Vers à madame la comtesse de B***, sur son jardin d'A**.	83
Imitation de Sapho.	85
Le ruisseau de La Malmaison.	86
Cromwel à Christine, reine de Suède, traduit du latin de Milton.	89
Vers à madame Roux.	90
— Pour le portrait de M. l'abbé Caron.	93
A M. de Boufflers.	96
A madame la comtesse Potocka.	99

TABLE.

Vers pour le jardin de madame d'Houdetot.	Page 100
— Sur le portrait de mademoiselle de La Faulotte.	102
— A M. Charles de La Crételle.	104
A M. le marquis d'Étampes.	105
Au même.	106
Vers à l'auteur des *Amours épiques*.	107
A M. le comte Belozoski.	109
A M. Danloux, peintre.	110
A un aimable goutteux.	111
Traduction d'un fragment de l'*Othello* de Shakespeare.	113
Couplets demandés par des jeunes gens de Saint-Dié.	118
Parallèle de la Bienfaisance et de la Reconnoissance.	120
Énigme traduite de l'anglais.	124
A M. de C***, polonais.	127
A la princesse Augusta de Brunswick.	129
A madame la princesse Jablonowska.	130
A M. L'OEillard d'Avrigny.	134
A madame et mademoiselle Vaillant de Brule.	135
Inscription en vers pour Moulin-Joli.	136
Traduction de l'épître de Pope au docteur Arbuthnot.	139
Variantes.	172
Réponse à une lettre de M. d'Étampes.	174
Épître à la célèbre mademoiselle ***.	177
— A M. de Brule.	179
Dithyrambe sur l'immortalité de l'ame.	181
Épître à madame la duchesse de Devonshire.	191
Passage du Saint-Gothard.	195
Vers adressés à madame Lebrun.	208
Épître à deux enfants voyageurs.	209
Inscription pour la statue de Louis XV, à Reims.	234
Vers à M. Turgot.	Ibid.
Réponse impromptu à cette question: Que faut-il pour être heureux?	235
Vers pour M. le comte de Tressan.	Ibid.
— Sur S. S. Pie VI.	236
— A une jeune personne.	Ibid.
— Pour deux jeunes personnes d'Amiens.	237
— Pour le portrait de Buffon.	Ibid.
— Envoyés à M. Delille.	238

TABLE.

Réponse.	Page 238
A madame la comtesse Potocka.	239
A madame Lebrun.	Ibid.
Vers pour le portrait de M. et madame d'Étampes.	240
A mademoiselle Joséphine Sauvage.	Ibid.
A madame de Vannoz.	241
A madame la marquise de Pyvant.	Ibid.
Vers faits dans le jardin de madame de P***.	242
A M. Lebel.	Ibid.
Vers pour le portrait de mademoiselle Dilette.	243
Inscription pour le tombeau de M. de Latour-Dupin.	Ibid.
Imitation de quelques vers du poëme des *Jardins*.	244
Réponse.	Ibid.
Vers adressés à M. Delille, dans un diner.	245
A M. Coriolis.	246
A madame de Boufflers.	Ibid.
A M. Lesueur.	247
Inscription pour le tombeau de Dureau de La Malle.	248
Les adieux du vieillard.	249
A M. Alissan de Chazet.	252

FIN DE LA TABLE.

www.ingramcontent.com/pod-product-compliance
Lightning Source LLC
Chambersburg PA
CBHW050918230426
43666CB00010B/2225